# LA MONEDA VIRTUAL

## Unidad de cuenta ontológicamente estable

Guillermo Laura

Ergasto Riva

Fundación Metas Siglo XXI

Laura, Guillermo Domingo
La moneda virtual: unidad de cuenta ontológicamente estable
Guillermo Domingo Laura y Ergasto Riva
1ª Ed. - Buenos Aires
Pluma Digital Ediciones 2012
Formato: 17 x 23 cms
Paginas: 320

ISBN 978-987-28396-5-9

1. Economía. 2. Moneda. I Riva, Ergasto II Título
CDD 332.46


Coordinación editorial: Osvaldo Pacheco
carlososvaldopacheco@hotmail.com

Diseño de tapa e interior: www.editopia.com.ar



Fecha de catalogación: 07/09/2012

ISBN 978-987-28396-5-9
Impreso en Argentina/Printed in Argentina
Bibliografika SA

ISBN 978-987-28396-5-9

9 789872 839659

# Índice

Acerca de los autores ............................................................... 13

Agradecimientos ...................................................................... 15

Prólogo por el Dr. Eduardo Conesa ........................................... 19


Primera Parte: Unidad de Cuenta Ontológicamente Estable

Resumen Ejecutivo ................................................................. 39

Capítulo Primero

La Moneda es la única unidad de medida inconstante que aún existe en la civilización 45

   1. El avance de las técnicas de medición ................................... 45

   2. El sistema métrico decimal. "Para todos los pueblos, en todos los tiempos" ...... 46

   3. El sistema métrico decimal en Estados Unidos ..................... 47

   4. El Calendario Gregoriano ................................................ 48

   5. Dos Instituciones de vigencia universal ............................. 49

   6. La partida doble de Luca Paccioli .................................... 51

   7. La fórmula monetarista de Irving Fisher ........................... 51

   8. Importancia de contar con una unidad de medida estable y uniforme ........... 52

   9. La moneda es la única unidad de medida inconstante que aun existe

     en la civilización ...................................................... 53

   10. La magnitud de las fluctuaciones en el largo plazo ............... 55

     10.1 El caso del Canal de Suez ........................................ 56

     10.2 El caso de la Catedral de San Pablo en Londres .............. 57

     10.3 El caso del Canal de Panamá .................................... 58

     10.4 El caso del puente Golden Gate ................................. 58

     10.5 El caso de la autopista de Ohio ................................. 58

   11. El dólar norteamericano: la moneda estrella del Siglo XX ........ 62

   12. Las monedas de los países del G 7 en la segunda mitad del Siglo XX ......... 64

   13. La Actitud de los economistas frente a la moneda: analistas y precursores ..... 66

14. Tres antecedentes históricos que explican el surgimiento de la indexación
en Gran Bretaña .................................................................. 69

14.1 La indexación del pago de los diezmos ................................. 70

14.2 El pago en especie de las rentas a las universidades británicas ......... 71

14.3 La indexación de los salarios por medio de las escalas variables
en Gran Bretaña y USA ................................................. 72

15. La posición de los precursores ................................................. 76

15.1 Joseph Lowe Esquire ................................................. 76

15.2 George Poulett Scrope (1796-1876) ................................. 83

15.3 William Stanley Jevons (1835-1882) ................................. 90

15.4 Alfred Marshall (1842-1924) ........................................ 96

15.4.1 Desdoblamiento de las funciones de la moneda.
Creación de la Unidad de Poder Adquisitivo
Constante ...................................................... 98

15.4.2 Organismo responsable de la elaboración y
publicación de LA UNIDAD ............................. 100

15.4.3 Liberar al comercio y a la industria de los riesgos
de la fluctuación de la moneda ........................... 102

15.4.4 Tasa de interés recomendada sobre unidades de poder
adquisitivo constante ...................................... 103

15.4.5 Aplicación de la unidad de poder adquisitivo
constante sin necesidad de cambio de la moneda
corriente ...................................................... 103

15.4.6 No hay que buscar la perfección teórica del índice sino
su simplicidad y su carácter inequívoco ................... 104

15.4.7 El rol del Gobierno ........................................ 104

15.4.8 Ventajas del Sistema ...................................... 105

15.4.9 La Gran invención de Marshall ........................... 105

15.5 Irving Fisher (1867-1947) ............................................. 105

15.6 Simon Newcomb (1835-1909) ........................................ 109

15.7 Alejandro Bunge (1880-1943) ............................................. 114

15.8 Jonh Maynard Keynes (1883-1946) ...................................... 117

15.9 Milton Friedman (1912-2006) ............................................. 118

    15.9.1 Postura frente a la indexación ............................ 118

    15.9.2 No hay impuestos sin representación

        (No Taxation wilhout Representation) ................... 120

15.10 Robert Schiller (1946.... ) ................................................. 124

Capítulo Segundo

La estabilidad ontológica de la Moneda Virtual

1. El movimiento futuro de los precios es imprevisible ............................. 127

2. Transacciones al contado y transacciones de largo plazo .......................... 131

3. Fijo no es lo mismo que estable ................................................. 135

4. El concepto de Moneda Virtual o Moneda Espejo ............................... 140

5. La estabilidad ontológica de la Moneda Virtual ...............….........…..... 142

    5.1 Un invento que invierte los términos de la ecuación ..................... 142

    5.2 El coeficiente áureo ................................................. 143

6. Contenido y Continente ....................................................... 144

7. Aspectos lógicos relativos a la naturaleza de la Moneda Virtual .................. 147

    7.1 El principio de identidad ............................................. 147

    7.2 Lo fijo y lo estable. Aparente paradoja de la Moneda Virtual ........... 149

8. Afianzar la Justicia. Responsabilidad básica del Gobierno ........................ 151

    8.1 La falacia de la moneda corriente como unidad constante de valor ..... 152

    8.2 Un estándar justo de valor ............................................. 154

9. Cuatro atribuciones del Congreso: Hacer sellar moneda; fijar su valor,

garantizar su estabilidad y fijar el valor de las monedas extranjeras ............... 154

    9.1 Fijar el valor de la moneda nacional (inciso 11 artículo 75 de la C.N.) . 156

    9.2 Proveer a la sociedad una moneda estable (inciso 19, artículo 75

        de la C.N.) ................................................. 156

    9.3 Fijar el valor de las monedas extranjeras (inciso 11, artículo 75

        de la C.N.) ................................................. 159

10. La Moneda Virtual: una moneda convertible a bienes ............................ 159

11. El dinero: orden irrevocable de entrega de bienes contra el mercado ............. 160

12. Teoría de la relatividad monetaria ............................................. 163

13. La moneda no determina el valor de los bienes, es el precio de los bienes el
que determina el valor de la moneda ............................................. 165

14. La inestabilidad del Patrón Oro ............................................. 168

15. ¿Es posible elaborar un índice de precios perfecto? ............................. 170

    15.1 Las objeciones de la escuela austríaca ................................... 170

    15.2 El sensato planteo de Irving Fisher ..................................... 174

    15.3 Los índices de precios son preferibles al Patrón Oro ................... 175

    15.4 El acertado criterio utilitario de Alfred Marshall ....................... 176

    15.5 El concepto de funcionalidad en la metrología industrial .............. 177

    15.6 Tiro con arco (Arquería) ............................................... 178

    15.7 Los índices se basan en hechos ya acaecidos y no en predicciones
probabilísticas ............................................................... 179

    15.8 Dos tipos de relaciones ............................................... 180

16. Importancia relativa de ambas monedas ...................................... 181

17. Unidades Básicas y Unidades Derivadas ...................................... 182

18. Distorsión de los mercados de crédito de largo plazo ......................... 185

19. La Moneda Virtual no procura eliminar los riesgos propios de cada actividad,
sino los derivados de la fluctuación de la moneda ............................. 187

20. ¿Por qué la humanidad se aferra tan tenazmente al nominalismo? .............. 190

21. La Moneda Virtual permite mantener la teoría nominalista con relación
a dicha unidad de cuenta ...................................................... 192

22. La indexación de los salarios ................................................. 196

    22.1 El "efecto serrucho" .................................................. 197

    22.2 La verdadera solución es indexar el salario ............................ 198

    22.3 Espaciamiento de las convenciones colectivas ......................... 198

    22.4 El caso de los jubilados ............................................... 199

23. La Moneda Virtual en épocas de deflación .................................... 199

24. La indexación no es inflacionaria ...................................... 201

25. La prohibición legal de indexar no evita la inflación. Los precios están ajustados por el mercado, los salarios por los convenios colectivos y los principales impuestos por ser porcentajes de los precios o de los ingresos...... 206

26. La indexación en la jurisprudencia de la Corte Suprema ........................ 208

27. Escasa difusión de las unidades de cuenta indexada ............................ 215

28. Causas probables de la demora en la implantación del Patrón Tabular de Valor o Moneda Virtual ........................................ 216

Apéndice: Memorias y Documentos Oficiales de Alfred Marshall ...................... 221


Segunda Parte: UF: Unidad de Fomento de Chile. Un patrón monetario estable

Resumen Ejecutivo ................................................... 239

Capítulo Primero

Creación de la Institución

1. La primera experiencia exitosa de una unidad de cuenta de poder adquisitivo constante .......................................... 241

2. Teorías confirmadas por la experiencia ............................. 243

Capítulo Segundo

Las teorías de los precursores a la luz de la experiencia chilena

1. Factibilidad de crear una unidad de cuenta estable basada en los índices de precios ....................................... 245

2. Uso de UF en las obligaciones a largo plazo ..................... 248

3. Aceptabilidad social de la institución ............................. 248

4. Difusión universal de la UF en Chile ............................. 249

5. El desdoblamiento de las funciones de la moneda ................. 252

6. La moneda no determina el valor de los bienes. Es el precio de los bienes el que determina el valor de la moneda ............................ 252

7. Elaboración del índice de precios .................................. 254

8. La confección de los índices debe ponderar la importancia relativa de los distintos bienes en la economía nacional .......................... 256

9. Influencia estabilizadora de la UF en la economía ................................. 256

Capítulo Tercero

Consecuencias positivas de la UF no anticipadas por los precursores

1. El *saving miracle* y el crecimiento del Producto Bruto Interno *per cápita* ......... 261

2. Desarrollo del Mercado de Capitales ................................................ 262

2.1 Consecuencias de carecer de una unidad de cuenta indexada ............ 263

3. Vivienda ....................................................................................... 266

4. La Hipótesis del "pecado original" enunciado por Hausmann y Eichengreen ... 266

5. Contención de la fuga de capitales ................................................. 269

6. Reducción de los costos de transacción bancaria *(spread)* .......................... 270

6.1 El *spread* en Chile y en nuestro país ....................................... 274

6.2 Las expectativas racionales en la relación a la UF ....................... 275

6.3 Eficiencia operativa y costos administrativos ............................. 279

Capítulo Cuarto

Embates contra la UF ......................................................................... 281

Capítulo Quinto

Resultados positivos obtenidos con la UF .............................................. 285

Capítulo Sexto

Otras experiencias exitosas

1. La Unidad Indexada del Uruguay ................................................. 287

2. Títulos del Tesoro Protegidos contra la inflación en Estados Unidos

*(Treasury Inflation Protected Sucurities, TIPS)* ................................. 288


Tercera Parte: Bancarización de la Economía y Creación de la Moneda Virtual

Resumen Ejecutivo ........................................................................... 293

Capítulo Primero

Importancia del Sistema Bancario en el mundo moderno ......................... 295

Capítulo Segundo

Programa de Bancarización inducida

1. El sistema de reserva fraccionaria y el multiplicador bancario .................... 299

2. El carácter subsidiario del Banco Central ............................................. 302

3. Función Catalítica del dinero ............................................................. 303

4. Los riesgos del crecimiento del crédito ............................................... 307

5. El retroceso de la bancarización en nuestro país.................................. 307

6. Alcanzar la bancarización de Chile en cuatro años ............................... 309

7. Direccionamiento del crédito ............................................................. 312

8. Barreras que limitan la bancarización ................................................ 317

    8.1 Impuesto al cheque ................................................................ 317

    8.2 El acceso universal a los servicios bancarios .............................. 319

    8.3 Incorporar al Código Civil las normas que establecen la

    obligatoriedad de efectuar los pagos mediante transferencia bancaria . 321

9. Conclusiones .................................................................................. 321

10. Proyecto de ley para implementar el programa de bancarización inducida ..... 323

Capítulo Tercero

Creación de la Moneda Virtual

1. Una importante aclaración preliminar ................................................ 327

2. La Unidad de Cuenta Estable (UCE) ................................................... 330

    2.1 Creación de la institución por ley del Congreso ......................... 330

    2.2 Ente ideal creado por ley ........................................................ 331

    2.3 Monedidad ........................................................................... 332

    2.4 Calidad del índice .................................................................. 332

3. Proyecto de ley para la creación de la Unidad de Cuenta Estable (UCE) ........ 334

Anexo I .............................................................................................. 343


Epílogo

Los argentinos podemos generar u$s 260.000 millones para concretar un vasto

Plan de Desarrollo ............................................................................... 345

Índice Onomástico .............................................................................. 350

Índice Temático .................................................................................. 353

Bibliografía ........................................................................................ 359

# Acerca de los autores

## Guillermo Laura

Es Abogado de la UBA y Master en economía de ESEADE. Desde hace más de 40 años está dedicado a proponer, estructurar y ejecutar grandes obras públicas.

En 1970 publicó el libro La Ciudad Arterial, premiado por la Academia Nacional de Ciencias de Buenos Aires y en 1975 El Cinturón Ecológico distinguido con el Premio Ingeniero Luis A. Huergo de dicha Academia y de la Facultad de Ingeniería de la UBA.

Fue convocado en 1976 como Secretario de Obras Públicas de la Ciudad de Buenos Aires y en cinco años lideró la concreción de 600 obras que transformaron la ciudad y mejoraron la calidad de vida de sus habitantes. Entre ellas se destacan las primeras autopistas urbanas: 25 de Mayo, Perito Moreno, 9 de Julio y Camino del Buen Ayre; el Cinturón Ecológico, que eliminó los basurales a cielo abierto y los incineradores domiciliarios; 800 hectáreas de parques públicos; 60 escuelas modelo y ensanches de avenidas.

En 1992 elaboró un Plan de Accesos a la Ciudad y entre 1994 y 1996 fue presidente de Autopistas del Sol para la construcción de la Nueva Autopista Panamericana, obra de gran complejidad que fue finalizada seis meses antes del plazo contractual.

En 1997 lanzó el programa de construcción de una red de autopistas libres de peaje aprobada por el Poder Ejecutivo en 1998, quien envió al Congreso el proyecto de ley para su puesta en marcha. Tras sucesivas actualizaciones el actual proyecto PROMITT para la Red Federal de Autopistas Inteligentes y Modernización del Transporte Ferroviario, está a estudio del Congreso, con estado legislativo.

Guillermo Laura, además de hacer propuestas de gran escala totalmente estructuradas, se caracteriza por liderar la ejecución de las mismas como es el caso de las cinco grandes autopistas urbanas, 25 de Mayo, Perito Moreno, Buen Ayre y remodelación de Panamericana y Gral. Paz que generaron inversiones privadas de riesgo del orden de los 3.000 millones de dólares. En éstas, como en todas sus obras, se respetó un principio básico de modelo de gestión que él resume en esta frase: PRIMERO LAS OBRAS DESPUES EL PAGO.

En 2005 creó la FUNDACIÓN METAS SIGLO XXI desde donde actualmente trabaja para seguir impulsando grandes metas públicas, algunas de ellas contenidas en el libro *Abundancia de lo indispensable para todos* que publicara en 1994 juntamente con Adolfo Sturzenegger. Este nuevo libro que hoy publica en colaboración con Ergasto Riva, desarrolla las metas instrumentales indispensables para posibilitar el financiamiento de esas metas en el largo plazo.

**Ergasto Riva**
Es graduado en Administración por la Universidad Nacional de La Plata en 1995.
Obtuvo su postgrado en Finanzas en la Universidad Torcuato Di Tella.
Actualmente se desarrolla como Profesor Adjunto de Administración Pública y es Investigador en la Facultad de Ciencias Económicas de la Universidad de Buenos Aires.
Director de Economía y Finanzas e Investigador en la Fundación Metas Siglo XXI.

# Agradecimientos

Los autores estamos estrechamente vinculados a la Fundación Metas Siglo XXI: Guillermo Laura como Presidente y fundador y Ergasto Riva como Director del Área de Economía y Finanzas. Queremos, en primer término, destacar la importancia de nuestra Fundación como ámbito institucional de investigación y trabajo para la concreción de esta obra. Ha sido muy valioso el apoyo y la asistencia de su personal, en especial de los miembros del Consejo de Administración y del Director Ejecutivo Licenciado Osvaldo Ottaviano con quienes analizamos y debatimos con frecuencia los conceptos principales contenidos en ésta obra. Por eso vaya nuestro especial agradecimiento a los Consejeros Dr. Horacio M. Lynch, Ing. Oscar Secco, Dr. Adolfo Sturzenegger, Dr. Julio Barbarán, Lic. Tomás Palazón, Lic. Ricardo Olaviaga y especialmente al Dr. Eduardo Conesa, reconocido especialista en la materia, quien ha tomado a su cargo el prólogo de ésta obra.

Además, por su apoyo concreto y permanente a nuestra Fundación, queremos agradecer a las siguientes personas e instituciones:

Al Dr. Jorge Priú, quien haciendo suya la convicción que en vida mantuviera su padre, el Ing. Norberto Priú, sigue confiando en nuestra capacidad de aportar soluciones concretas para que el país retome su camino hacia un desarrollo sustentable.

-Asociación Argentina de Concesionarios de Automotores de la República Argentina (ACARA).

-Asociación de Cooperativas Argentinas C. L.

-Bolsa de Cereales de Buenos Aires.

-Grupo Asegurador La Segunda.

-Grupo Sancor Seguros.

Por el aporte de material bibliográfico específico para la concreción de este trabajo, queremos expresar también estos agradecimientos:

-A las siguientes bibliotecas de nuestro país: Biblioteca Nacional, Biblioteca Alberto Prebish del Banco Central de la República Argentina, Biblioteca del Ministerio de Economía de la Nación, Biblioteca Adrián Guissarri de la Universidad del CEMA, Biblioteca del Centro de Estudios Macroeconómicos de la Argentina.

-Al Banco Central de la República de Chile, que nos facilitara amplia información sobre la historia, aplicación y vigencia exitosa de la Unidad de Fomento (UF), Moneda Virtual chilena que consideramos el *leading case* mundial de implementación práctica de esta institución.

-Al revolucionario sistema de comunicación virtual que, desde nuestra geografía periférica (más concretamente desde nuestros escritorios de la Fundación), nos permitió acceder a las bibliotecas digitales del mundo para investigar y sustentar nuestro trabajo con antecedentes bibliográficos de gran valor científico y estadístico. Destacamos el amplio y valioso aporte que sobre esta especialidad de la economía (la moneda) vienen realizando en los archivos informáticos las bibliotecas de las universidades de Illinois y Harvard de Estados Unidos y de Toronto, Canadá, como así también la de la Fundación Economics and Liberty.

Es una coincidencia auspiciosa que en estos "tiempos virtuales históricos" que estamos viviendo, viajando por el espacio cibernético a bordo de la tecnología digital, hayamos podido acceder a los textos completos de los grandes "economistas precursores", analizarlos en profundidad y, fundándonos en ellos, desarrollar estas propuestas cuyo fin principal es dotar a nuestra maltratada economía argentina de una herramienta poderosa como la "Moneda Virtual", Patrón Monetario Estable que puede contribuir a hacerla más previsible y confiable.

# Prólogo por el Dr. Eduardo Conesa

SUMARIO: 1.-Introducción. 2.-El desdoblamiento de las funciones de la moneda. 3.-Un residuo tóxico de la ley de convertibilidad: la veda a la indexación. 4.-La UCE soluciona el problema de la fuga de capitales. 5.-El índice de precios al consumidor y el tipo de cambio real. Los salarios. 6.-Comparación entre la UCE y el oro como patrón monetario. 7.-Indexación e inflación. 8.-La indexación en la teoría económica. 9.-La indexación en la realidad económica: Chile desde 1967 hasta la actualidad. 10.-La bancarización de la economía y la liberación del potencial argentino para el crecimiento por la UCE. 11.-Oportunidad para reformar el sistema monetario argentino.

## 1.-Introducción

Guillermo Laura me ha pedido que prologue este notable libro producido por la FUNDACION METAS SIGLO XXI acerca de la moneda virtual. Accedí gustoso porque conozco al Dr. Laura como un hombre que se caracteriza por auspiciar y defender con espíritu patriótico grandes proyectos prácticos y realizables para beneficio del país. Cualquiera que lea este libro sobre un nuevo régimen monetario para la Argentina, o que lea también el Plan PROMITT para construir de una manera eficiente 13 mil kilómetros de autopistas para unir las distintas regiones de nuestro país, evocará en su memoria las figuras de Alberdi, Sarmiento, Carlos Pellegrini y otros grandes estadistas que presentaron y defendieron a capa y espada las ideas directrices que permitieron desarrollar nuestro país y construir nuestra nacionalidad.

Muchas veces, a estos preclaros visionarios se los ha descalificado y se los ha tildado de fantasiosos por sus propuestas. Recuerdo al respecto el caso de las autopistas de acceso a la ciudad de Buenos Aires en la construcción de las cuales el Dr. Laura tuvo una participación decisiva. Esas autopistas en su momento fueron calificadas de obras "faraónicas" por algún oscuro político sin visión de futuro. Hoy esas autopistas resultan totalmente insuficientes para las necesidades de la Región Metropolitana de Buenos Aires.

Este libro, escrito con la valiosa colaboración del economista Ergasto Riva, culmina con un proyecto de ley de reforma monetaria y está lleno de interesantes referencias a grandes ideas-proyectos que cambiaron la faz del mundo, como el calendario gregoriano establecido en 1582 por el Papa Gregorio XIII, o el sistema métrico decimal implantado en 1799 en Francia por Napoleón Bonaparte, así como el Canal de Suez abierto al tráfico en 1869, o el de Panamá inaugurado en 1914, o el Golden Gate, enorme puente colgante sobre la Bahía de San Francisco, inaugurado en 1935. De la misma manera, considero que este proyecto de ley, de aprobarse e implementarse correctamente en nuestro país, estará llamado a cambiar y mejorar radicalmente nuestro nivel de vida y a contribuir decisivamente a que seamos nuevamente un país próspero, como antaño.

## 2.-El desdoblamiento de las funciones de la moneda

La idea central del proyecto consiste en el desdoblamiento de las funciones de la moneda. En todos los tratados de economía política o macroeconomía se enseña que las funciones de la moneda son tres: medio de cambio, unidad de cuenta y reserva de valor. La primera y esencial es la de servir de medio de cambio aceptado en forma generalizada. Si no existiese la moneda, y como profesor de economía, el que escribe necesitase comprar un par de zapatos, tendría que buscar a un zapatero que necesitase lecciones de economía. Y tendría que pasar los días buscando a ese zapatero especial. Y la misma pérdida de tiempo experimentaría un zapatero que quisiese lecciones de economía. El resultado sería una tremenda ineficiencia y una caída vertical del nivel de vida de toda la sociedad, pues la división del trabajo y la especialización, claves de la eficiencia económica, quedarían menoscabadas en grado sumo sin un medio de cambio aceptado por todos. En el proyecto de Ley propuesto, la función monetaria de nuestro peso -servir de medio de cambio en las transacciones corrientes- queda sin modificaciones, sigue incólume. Pero las otras dos funciones adicionales de "unidad de cuenta" y de "reserva de valor" de la moneda, se transferirían a una moneda virtual que se propone denominar UNIDAD DE CUENTA ESTABLE (UCE). En realidad existe una lejana similitud con la situación actual, en la cual usamos pesos para los pagos corrientes, las compras diarias o el taxi, pero cuando pensamos en el valor de una casa un campo o un departamento, lo hacemos en dólares. Cuando ahorramos también lo hacemos en dólares. En otras palabras, las funciones que hoy asignamos al dólar pasarían a la "UCE", que tendría la ventaja de estar protegida contra la inflación, ya que conservaría un valor constante. Se trata en realidad de una fórmula de pesificación de la economía que se hace de forma voluntaria y que potencia el ahorro y la inversión.

En la actualidad, si bien usamos el dólar como unidad de cuenta y reserva de valor, somos víctimas de un espejismo, porque el dólar se desvaloriza por la inflación en dólares en un 2 o 3 % anual. Un dólar del año 1900, pasó a tener el poder adquisitivo de solamente 5 centavos de dólar en el año 2000. Una persona que tenía, por ejemplo, un billete de 100 dólares en 1970, solamente podía adquirir bienes en el año 2000 por el equivalente de 25 dólares de 1970. Es decir que el que apuesta al dólar como moneda de ahorro para su vejez, en el largo plazo, pierde. No tanto como con nuestro peso, pero pierde. Si hubiésemos tenido la UCE propuesta por este libro, y hubiésemos ahorrado en la UCE, nuestro capital hubiese tenido un poder adquisitivo constante a través del tiempo.

### 3.- Un residuo tóxico de la ley de convertibilidad: la veda a la indexación

Sin embargo la implantación de la UCE requiere enterrar para siempre el principal residuo tóxico de la ley de Convertibilidad 23.928 de 1991, que es la prohibición de la indexación. En efecto, el Art. 7 de esta ley fulmina con carácter de orden público la indexación. Y la UCE no es más que una unidad monetaria virtual, subproducto de la indexación de la moneda corriente. En consecuencia el proyecto de ley propuesto, exige la derogación completa del anatema anti-indexatorio de la ley 23.928.

La prohibición de indexación en nuestro país es la contrapartida de la permisividad para la estipulación de obligaciones en dólares. No en vano es la misma ley de convertibilidad 23.928 la que prohíbe la indexación y permite la dolarización. Está claro, en consecuencia, que en el marco de esta ley, el mecanismo para resguardar el *sinalagma* de los contratos y la estabilización de las obligaciones, es la estipulación en dólares. En esas condiciones, tiene alguna coherencia lógica que la indexación se considere redundante e inconveniente en nuestro país. No obstante debe recordarse que en los mismos Estados Unidos, la indexación está permitida y el gobierno estadounidense ofrece bonos indexados en dólares, dada la inflación que, aunque muy baja - 2% o 3% anual- sufre ese país.

En nuestro país, que aguanta una inflación en pesos del 20 o 30% anual, el uso del dólar en las obligaciones de largo plazo se torna imprescindible. Además toda persona que detente pesos en sus bolsillos, cajas fuertes o depósitos bancarios en cuenta corriente, paga indirectamente el llamado *impuesto inflacionario*, pues sus tenencias de pesos pierden velozmente su poder adquisitivo. Si la inflación anual es del 25%, el impuesto inflacionario es del 20%; si la inflación es del 30% el impuesto inflacionario es del 23%; si la inflación es del 100% anual, el impuesto inflacionario es del 50%[1]. Para evadir el impuesto, el público compra dólares y los deposita en los bancos o en las cajas fuertes. Si deposita en los bancos del país, el ahorrista corre un gran riesgo, pues nuestro país no tiene un prestamista de última instancia en dólares: en efecto, el Banco Central de la República Argentina no puede emitir dólares. Los depósitos bancarios en dólares solamente están seguros en bancos situados dentro del territorio de los Estados Unidos. En el año 2001 pudimos comprobarlo al observar la tragedia de los depositantes de dólares en bancos radicados en nuestro país ante la escasez de dólares. Al no haber prestamista de última instancia en dólares, y para evitar la quiebra del sistema bancario, se inventó el tristemente célebre "corralito", que implicaba el bloqueo de los depósitos en dólares, lo cual trajo una furia indescriptible a los depositantes porque se sintieron, justificadamente, estafados.

### 4.-La UCE soluciona el problema de la fuga de capitales

Se ve claramente entonces, la incoherencia de nuestro régimen monetario ac-

---

[1] Conesa, Eduardo, Macroeconomía y Política Macroeconómica, Buenos Aires, La Ley, 2012, p. 489.

tual. Por un lado veda la indexación de nuestra moneda en pesos y por otro genera una inflación del 20% o 30% anual que penaliza la tenencia de pesos. Pero además el Código Civil reformado en 1991 permite la tenencia de dólares y los depósitos bancarios en dólares, aunque no tengamos Banco Central capaz de emitir dólares para prestarlos a los bancos en caso de corridas. La resultante es que los argentinos depositan sus dólares en bancos de los Estados Unidos donde están seguros. Ello explica la fuga de capitales, que como bien se explica en este libro, alcanzó 80 mil millones de dólares en los últimos 5 años. Incluso en 2010, 2011 y 2012, la compra de dólares se ve exacerbada por la sobrevaluación cambiaria, o el dólar barato, y en 2012 y 2013 además, porque la recesión obnubila las alternativas de inversión local. Si en la Argentina existiese la UCE, el público podría colocar sus ahorros en plazos fijos en los bancos y automáticamente ese dinero estaría protegido no solamente contra la inflación argentina en pesos, sino también contra la estadounidense en dólares. Con depósitos a plazo fijo en UCES por el equivalente de los 80 mil millones de dólares fugados de nuestro país entre 2007 y 2011, se podría haber encarado un ambicioso programa de desarrollo con especial énfasis en grandes metas públicas: vivienda, agua potable y alcantarillado, transporte en todas sus formas, aéreo, carretero, ferroviario, fluvial, puerto de aguas profundas, energía, expansión de la frontera agrícola y forestación. Se podría haber otorgado financiamiento a PYMES industriales y agropecuarias, construido muchas obras esenciales para nuestro desarrollo a largo plazo. Las tasas de ahorro y de inversión globales argentinas podrían superar el 30% del PBI y ello tendría un fuerte impacto positivo en el crecimiento a largo plazo del país.

Como contrapartida contable de los depósitos bancarios a plazo fijo indexados con la UCE, los bancos deberían dar créditos a las empresas también indexados con la UCE. Los bancos podrían emitir cédulas hipotecarias indexadas para financiar la vivienda a 30 o 40 años a muy bajas tasas de interés en UCES. Las jubilaciones estarían expresadas en UCES y por lo tanto protegidas contra la inflación. Las tribulaciones de quinientos mil jubilados en juicios contra el Estado por reajustes de haberes no serían necesarias. La UCE es consistente con la doctrina de nuestra Corte Suprema, la que en el "caso Badaro" ordenó indexarle los haberes a este jubilado con el índice de variación salarial, para mantener el poder adquisitivo de su jubilación.

**5.-El índice de precios al consumidor y el tipo de cambio real. Los salarios**
El libro en su proyecto de ley propone utilizar el índice de precios al consumidor (IPC) para indexar el valor de la UCE en pesos. La UCE inicial tendría un valor de 6 pesos y después ese valor se actualizaría mensualmente con el IPC y luego diariamente con una fórmula matemática fundada en la inflación del último mes. En la elección del índice de precios se sigue el modelo chileno inaugurado en 1967 por el presidente demócrata cristiano Eduardo Frei Montalva, y luego perfeccionado en el decenio de los años setenta y mantenido con gran éxito hasta la actualidad. Es, además, el modelo seguido por otros tres países con moneda virtual: Uruguay, Colombia y Méjico sin que se presentaran dificultades. En el caso de Uruguay, el país pudo emitir bonos indexados con el CPI que cotizan en Wall Street y se emitieron por valores equivalentes al 4% del PBI uruguayo.

En la Argentina, sin embargo, suele existir una disparidad histórica enorme entre el índice de precios al consumidor y el índice de precios al por mayor. El punto es muy importante porque el índice de precios al consumidor refleja los precios de bienes y servicios de consumo de una familia tipo compuesta de un trabajador industrial con esposa y dos hijos, donde los servicios y bienes no transables internacionalmente tienen un peso considerable.

El índice de precios al por mayor, por el contrario, refleja precios de *commodities*, todos transables internacionalmente, cuyo precio está influido fuertemente por el tipo de cambio nominal. Como nuestro país sufre de frecuentes y devastadoras sobrevaluaciones cambiarias como las de 1949-55, 1979-81, 1991-2001 y 2011-2012, los precios relativos de transables a no transables sufren también fuertes distorsiones: es el consabido problema de la inestabilidad del tipo de cambio real en la Argentina[2]. Ello determina que no siempre el índice

---

[2] Conesa, Eduardo, Macroeconomía y Política Macroeconómica, Buenos Aires, La Ley, 2012, p. 159

de precios al consumidor sea el índice de precios más apropiado para indexar los préstamos y las deudas de los sectores agrícola, industrial-manufacturero y minero; todos sectores productores de bienes transables internacionalmente. El proyecto de ley autoriza en su Art. 13 a usar otros índices a elección de las partes, por ejemplo el índice de granos para el agro. La UCE es la solución de carácter general, pero en cada transacción se puede elegir otras variantes, como proponía el padre de la criatura, el famoso economista de Cambridge, Alfred Marshall, profesor de John Maynard Keynes y Arthur Cecil Pigou. Marshall expresamente se refería a índices distintos para el agro y la minería. El problema de la discordancia entre los índices de precios internos como el CPI y el de los productos transables internacionalmente, como el IPM, es precisamente uno de los factores que más ha dañado el crecimiento de la economía argentina en los últimos 70 años. En efecto, el tipo de cambio real es, en el fondo, nada más ni nada menos que el cociente entre los precios de los bienes transables internacionalmente (IPM) y el de los internos (IPC). Esas enormes oscilaciones perjudiciales pueden verse en el siguiente gráfico:

**Tipo de cambio real argentino desde 1913 hasta 2010**
Base 1994 = 1

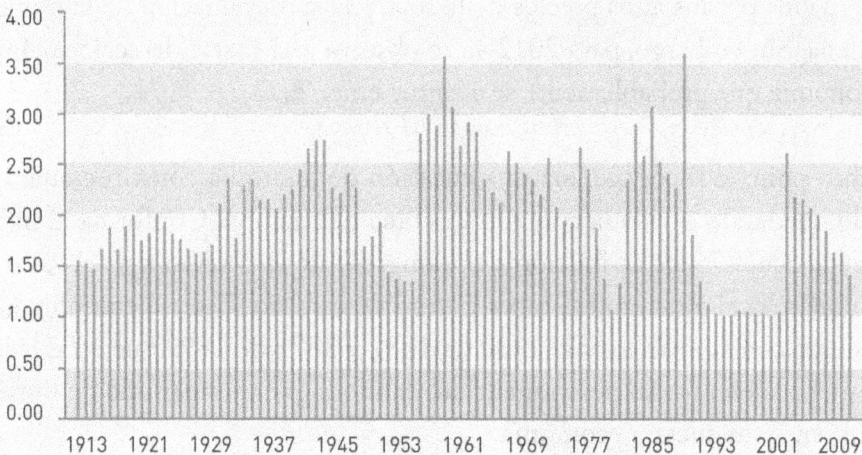

El gráfico permite apreciar las 4 grandes caídas del valor del dólar en la Argentina: la primera de 1948-54, la segunda de 1978-81, la tercera de 1990 -2001 y la cuarta, de 2009, 2010, 2011 y 2012.

La Moneda Virtual

Al respecto, ya en 1956, el decano de los economistas argentinos, Raúl Prebisch, en su famoso informe económico preparado a pedido del gobierno de entonces, afirmaba:

> *Hay que dar incentivos para que la actividad privada produzca más y mejor. La inflación ha contribuido poderosamente a destruir esos incentivos. El funesto propósito de reprimir sus consecuencias mediante el tipo de cambio artificialmente bajo ha privado de estímulo a la producción agropecuaria llevándola a una grave postración. Para elevar los precios rurales, ha sido inevitable reconocer la devaluación esperada en la moneda... asimismo, el estímulo del cambio libre dará impulso a las actividades industriales y mineras. Con mayores exportaciones, tendremos más divisas para adquirir materias primas, aliviando progresivamente la escasez que ahora oprime a la industria...*[3]

Sin embargo, no obstante la advertencia del famoso economista, reincidimos en la sobrevaluación cambiaria tres veces más en los 60 años siguientes. En 1976-82, acompañado de un crecimiento de cero en el PBI *per cápita*. En los 10 años que van desde 1991 hasta el 2001, donde el crecimiento *per cápita* fue también de cero. Y en los últimos años todavía registramos un alto crecimiento por cuanto los efectos perniciosos del peso sobrevaluado están disimulados y retardados por los altos precios de la soja, y la sobrevaluación de la moneda brasileña. Sin embargo, para 2012 ya se observa una fuerte desaceleración de la economía que probablemente se acentúe en el 2013.

El libro pone el foco y señala una cuestión de jerarquía constitucional que ha ido quedando olvidada con el transcurso del tiempo. Conforme al inciso 11 del artículo 75, es atribución del Congreso de la Nación fijar el valor de la moneda local y extranjera o sea el tipo de cambio. Esto se cumplía antiguamente con la ley nacional 1130 de 1881 y 3871 de 1899 que establecían el contenido en oro del peso argentino, dando lugar a un período de notable crecimiento de nuestra economía.

Con la supresión del patrón oro, esta responsabilidad del Congreso dejó de cumplirse salvo en el período de la convertibilidad.

---

[3] Prebisch, Raúl, "Plan de restablecimiento económico", Buenos Aires, 1956.

A partir de 1949 y como hemos señalado hubo largos períodos de atraso cambiario. Se pretendió estabilizar la economía anclando el tipo de cambio a una paridad artificial.

Los hechos demuestran que esta solución no fue operativa ya que no sirvió para brindar estabilidad económica y perjudicó la exportación y el crecimiento de la economía.
Hoy nos encontramos ante la disyuntiva de un nuevo atraso cambiario que es imperioso corregir para lo cual el Congreso de la Nación debería reasumir la función que le confiere la C.N. fijando el valor de la moneda extranjera.

Se trata de una importante decisión de política económica de carácter coyuntural que requiere un tratamiento ad hoc y que seguramente por tal razón los autores decidieron no incluir en este proyecto que tiene el carácter de una ley de fondo.

El uso de la UCE en las obligaciones debiera ser completamente libre y sujeto a la autonomía de la voluntad de los contratantes, excepto en los casos de los depósitos a plazo fijo de más de tres meses, las jubilaciones y las obligaciones emitidas por el Estado a más de 180 días que debieran tener una ajuste automático con la UCE.

El proyecto de ley, con el objeto de mantener el poder adquisitivo de las retribuciones laborales, autoriza a nominarlas en UCEs en las convenciones colectivas de trabajo, sin perjuicio de las modificaciones que en términos reales se convengan en las mismas. Este es un acierto del proyecto de ley ya que evita traer rigideces excesivas a la economía. Por ejemplo en Corea entre 1964 y 1993, los salarios reales se multiplicaron por diez sobre la base del crecimiento de la productividad de la economía coreana[4].. De este modo los salarios podrán seguir una curva ascendente en términos reales acompañando el incremento de la productividad promedio de la economía, que es ni más ni menos, que el crecimiento del PBI *per cápita*.

---

[4] Conesa, Op. cit. p. 272.

La Moneda Virtual

## 6.- Comparación entre la UCE y el oro como patrón monetario

En la mente de algunos hombres de negocios, de estado y de economistas anticuados, existe una cierta nostalgia acerca del viejo patrón oro que tuvo vigencia en el mundo como la moneda de la civilización durante casi todo el siglo XIX y primeros años del siglo XX hasta 1914. Se lo tomaba como la unidad de valor inamovible e ideal con respecto a la cual todos los demás valores de cosas, bienes y servicios podían ser comparados. No hay tal. El precio real del oro, como el de cualquier otra mercadería singular varía con su oferta y su demanda. El libro contiene un gráfico ilustrativo que compara el valor del oro en relación al precio de la canasta de bienes que componen el índice de precios al consumidor de los Estados Unidos. Por las fuertes oscilaciones del poder adquisitivo que ha tenido el oro desde el año 1899 hasta el año 2011, se desprende que no puede ser patrón de medida.

Estas cifras ponen también de manifiesto la enorme inflación en dólares billete que está oculta detrás de nuestra falsa ilusión del dólar como ancla estable de todos los valores. El dólar no es, después de todo, una buena moneda en su función de reserva de valor. Tanto el oro como el dólar están sujetos a grandes fluctuaciones. En 1920 se pensaba que todos los países devaluarían sus monedas en relación al oro y que se mantendría el patrón oro como moneda mundial. Ello provocó una gran demanda monetaria de oro que luego se desinfló cuando Estados Unidos finalmente devaluó en 1933, pero desmonetizando el oro. Se volvió a pensar en el oro como moneda mundial hacia 1970 y ello aumentó nuevamente su valor. Lo mismo ocurrió en el 2001. No solamente el incremento o la caída de la demanda monetaria eventual afectan el valor del oro. También el incremento de la oferta hace bajar su precio. En su momento actuaron en tal sentido los grandes descubrimientos de minas de oro por España en la América de los siglos XVI y XVII. Luego en el siglo XIX los hallazgos de importantes depósitos en California, Australia y Sudáfrica impusieron tendencias bajistas.

Y acá viene la gran idea: si el oro no es una verdadera ancla de valores y tampoco lo es el dólar ¿Porqué no utilizar como ancla el índice de precios al consumidor que refleja el promedio de los precios de miles de bienes y servicios de una economía con base uno en un año determinado? Después de todo no es cierto que el Sol sale a las mañanas y se pone al atardecer, sino que en verdad la Tierra gira sobre sí misma alrededor del Sol. Se trata de la misma y genial idea de Copérnico, pero aplicada la economía y a la moneda.

Es sabido que el régimen del patrón oro tuvo que ser abandonado en el decenio de 1930 para combatir la deflación de precios, la terrible depresión de la actividad económica y el impiadoso desempleo. En efecto, para combatir esos males había que emitir abundante moneda de papel, pero el sistema de patrón oro no otorgaba tal flexibilidad, puesto que en sus reglas de juego se establecía que para emitir moneda, el banco central debía comprar oro al precio fijado por la ley. Si no compraba oro porque nadie quería vendérselo, el banco central no podía emitir moneda.

Keynes lo puso en su famosa y críptica frase:

> *El desempleo se produce, es una forma de decir, porque la gente quiere la luna; los hombres no pueden ser empleados cuando el objeto del deseo, es decir el dinero es algo que no puede ser producido, y cuya demanda no puede ser completamente satisfecha. No hay otro remedio que persuadir al público que el queso verde es prácticamente la misma cosa y hay que tener una fábrica de queso verde, es decir un banco central bajo control público.*[5]

La historia condena al patrón oro por la deflación, la gran depresión y el desempleo. Pero la realidad actual condena también a la moneda corriente, llámese dólar, y mucho peor aún, a nuestro peso, por la inflación. La solución que se propone en este libro es la siguiente: conservemos los argentinos el peso como moneda para las transacciones corrientes con todo el poder de fuego de un Banco Central para conducir la política monetaria, pero establezcamos un nuevo patrón confiable para el ahorro, los pagos diferidos, las transacciones a

---

[5] Keynes, John Maynard, The General Theory of Employment, Interest and Money (1936), Harcourt, 1964, p. 235. La traducción me pertenece.

crédito y las obligaciones a largo plazo: la UCE. De esta manera tendremos el instrumento de la política monetaria para combatir el desempleo, pero reduciremos al mínimo los perjuicios de la inflación. Y como fomentaríamos el ahorro con la UCE, a la larga podríamos invertir más. Y por medio del desarrollo y el aumento de la producción de bienes consiguiente, derrotaríamos también a la misma inflación. La propuesta parece impecable. Pero la indexación misma ¿No realimenta la inflación?

## 7.-Indexación e inflación

Frecuentemente se arguye que la indexación es la causa de la inflación, o por lo menos que la realimenta. Pero la indexación se produce a posteriori de la inflación. Primero ocurre la causa, que es la inflación y luego, el efecto, que es la indexación. Afirmaban al respecto los antiguos: *Post hoc ergo propter hoc*[6]. La inflación tiene dos causas verdaderas y principales: la emisión de dinero para financiar al gobierno y el aumento de salarios no acompañado de incrementos en la productividad. Pero estas dos causas son repotenciadas enormemente por el aumento de la velocidad de circulación del dinero que la misma inflación provoca: cuando hay inflación, el público se apresura a gastar más rápido su dinero para proteger su poder adquisitivo, y esta actitud, enteramente racional desde el punto de vista individual, realimenta la inflación[7] y la convierte en "híper". Pero si se permiten depósitos a plazo fijo indexados en los bancos, o títulos públicos o privados indexados, el público se refugiará y ahorrará alternativamente en estos instrumentos, lo cual frenaría la demanda de bienes y la consiguiente suba de sus precios, de esta manera se evitaría la hiperinflación. Si se permitiera indexar los salarios, , las jubilaciones, los alquileres y las tarifas de los servicios públicos, las cédulas hipotecarias y los títulos públicos, se vería claramente que nadie gana con la inflación y ello forzaría a las autoridades a plantear una política económica más racional.

---

[6] "Después de esto, por lo tanto a consecuencia de esto"

[7] Conesa Eduardo, Op. cit. p. 486. En este capítulo presentamos la formula matemática que destaca el papel crucial de la velocidad de circulación del dinero en los procesos hiperinflacionarios.

## 8.-La indexación en la teoría económica

El libro hace un erudito repaso de las ideas de economistas, especialmente ingleses, que ya en el siglo XIX propiciaron la indexación, dadas las injusticias que provocaban las fluctuaciones del precio del oro. Entre ellos el libro destaca las contribuciones de Joseph Lowe en 1823, de G. Poulett Scrope en 1833, de William Stanley Jevons en 1876 y, sobre todo, la de uno de los más grandes economistas clásicos, Alfred Marshall quien en 1887 publicara un trabajo sobre "soluciones para las fluctuaciones generales de precios" donde se propone exactamente el desdoblamiento de las funciones de la moneda a la que nos hemos referido al comienzo de este prólogo[8]. Es evidente entonces que la idea de los autores sobre la moneda virtual, está respaldada por economistas de primer nivel mundial. Ellos nos recuerdan también que Keynes mismo avaló la moneda virtual al proponer el BANCOR como unidad de cuenta internacional, hacia 1944 sobre el final de la segunda guerra mundial. Un apoyo más moderno, aunque referido a la indexación y no al desdoblamiento, es el de Milton Friedman, premio Nobel de Economía (1976). Así por ejemplo Milton y Rose Friedman afirman:

*Otro mecanismo que ha demostrado su efectividad para mitigar las adversas consecuencias secundarias de la inflación que se utiliza en los acuerdos de largo plazo, son las cláusulas móviles.*[9]

Los esposos Friedman citan los casos de cláusulas móviles en las convenciones colectivas de trabajo, en los contratos de locación y en los préstamos de dinero a largo plazo. Reconocen ambos que la indexación no es una panacea, pero que ayuda en la implementación de las políticas anti-inflacionarias[10] fundadas, según proponen ellos, en la reducción gradual de la tasa de crecimiento de la cantidad de dinero. La indexación tendría la virtud de aumentar la demanda de la moneda indexada. En tal sentido ayudaría a bajar la

---

[8] Arthur Cecil, Pigou, Memorials of Alfred Marshall, Macmillan and Co. Limited St Martin St London, 1925, pp. 197 -199.

[9] Milton y Rose Friedman, Libertad de Elegir, Barcelona, Grijalbo, 1980, p. 382-383.

[10] Milton Friedman, Monetary Correction, London, IEA, Ocasional Paper 41, 1978.

velocidad de circulación de la moneda corriente, y sería un factor importante en la lucha contra la inflación.

**9.-La indexación en la realidad económica: Chile desde 1967 hasta la actualidad**
Chile es un país donde la indexación goza del beneplácito general y ha mostrado consistencia con el desarrollo económico y la reducción de la tasa de inflación. La llamada "Unidad de Fomento" chilena fue creada por el Decreto Nº 40 del 20 de enero de 1967, siendo al comienzo usada en los préstamos hipotecarios, ya que es una forma de revalorizarlos de acuerdo con las variaciones de la inflación. Luego, en los setenta, su uso se generalizó y con la UF indexada, la economía chilena tuvo un brillante desempeño a partir de 1983. En el año 2000 este país, tradicionalmente pobre, alcanzó y superó a la Argentina en el PBI per cápita. Desde el año referido y hasta la actualidad Chile ha experimentado una tasa de inflación similar a la de los mismos Estados Unidos. Los ciudadanos chilenos no necesitan comprar dólares para proteger sus ahorros, simplemente pueden depositar su dinero en pesos chilenos en un plazo fijo bancario, y su dinero pasa a estar indexado con la UF (Unidad de Fomento). La tasa de interés a largo plazo en UF y los Spreads bancarios están entre los más bajos del planeta. Los chilenos no piensan en dólares sino en UF. La UF expresa el costo en moneda corriente de una canasta fija de mercaderías. En lugar de anclar su moneda al dólar, o al oro, este país, sabiamente, desde hace casi 50 años ancló su moneda al precio del universo de bienes que se transan en la economía doméstica, dado por una canasta representativa de mercaderías, y el Banco Central de Chile da a conocer diariamente el índice correspondiente a los precios de esa canasta.

**10.-La bancarización de la economía y la liberación del potencial argentino para el crecimiento por medio de la UCE.**
El libro destaca acertadamente la conexión existente entre el grado de bancarización de un país y su desarrollo económico. Si el público depositara la mayor parte de su dinero en los bancos, indudablemente éstos dispondrían de más dinero para prestar a las empresas, y a mayor oferta de crédito, menor sería la tasa de interés y por lo tanto mayor sería la inversión, el empleo y el

crecimiento económico. Pero en la Argentina, ante la inflación que azota al país, el público trata, con total racionalidad, de gastar el dinero en pesos prontamente para evadir el impuesto inflacionario. Y si quiere ahorrar, se refugia en la compra de dólares y los deposita en el colchón, en su caja fuerte, o los envía al exterior. El público evita los depósitos bancarios al máximo de lo posible, ante las actuales reglas del juego económico. Por medio de estos dos remedios, gasto rápido de los pesos y ahorro en dólares, la gente intenta proteger el poder adquisitivo de sus ingresos, que, de otra manera, la inflación carcome. Por otra parte, se demostró acabadamente luego de la crisis bancaria y monetaria que padeció la Argentina en 2001 y 2002 que el ahorro canalizado hacia depósitos en dólares hacia bancos radicados en el país resulta fatalmente inseguro. En efecto, la Argentina, obviamente, no tiene un Banco Central prestamista de última instancia en dólares que reasegure a los depositantes que sus dólares les serán devueltos por los bancos. El resultado de las políticas de inflación sin indexación es que el coeficiente de depósitos bancarios privados en relación al PBI en Argentina llega solamente al 14,8% y el del crédito al sector privado en relación al PBI, al 13,4%, en tanto que en un país de similar grado de desarrollo económico, como lo es Chile, las mismas estadísticas se acercan al 90-100% del PBI. Por ello es adecuada la propuesta de Laura y Riva de indexar automáticamente los depósitos a plazo fijo a más de tres meses con el índice de precios al consumidor. De esta manera se protegerían los ahorros en pesos de la "malaria" inflacionaria y el público argentino perdería la manía de comprar dólares. Los bancos dispondrían de más fondos prestables, lo cual permitiría bajar la tasa de interés y los spreads bancarios por efecto de la competencia entre los bancos para colocar los ahora nuevos y abundantes ahorros. Al respecto llama la atención el hecho de que los spreads bancarios en Chile para las operaciones concertadas en UFs sean menores que el promedio de los países desarrollados. Los ahorristas locales en pesos se sentirían seguros porque el Banco Central de la República Argentina sí puede cumplir su función de prestamista de última instancia en caso de corridas bancarias de depósitos indexados en pesos pues, obviamente, puede emitir pesos. Si se adoptara esta norma indexatoria dentro del esquema de la UCE, ésta sola reforma de por sí cambiaría para mejor la economía argentina.

Sin embargo, con el objetivo de acelerar los beneficios de esta revolución económica, los autores proponen acertadamente varias medidas adicionales, tres de las cuales merecen ser destacadas. Primera, eliminar el impuesto al cheque que en nuestro país es del 1.2%, el más alto de América Latina (también Brasil implantó este lamentable impuesto distorsivo, pero con una tasa del 0,38%). Segunda, hacer obligatorio el uso de bancos para los pagos mayores de 6000 pesos, sea por la vía de pago con cheque, o con tarjeta de débito, bajo pena de nulidad del pago. Tercera, ampliar los horarios bancarios de 9 a 19 horas para posibilitar que los trabajadores puedan acudir a estas instituciones fuera del horario de trabajo.

Los autores calculan que la pérdida de recaudación para el Estado Nacional por derogación del impuesto al cheque sería compensada con creces por la considerable disminución de la economía "en negro". En otras palabras, el "blanqueo" de la economía permitiría una mayor recaudación del IVA y del impuesto a las ganancias que sería 1,7 veces superior a la pérdida de recaudación por concepto del impuesto al cheque.

En definitiva, las propuestas de este libro son tan racionales y beneficiosas que sorprende que no haya aparecido antes un político inteligente que las llevara a cabo para capitalizar a su favor el extraordinario desarrollo económico y bienestar que ellas traerían al pueblo argentino.

## 11.-Oportunidad para reformar el sistema monetario argentino

En la Argentina actual, la reforma monetaria propuesta en este libro es muy oportuna por tres razones:

Primera, el gobierno está harto preocupado con los enormes perjuicios que la fuga de capitales genera al país.

Segunda, está avocado también al estudio de un nuevo proyecto de Código Civil, uno de cuyos capítulos más importantes es el de las obligaciones de dar sumas de dinero y el consiguiente dilema de la dolarización versus la pesificación. Como el gobierno dice preferir la pesificación, la permisividad hacia la indexación se torna una necesidad imperiosa.

Tercera, y más importante, el gobierno está preocupado por la recesión que se viene. En consecuencia, la solución óptima a este triple problema es la creación de la UCE que aquí se propone para dinamizar el ahorro, la inversión e inaugurar un período de crecimiento genuino de la Argentina.

Según al artículo 75 inciso 11 de la Constitución Nacional, es atribución del Congreso hacer sellar la moneda y fijar su valor y el de las extranjeras. Por lo tanto, habría que dictar una ley estableciendo la UNIDAD DE CUENTA ESTABLE, UCE, con un valor inicial de, digamos, 6 pesos, y a partir de allí actualizarlo con la tasa de inflación del IPC, calculada también por un nuevo INDEC meritocrático y honesto, bajo jurisdicción del Congreso. En el libro que prologo están los detalles específicos y sus eruditos fundamentos. Incluso el Gobierno está embretado internacionalmente con su promesa de reforma del INDEC ante el Fondo Monetario, el G20 y toda la comunidad internacional. El actual INDEC es un intento de engaño que no convence a nadie dentro del país. Internacionalmente es un papelón mayúsculo.

Si estableciese la UCE sobre la base de un INDEC saneado, con un IPC que abarque los precios al consumidor de las provincias y el de la C.A.B.A. y que, además, sea dependiente del Congreso, el gobierno podría solucionar el problema de la fuga de capitales, el del Código Civil y el de la recesión que se avecina. Y, también argüir ante la opinión del país y la internacional que finalmente, recorreremos el camino para lograr un sistema monetario mucho mejor aun que el viejo patrón oro, y que el propio dólar.

# PRIMERA PARTE

## Unidad de Cuenta Ontológicamente Estable

# Resumen Ejecutivo

**1.-La moneda es la única unidad de medida inconstante que aún existe en la civilización (Irving Fisher)**

La historia muestra que ninguna moneda, aún la acuñada en oro, pudo cumplir cabalmente la función de patrón de valor estable en períodos prolongados. El dólar norteamericano, moneda estrella del siglo XX, tuvo una inflación del 2006% durante dicho siglo, perdiendo el 95 por ciento de su poder adquisitivo. El puente Golden Gate construido en 1935 costó US$ 35 millones. En 2009 el peaje recaudó US$ 97.121.000. Vale decir, casi tres veces más que el costo total de la obra; sin embargo, no alcanzó a cubrir los gastos de operación y mantenimiento, recibiendo subsidios estatales por US$ 20.860.000.

Los esfuerzos de los economistas para alcanzar una moneda estable han resultado infructuosos. Se insistió en utilizar la misma herramienta (moneda corriente) como patrón de medida, cuando históricamente estaba demostrado que esto era inviable en el largo plazo porque la moneda fluctúa por la permanente e imprevisible variación de los precios (Hayek) causada por la naturaleza inmanente del mercado. Un patrón de medida debe cumplir una única y suprema condición: ser invariable (G. Poulett Scrope). Si fluctúa, es inservible. La verdadera solución estaba en inventar una nueva institución. Como sostiene Karl Popper: la verdad no se descubre; se inventa. Fue lo que hicieron a partir de 1823, economistas precursores con vocación copernicana que no se limitaron a escudriñar la institución "moneda" tal como había sido creada por el orden espontáneo del mercado, sino que plantearon un cambio de paradigma: desdoblar las funciones de la moneda corriente creando una nueva institución LA UNIDAD (A. Marshall, 1886) que es una unidad de poder adquisitivo constante, basada en el precio de los bienes que permitiría ajustar las prestaciones dinerarias.

El pensamiento de Marshall nos dice: visto que la moneda corriente –*currency*- no puede ser estable, convirtamos el concepto mismo de la estabilidad (índice de precios) en una moneda (unidad de cuenta). Para ello hay que monetizar el índice de modo que éste sea el contenido único y excluyente de la nueva institución. Hemos denominado dicha institución: moneda virtual.

Una moneda cuyo contenido exclusivo es el propio índice será necesariamente estable porque cualquiera sea la fluctuación de la moneda corriente, siempre existirá en la recta numérica un número tal que pueda convertirse en el coeficiente que refleje dicho índice, que hemos denominado "coeficiente áureo". Logramos así una estabilidad ontológica porque está contenida en el propio ser de la moneda virtual. El índice de precios es lo estable y la moneda virtual es el índice. Por tanto, la moneda es estable. De este modo, se convierte un problema milenario insoluble de la economía, en una cuestión lógica regida por el principio de identidad.

## 2.- La aparente paradoja de la moneda virtual. Lo que se mueve es lo estable mientras lo fijo es congénitamente inestable

La moneda virtual plantea una aparente paradoja de ardua comprensión incluso para calificados economistas. Lo "estable" es el índice de naturaleza virtual carente de existencia física que cambia numéricamente. En tanto la moneda corriente –*currency*- con existencia física que es fija e inmóvil, adolece de inestabilidad congénita e insanable porque es inhábil para conservar una relación constante en el largo plazo con la fluctuación permanente e impredecible de los precios en el mercado.

Al ser la moneda corriente el denominador común del valor de todos los bienes, tenemos la percepción ptolomeica de que es aquélla la que determina el valor de los bienes y la consideramos el centro del universo económico. A su alrededor giran los precios como si fueran satélites del astro moneda. Pero la realidad económica copernicana es la inversa: no es la moneda la que fija el valor de los bienes, sino que es el precio del universo de bienes el que determina el valor de la moneda; es decir su poder adquisitivo

### 3.- El rol del Congreso

En cuestiones monetarias, el Congreso Nacional tiene cuatro atribuciones expresamente contempladas por la Constitución Nacional (incisos 11 y 19 del artículo 75).

La primera es: "hacer sellar moneda", cosa que se cumple con la emisión de la moneda transaccional o corriente (*currency*). Es decir, el peso.

La segunda: "fijar el valor de la moneda", se cumplía antiguamente estableciendo una equivalencia con el oro. Así la ley 3871 del 31 de octubre de 1889, estableció que un peso oro equivalía a 2,27 pesos papel moneda nacional. Desaparecido el patrón oro, el Congreso ha dejado de ejercer esta función.

La tercera: "fijar el valor de las monedas extranjeras", es decir el tipo de cambio. Esto se establecía antiguamente por la paridad con el oro.

La cuarta: está incluida en el inciso 19 de artículo 75: Proveer lo conducente...a la defensa del valor de la moneda. Vale decir, que la CN exige al Congreso que provea a la sociedad una moneda estable. Es una exigencia de "calidad" de la moneda. No basta con proveer cualquier moneda *fiat* sujeta a fluctuaciones, sino que se exige un patrón de medida que permanezca invariable en el tiempo.

En suma: de las cuatro atribuciones o responsabilidades que la CN otorga al Congreso, sólo se está cumpliendo la primera: sellar moneda.

Lo que proponemos para cumplir en plenitud lo previsto en los puntos b) y d) es el desdoblamiento de las funciones de la moneda, conforme a la propuesta de Alfred Marshall exitosamente aplicada por Chile al crear la Unidad de Fomento UF. Se trata de una nueva institución consistente en una unidad de cuenta o moneda virtual cuyo contenido será el índice de precios elegido como paradigma de lo estable que se utilizará para medir las prestaciones dinerarias. Este patrón tabular de valor justo garantizará la equivalencia de las prestaciones en las obligaciones a plazo, configurando una plataforma jurídica imprescindible para la justicia conmutativa.

Finalmente, el Congreso debe reasumir la función de fijar el valor de la moneda extranjera, decisión de política económica de la máxima importancia que requiere un tratamiento especial.

## 4.- La indexación no es inflacionaria

La principal objeción a una indexación ampliamente difundida, es el argumento de su impacto inflacionario sobre la economía. Expresado de esta manera simplista este juicio de valor es sencillamente falso (Milton Friedman). La indexación no agrega medios de pago y por lo tanto no impacta sobre el primer término de la fórmula de Fisher a favor de la inflación. En cambio, su uso universal favorece la estabilidad porque reduce la velocidad de circulación, al crear opciones de ahorro blindadas contra la inflación en reemplazo del refugio en bienes innecesarios. En el largo plazo, puede actuar en pro de la estabilidad sobre el segundo término de la fórmula de Fisher, aumentando la oferta de bienes por la canalización del ahorro a la producción. La experiencia de Chile es aleccionadora: con indexación universal por medio de la UF la inflación se redujo del 508,1% (1973) al 3,3% (promedio de la década 2000-2009).

Argentina es el único país del mundo que prohíbe la indexación por ley de orden pública y registra la segunda inflación más alta del mundo. Lo que ocurre es que todas las variables macroeconómicas están indexadas: los precios por el mercado, los salarios por las convenciones colectivas y los impuestos por su propia estructura, ya que todos son porcentajes de precios o ingresos. La prohibición de indexar sólo alcanza al ahorro y a los instrumentos de crédito. Con ello se inhibe el mercado de capitales y la inversión de largo plazo, mientras se promueve la fuga de capitales que adquiere ribetes alarmantes. Entre 2007 y 2011 se fugaron del país U$S 79.007 millones.

## 5.- Nominalismo monetario

La moneda virtual permite mantener el nominalismo monetario con la invalorable ventaja de utilizar una moneda estable garantizando la justicia conmutativa. Es utilizada por el público con total espontaneidad, sin necesidad de cálculos complejos y sin costos transaccionales propios de la indexación. Basta colocar su nombre, para incorporar a la transacción todo el plexo legislativo contenido en las normas que la regulan.

## 6.- Justicia conmutativa

Una unidad de cuenta ontológicamente estable como la moneda virtual es una herramienta fecunda e insustituible de la justicia conmutativa. En forma espontánea y sin intervención de los Jueces, las partes llevan a cabo un acto justo simplemente pagando lo pactado porque la existencia de una unidad de medida carente de fluctuaciones, permite garantizar que cada uno recibirá lo debido, no sólo en la letra sino en su espíritu (J. Lowe).

## 7.- Rentabilidad social de la moneda virtual

Crear la moneda virtual no tiene costo alguno para los Gobiernos ni para la sociedad y será fuente de grandes beneficios sociales corrigiendo el desamparo que hoy afecta a los jubilados, posibilitando la vivienda digna, evitando el rezago en el ajuste de los salarios que perjudica a los trabajadores, posibilitando la creación de un robusto mercado doméstico de capitales.

# Capítulo Primero

## La moneda es la única unidad de medida inconstante que aún existe en la civilización

*El análisis de los principios y hechos relativos al poder de compra de la moneda es algo que excede en mucho el mero interés académico. Tales cuestiones afectan el bienestar de cada uno de los habitantes del mundo civilizado. En cada cambio de la marea de precios, millones de personas se benefician mientras otros millones se perjudican.*[11]

### 1.- El avance de las técnicas de medición

Desde tiempos remotos el hombre se empeña en medir lo que lo rodea. Esta acción persistente posibilitó el progreso acumulativo de la ciencia en sus diferentes especialidades, perfeccionando las herramientas que hoy nos ayudan a mensurar la realidad. Unidades de medida e instrumentos, fueron diseñándose especialmente durante milenios, para precisar magnitudes de la más variada índole. La medición de los fenómenos que nos rodean es el umbral de la ciencia.

Como dijo el físico y matemático escocés Lord Kelvin (1824-1907):

*Lo que no se define no se puede medir. Lo que no se mide, no se puede mejorar. Lo que no se mejora, se degrada siempre... Cuando podemos medir aquello de lo que hablamos y expresarlo en cifras, sabemos algo de ello; cuando no podemos medirlo*

---

[11] Fisher, Irving, The Purchasing Power of Money, its Determination and Relation to Credit, Interest and Crises, New York, Macmillan, 1922. Fragmento del prefacio a la primera edición. Traducción de la Fundación Metas Siglo XXI especialmente para este volumen.

*ni expresarlo en cifras, nuestro saber es escaso e insatisfactorio; quizás sea el comienzo del saber, pero apenas cabe decir que hemos llegado al estado científico.* [12]

Muchas de estas investigaciones dieron por resultado la determinación de relaciones y proporciones que adquirieron carácter permanente y se incorporaron al patrimonio científico de la humanidad. Por ejemplo el teorema de Pitágoras de Samos (572-497 A.C.): *en un triángulo recto, el cuadrado de la hipotenusa es igual a la suma de los cuadrados de los catetos.* En la práctica, muchas civilizaciones venían aplicando esta misma relación en la construcción de obras monumentales. Las herramientas de medición utilizadas entonces, tienen hoy poca relevancia (seguramente todas han desaparecido o se han degradado). En cambio, esta relación abstracta o matemática de dos órdenes de magnitud que se verifican siempre, cualquiera sea el tamaño del triángulo recto que se tome como referencia, tiene carácter permanente.

**Las cosas materiales son perecederas y, muchas veces, efímeras. Relaciones abstractas como las matemáticas y lógicas pueden alcanzar validez perpetua. En esta dirección avanza la propuesta para alcanzar una moneda perpetuamente estable como veremos a lo largo de este trabajo.**

## 2.- El Sistema Métrico Decimal: "Para todos los Pueblos, en todos los Tiempos"

La evolución de las técnicas de medición, los instrumentos desarrollados y las unidades de referencia que se utilizan como patrón, han seguido avanzando hasta nuestros días y hoy podemos medir elementos tan escurridizos como la electricidad, tan fugaces como la luz, tan pequeños como los átomos o tan grandes como los espacios interestelares.

Algo similar ocurre en el comercio con las medidas de longitud, capacidad y peso. Durante milenios el hombre utilizó como patrón de medida las cosas que tenía siempre a mano: medidas antropométricas –la pulgada, el palmo, el codo, el pie, la yarda– eran harto imprecisas, generaban confusión y frecuentes disputas en el cumplimiento de los contratos. Aún dentro del mismo país la unidad de

---

[12] Citado en Samuelson, P., W. Nordhaus y D. Pérez Enrri, Economía, Buenos Aires, Mac Graw Hill Interamericana, 2003, p. 373.

medida cambiaba según la región. De allí proviene el dicho español: *todo depende de la vara con la cual se mide*, porque había grandes diferencias entre la misma unidad de medida según la región de España en la cual se aplicaba.

Hasta que en 1670 el abate francés Gabriel Mouton (1618–1694), párroco de la Iglesia San Pablo en Lyon, inventó el sistema métrico decimal que recién sería adoptado por el racionalismo de la Revolución Francesa más de un siglo después, en 1791 cuando el proyecto fue aprobado por Luis XVI (1754-1793) por presión de matemáticos, geógrafos y físicos. Los trabajos de medición entre Dunkerque y Barcelona para calcular el largo del cuarto de meridiano demandaron otros seis años a los agrimensores Jean Delambre y Pierre Mechain hasta que, finalmente, en junio de 1799 se presentó formalmente ante el Emperador Napoleón I (1769–1821) y se adoptó el Sistema Métrico Decimal bajo el lema: *"Para todos los Pueblos, en todos los Tiempos"*.

## 3.- El sistema métrico decimal en Estados Unidos

No obstante los esfuerzos hechos por las autoridades desde 1866, Estados Unidos sigue aferrado en el uso cotidiano al sistema imperial, es decir, las medidas británicas. En dicho año, bajo supervisión de la Academia Nacional de Ciencias, el sistema métrico fue declarado de uso legal por la ley 390. En 1875 Estados Unidos firmó el tratado del metro en París junto con otros 17 países y en 1890 recibió metros-patrón fabricados en platino-iridio que fueron depositados en la Oficina de Pesos y Medidas de la Vigilancia de Costas y Geodesia. En 1975 el Congreso legisló para promover el uso del sistema métrico, reiterado en 1998 por la ley Ómnibus Trade and Competitiveness, pero su adopción para uso cotidiano ha sido lenta.

Lo importante, en nuestra opinión, es que a partir de 1893 por una directiva de Thomas C. Mendenhall, Superintendente de Pesos y Medidas, las medidas usuales americanas fueron definidas en términos de unidades métricas. Los patrones primarios recibidos en 1889 como signatario del Tratado del Metro fueron utilizados como estándar de referencia y, a partir de entonces, todas las medidas están definidas en base al sistema métrico. Así una yarda es igual a 0,9144 metros; un pie a 0,3048 metros y una pulgada a 0,0254 metros.

En conclusión, el sistema métrico decimal es el patrón de referencia legal de todas las otras medidas y por ende podemos decir que está en aplicación desde el punto de vista institucional.

## 4.- El Calendario Gregoriano

Otro caso notable de medición fue el invento del calendario que había tenido una lenta evolución desde los antiguos egipcios. El método era imperfecto y se verificaban desfasajes entre lo que indicaba el calendario y el cambio de las estaciones, lo cual impedía conocer la época propicia para la siembra de los distintos productos. Tampoco permitía celebrar en la fecha indicada las grandes festividades religiosas como la Navidad y las Pascuas.

Recién en el siglo XVI el jesuita Christopher Clavius (1538-1612) nacido en Bamberg, Baviera (hoy Alemania), inventó el calendario gregoriano que rige hasta nuestros días. Hasta entonces, Europa utilizaba el calendario juliano, instituido por Julio César (100–44 AC) en el año 46 A.C. Julio César abolió el calendario lunar y adoptó el solar, asesorado por Sosígenes, astrónomo de Alejandría quien determinó que la duración del año solar era de 365 días y seis horas. Para compensar este exceso de seis horas se decidió agregar un día completo cada cuatro años, lo que dio lugar a la creación del año bisiesto. El cálculo era sorprendentemente exacto considerando los instrumentos entonces disponibles. En realidad, el año solar era 674 segundos (11 minutos y 14 segundos) más corto. El sol era más lento que el calendario. Una diferencia poco significativa: menos de dos segundos por cada día. Sin embargo, esta pequeña diferencia acumulada durante doce siglos (desde el Concilio de Nicea en el año 325) había dado como resultado un desfasaje de diez días, que originaba dificultades con las fiestas religiosas. El Domingo de Pascua iba retrogradando lenta pero seguramente hacia la Navidad. El Papa Gregorio XIII (1502-1585), encomendó a Clavius que encabezara una comisión para resolver la cuestión.

Se adoptó el método analítico propuesto por el matemático italiano Luigi Lilius (Circa 1510–1576) que consistía en suprimir el día bisiesto del último año de cada siglo que no fuera divisible por 400. Así el año 1900 no sería bisiesto pero el año 2000 sí. El nuevo calendario fue promulgado con la bula *Inter Gravissimas* del Papa Gregorio XIII del año 1582 y es conocido como

Calendario Gregoriano. El Papa dispuso además recuperar el tiempo perdido, adelantando el calendario y suprimiendo a tal efecto diez días del año 1582. Así el jueves 4 de octubre de ese año sería seguido por el viernes 15 de octubre. Todos protestaron, incluidos los católicos, que creían que se les estaba recortando diez días de su vida.

El nuevo calendario no fue adoptado de inmediato por los países protestantes. Por razones religiosas, Gran Bretaña tardó casi dos siglos hasta incorporarlo en 1752. Se atribuye al eminente astrónomo alemán Johannes Kepler (1571-1630) haber afirmado: "prefiero estar en desacuerdo con el Sol que estar de acuerdo con el Papa". Rusia, por su parte, lo adoptó recién en 1918.

Podemos extraer una conclusión valiosa de esta experiencia. Una diferencia de dos segundos por día aparece como irrelevante y carente de entidad. Sin embargo, en el muy largo plazo, estos dos segundos se convirtieron en 10 días que distorsionaban gravemente el cómputo del paso del tiempo y generaban un desacople dañino del calendario con respecto al ciclo de las estaciones.

Esto mismo ocurre con las pequeñas variaciones del poder adquisitivo de la moneda. Una inflación promedio del 3,09% anual parece ser poco relevante. Sin embargo, en el largo plazo se convierte en una pérdida sustancial del capital dado en préstamo. Así, en cien años representa una inflación del 2006% que causa una pérdida del poder adquisitivo del 95%. Quien prestó $ 100 recibe en cancelación sólo $ 5 en poder adquisitivo. El largo plazo convierte en significativa una diferencia que aparentaba ser irrelevante. Como veremos, fue lo que ocurrió con el dólar americano durante el siglo XX.

## 5.- Dos instituciones de vigencia universal

Con el Calendario Gregoriano y el Sistema Métrico Decimal, la humanidad logró dos instituciones que han alcanzado vigencia universal y probablemente perpetua. Ambas presentan algunas características que son de utilidad para la índole de la propuesta contenida en este libro: crear un Sistema Métrico Monetario que mida el poder adquisitivo de la moneda en forma exacta a lo largo del tiempo. Estas características son las siguientes:

1.  Las dos instituciones fueron producto de inventos racionales del hombre

que requirieron una compleja y ardua tarea de abstracción inteligente. No se originaron espontáneamente en la sociedad como fruto de usos sociales como el lenguaje y la moneda. Tienen autores responsables: el Abate Gabriel Mouton en el caso del Sistema Métrico Decimal y el Jesuita Christopher Clavius, en el del Calendario Gregoriano.

2. Fueron instituciones implantadas por la autoridad competente: el calendario en 1582 por el Papa Gregorio XIII y el Sistema Métrico Decimal en 1799 por el emperador Napoleón I. Sin esta decisión ambos sistemas hubieran quedado como curiosidad para los historiadores, sin alcanzar utilidad social. Su puesta en vigencia dentro de un ámbito de jurisdicción demostró sus ventajas comparativas y posibilitó que se extendieran al resto del mundo adquiriendo vigencia universal.

3. Las relaciones matemáticas abstractas de ambos sistemas siguen manteniendo su vigencia a través del tiempo tras centenares de años como el teorema de Pitágoras. No se degradan, a diferencia de los objetos materiales que tienen una vida útil limitada.

Lo mismo ocurre con el Sistema Métrico Decimal que nació como una relación matemática de proporcionalidad con el globo terráqueo. Entonces, salvo que las dimensiones de la Tierra cambiaran, el metro mantendrá vigente su condición de medida exacta. En 1983 la Conferencia General de Pesos y Medidas adoptó otro estándar definiendo el metro como la longitud de la trayectoria viajada por la luz en absoluto vacío durante un intervalo de tiempo de $1/299.792.458$ de segundo, basándose en la constancia de la rapidez de la luz para todos los observadores.

Por su parte, el calendario gregoriano está basado en el movimiento de los astros y en el tiempo que tarda la Tierra en dar una vuelta completa alrededor del Sol, relaciones que tienen también carácter permanente, salvo que se produjeran cambios en el movimiento de los planetas.

4. La cuarta característica es que estas relaciones abstractas de naturaleza matemática que nos permiten efectuar mediciones en forma exacta y permanente, están basadas en hechos que no dependen de la voluntad

de los Gobiernos. El tamaño del globo terráqueo o el tiempo de viaje de la Tierra alrededor del Sol son cuestiones ajenas a la voluntad humana y por ello tienen este carácter inmutable.

## 6.- La partida doble de Luca Paccioli

Otro importante avance en la medición fue el de establecer el desempeño de las empresas por medio de la contabilidad. En 1450, el monje italiano Luca Paccioli sistematizó las prácticas vigentes entre los mercaderes venecianos y desarrolló la partida doble, piedra angular de la contabilidad moderna que aún no ha podido ser superada y que es apta tanto para un pequeño kiosco como para una poderosa multinacional.

## 7.- La fórmula monetarista de Irving Fisher

Más modernamente, la fórmula monetarista de Fisher, $MV = PT$, nos indica que la cantidad nominal de dinero multiplicada por la velocidad de circulación es igual a los precios multiplicados por la cantidad de transacciones.

Según Milton Friedman:

> *Puesta así, la ecuación es una identidad, o una tautología. Toda compra puede contemplarse de dos maneras: el importe gastado, o la cantidad del artículo o servicio multiplicado por el precio pagado. Si escribimos el importe gastado como miembro izquierdo y la cantidad de bienes multiplicada por el precio como miembro derecho, respectivamente sumados para todas las operaciones de compra realizadas, tenemos la forma clásica de la contabilidad de partida doble; y como sucede en general con la contabilidad por partida doble, se trata de una tautología sumamente útil.*[13]

Detengámonos un instante en este concepto: *"se trata de una tautología sumamente útil"*. (Tautología quiere decir: repetición de un mismo pensamiento expresado de distintas maneras[14]). Participa, entonces, del principio de identidad en el sentido de que se trata de la "misma" idea expresada en forma distinta.

---

[13] Friedman Milton, Los prejuicios del dinero, Barcelona, Grijalbo, 1980, p. 56.
[14] Diccionario de la lengua española, vigésimo primera edición.

Son ideas básicas de decisiva importancia para la humanidad porque son universalmente aceptadas y tienen vigencia permanente.

Los avances o inventos referidos, ya sea que estén sustentados en realidades (el metro en el tamaño de la Tierra y el calendario en el movimiento de los astros) o en principios racionales como el de identidad o tautología en la partida doble y la fórmula monetarista de Fisher, han desarrollado relaciones abstractas de validez universal.

No resultaron de la evolución espontánea de la sociedad o del mercado, sino que fueron verdaderos inventos con autor responsable que contribuyeron al progreso de la humanidad.

## 8.- Importancia de contar con una unidad de medida estable y uniforme

Las diferencias que pueden producirse en la medición, en proyectos que requieren alta precisión como los viajes espaciales, tienen a veces graves consecuencias. El 23 de diciembre de 1999 la sonda espacial Mars Climate enviada por la NASA para orbitar alrededor de Marte y estudiar su clima, se estrelló contra este planeta y quedó destruida. La investigación posterior de la NASA reveló que el desastre fue debido a un error de conversión al Sistema Internacional de Unidades; de los datos que se habían suministrado al ordenador de a bordo. ¿Qué había ocurrido? En la construcción y programación de los sistemas de navegación y lanzamiento de la sonda espacial participaron varias empresas. La Lockheed Martin Austronautics de Denver fue encargada de diseñar y construir la sonda espacial, mientras que la Jet Propulsion Laboratory de Pasadena fue la encargada de programar los sistemas de navegación de la misma sonda. Infortunadamente, ambas utilizaron distintas unidades de medida: la primera utilizó el sistema anglosajón (pies, millas, libras) mientras la segunda utilizó el sistema métrico decimal (metros, kilómetros, kilogramos). Como resultado la nave quedó en una órbita equivocada y cayó sobre el planeta destruyéndose y provocando una pérdida de 125 millones de dólares.

Este caso demuestra a las claras la importancia que tiene contar con una misma unidad de medida estable; una verdadera ancla o patrón inmutable. Esta es, precisamente, la cuestión que aborda la moneda virtual.

## 9.- La moneda es la única unidad de medida inconstante que aún existe en la civilización

En materia de medición del poder adquisitivo del dinero, la humanidad sigue aferrada a métodos que no le han permitido tener un patrón de medida fiable para mensurar los valores a lo largo de grandes períodos.

Decía Irving Fisher:

*Hemos estandarizado todas las otras unidades del comercio excepto la más importante y universal: la unidad del poder de compra. ¿Qué hombre de negocios va a aceptar siquiera por un instante, celebrar un contrato en términos de yardas de tela o toneladas de carbón, y dejar librados al azar o a la casualidad el tamaño de la yarda o de la tonelada? En otra época, la yarda era la medida del contorno de la cintura de un adulto. Para que representen valores constantes las hemos estandarizado. Inclusive hemos estandarizado las nuevas unidades que miden la electricidad, el ohm, el kilovatio, el ampere y el voltaje. Pero el dólar está librado al azar de las minas de oro. Al principio resultó difícil estandarizar las unidades que miden la electricidad porque no teníamos los instrumentos para medir esas magnitudes escurridizas. Pero tan pronto como estos aparatos de medición fueron inventados las unidades de medida fueron estandarizadas. Hasta ahora habíamos tenido la misma excusa para no estandarizar el dólar como una unidad de poder de compra, y así convertirlo en un estándar para pagos diferidos... No teníamos un instrumento para medirlo o un mecanismo para poner en práctica los resultados. Con el desarrollo de los números índice, sin embargo, y el mecanismo de ajustar el señoreaje de acuerdo con dichos números índice, tenemos hoy al alcance de la mano un método para llevar a cabo una estandarización científica del dólar y para coronar el ideal largamente codiciado de disponer de un "estándar múltiple" de valor. De este modo está al alcance de la sociedad, cuando lo decida, poder crear un patrón monetario estandarizado, un dólar estable.*[15]

---

[15] Fisher, Irving, Op cit. Traducción de la Fundación Metas Siglo XXI de fragmento correspondiente al apéndice incluido en la segunda edición.

La Moneda Virtual

Carecemos de una unidad estable para medir el poder de compra de la moneda en el largo plazo que sería de vital importancia para la justicia conmutativa en las relaciones económicas.

A este respecto sostiene Irving Fisher:

> *La moneda es la única unidad de medida inconstante que aún existe en la civilización. Otras unidades —la yarda, la libra, el bushel, etc.- fueron alguna vez tan inestables y rudimentarias como hoy lo son el dólar, el soberano y el franco, etc.; pero una tras otra, aquellas unidades han sido estabilizadas y estandarizadas.*
>
> *Pesos y medidas achicados defraudan al comprador; medidas agrandadas al vendedor. De este modo, una unidad monetaria que cambia su poder adquisitivo siempre está causando estragos entre los contratantes. Cuando los precios están subiendo -en otras palabras, cuando el poder de compra del dólar está cayendo- el acreedor y todos los tipos de acreedores padecen una injusticia. Los perjudicados son los depositantes de ahorros en los bancos, los tenedores de bonos, las clases asalariadas y quienes reciben sueldos.*
>
> *En la gran estampida de precios —es decir, la gran depreciación del dólar- que tuvo lugar entre 1896 y 1921 esta injusticia alcanzó a los millardos de dólares. Por el contrario, cuando los precios caen, como ocurrió entre 1873 y 1896, la injusticia castigó a otros sectores: deudores, tenedores de acciones, granjeros y hombres de negocio independientes. Los efectos indirectos de la caída y de la suba de precios —es decir, valorización o desvalorización del dólar- son igualmente dañinos.*[16]

Como unidad de medida, la moneda ha sido más deficiente que las medidas antropométricas primitivas como el pie. Se estima que en 200.000 años el pie de un hombre de la época del homo sapiens hasta nuestros días, ha tenido una variación inferior al 10 por ciento. En tanto, fluctuaciones de ese tenor en el poder adquisitivo de la moneda se producen en períodos breves, aun en monedas acuñadas en oro. Con lo cual llegamos a la conclusión de que en el

---

[16] Fisher, Irving, "Estabilización del dólar" en Enciclopedia Británica, 1921.

largo plazo, el imperfecto sistema de medidas antropométricas hubiera sido mucho más estable que un patrón de medida apoyado en la moneda corriente. Para superar esta dificultad, es necesario inventar o crear una unidad de medida diseñada racionalmente para medir valores económicos como hemos hecho con los restantes instrumentos de medición. La moneda actual es una institución creada espontáneamente por la sociedad para posibilitar el cambio indirecto y ha sido de invalorable utilidad para reemplazar el método primitivo del trueque. Pero ha demostrado ser harto imprecisa como instrumento de medición. Como veremos más adelante, la solución de fondo es la propuesta por Alfred Marshall: desdoblar las funciones de la moneda creando una UNIDAD que servirá exclusivamente para medir, mientras la moneda corriente seguirá siendo utilizada como instrumento de pago. Esta UNIDAD o unidad de cuenta debe ser respaldada por una decisión de la autoridad competente que la ponga en vigencia.

En suma al igual que el sistema métrico decimal o el Calendario Gregoriano, la unidad de cuenta tendrá las siguientes características:

Constituirá el invento racional de una herramienta con un fin específico: medir, en este caso, valores económicos.

Representará una relación abstracta de naturaleza matemática que no dependerá de la voluntad de los gobiernos.

Por tratarse de una relación matemática tendrá una vigencia permanente, no estando expuesta a degradación como ocurre con las cosas materiales.

Deberá crearse como institución a la cual la autoridad competente le otorgue validez, haciendo obligatorio su cumplimiento judicial tanto de haber sido contratado voluntariamente por las partes o declarado aplicable por ley.

## 10.- Magnitud de las fluctuaciones en el largo plazo

Parece útil ilustrar con algunos ejemplos reales la enorme variación del poder adquisitivo de la moneda en períodos largos. Hablar de porcentajes abstractos no es suficiente para aportar una idea real de esa variación. Ex profeso, tomaremos únicamente dos monedas consideradas estables utilizadas en los últimos dos siglos como divisas internacionales: la libra esterlina y el dólar. Desde luego mucho más grave es el caso del peso argentino que a lo largo de

60 años (junio de 1952 hasta junio de 2012) registra una inflación promedio del 67% anual y, como consecuencia, la canasta de bienes aumentó 25 millones de millones de veces (25.000.000.000.000).

## 10.1.- El caso del Canal de Suez

El 25 de septiembre de 1875, Disraeli realizó una de las operaciones financieras más grandes y exitosas de la época: adquirir por cuatro millones de libras esterlinas a favor de su Majestad la Reina Victoria, el paquete de control del Canal de Suez, compuesto de 176.602 acciones. En una operación relámpago, Disraeli compró las acciones al Jedive Ismail Pachá quien estaba en dificultades financieras por la caída del precio internacional del algodón, principal *commodity* de exportación de Egipto. Terminada la Guerra de Secesión, Estados Unidos había recuperado su capacidad de producir y exportar algodón y el incremento de la oferta provocó la baja de su precio. El canal fue abierto oficialmente al tráfico en noviembre de 1869 y demostró ser una obra estratégica para el intercambio con India y Extremo Oriente. Cuando se presentó la oportunidad, Disraeli no dudó un instante y adquirió, como dijimos, en cuatro millones de libras el paquete accionario de control. Informada de inmediato, la Reina Victoria escribió en su diario:

> *He recibido un mensaje de Mr. Disraeli, con la muy importante noticia de que el gobierno ha comprado al virrey de Egipto sus acciones del Canal de Suez por cuatro millones de libras esterlinas, lo que nos da una completa seguridad para la ruta a la India y nos coloca en una excelente posición. Algo inmenso. Enteramente obra de Sr. Disraeli.*[17]

En 2003, el magnate de la fórmula I del automovilismo, Bernie Ecclestone, vendió su residencia de Kensington Palace Garden ubicada en Londres en la suma de 57.145.967 libras esterlinas. Relacionando este precio con el número de dormitorios de la residencia, podemos concluir que cada uno de ellos se vendió en 4 millones de libras. El mismo precio nominal pagado por el paque-

---

[17] Citado en Langlade, Jacques de, Disraeli. El alfil de la reina Victoria, Buenos Aires, Javier Vergara, 1997, pp 264-265.

te de control de la Compañía del Canal de Suez en 1875.

¿Cómo puede ser que se haya pagado por el Canal de Suez lo mismo que por el dormitorio de una residencia, por lujosa que ésta sea? ¿Cuál es la explicación? Evidentemente la magnitud de la pérdida del poder adquisitivo que tuvo en algo más de un siglo la moneda que fuera divisa internacional del siglo XIX e inicio del XX.

Podríamos agregar otra comparación: la recaudación diaria actual del peaje del Canal de Suez (7,3 millones de libras esterlinas) supera el precio que se pagó por la compra de la empresa. Es cierto que el tiempo transcurrido es largo, muy largo (128 años exactamente). Pero, justamente éste es el objeto de nuestro estudio: analizar las fluctuaciones del poder adquisitivo de la moneda y los desequilibrios y la injusticia que ello provoca en obligaciones de muy largo plazo.

## 10.2.- El caso de la Catedral de San Pablo, en Londres

La construcción de la Catedral de San Pablo en Londres comenzó en 1675 y fue terminada el 20 de octubre de 1708. El proyecto estuvo a cargo del arquitecto de la Corte Sir Christopher Wren (1632-1723). Está construida en piedra de Portland en estilo renacentista y barroco tardío. Su cúpula, inspirada en la Basílica de San Pedro en Roma, es la segunda en tamaño en el mundo y se yergue a 108 metros de altura. Es un símbolo e hito histórico de Londres.

Según el historiador británico Reverendo Henry Hart Milman (1791-1868) el costo total de su construcción ascendió a 736.750 libras.[18]

En el año 2000 la Catedral encaró un programa de restauración para celebrar el 300 aniversario de su habilitación, en el año 2008. Este trabajo de rehabilitación fue presupuestado en 40 millones de libras esterlinas, 54 veces más que el costo total de construcción. La restauración incluyó reparación y limpieza y mejoras para los visitantes, como equipamiento para los discapacitados.

## 10.3.- El caso del Canal de Panamá

Veamos otros ejemplos referidos al dólar que, como la libra en su momento, es hoy desde hace tiempo, divisa internacional. No tendría sentido considerar otras monedas como la lira, el marco alemán o el franco francés, porque han

---

[18] Milman, Henry Hart, Annals of Saint Paul's Cathedral, United States, Kessinger, 1869.

sufrido inflaciones tan pronunciadas que el cálculo sería de escasa utilidad.
En 1914 se inauguró el Canal de Panamá, considerado una hazaña de la ingeniería. Su costo total fue de 320 millones de dólares. Actualmente se está ampliando con una inversión presupuestada en 7000 millones de dólares. La ampliación costará veinte veces más que su construcción completa.

## 10.4.- El caso del puente Golden Gate

En 1935 se construyó el puente colgante Golden Gate en la Bahía de San Francisco. El costo total fue de 35 millones de dólares. En 2009 el peaje recaudó US$ 97.121.000, 2,7 veces más que el costo total de la obra y, sin embargo, no alcanzó a cubrir los gastos operativos, generándose un déficit de US$ 20.860.000 que debió cubrirse con subsidios federales y locales. Cabe aclarar que la Comisión que administra el puente además opera ómnibus y un servicio de ferries fuertemente deficitarios.[19]

## 10.5.- El caso de la autopista de Ohio

En 1950 se construyó la autopista de Ohio, la obra fue llevada adelante con una inversión de 325 millones de dólares, financiada con bonos a cuarenta años, pagaderos íntegramente al vencimiento operado en 1990. Como la inflación en ese lapso fue del 442 por ciento, los tenedores de bonos recibieron en poder adquisitivo el 18 % del capital original. La tasa de interés anual del 3,25% era fija y no compensaba la inflación anual promedio del 4,31 %.

---

[19] Golden Gate Commission, Annual Financial Report, Fiscal Year ended June 2009, www.Goldengate.org/organization/annual_reports.phs.

La residencia de Bernie Eclestone fue vendida al magnate indio del acero Lakshmi Mittal en 57 millones de libras esterlinas. Considerando el número de dormitorios podemos decir que cada uno de ellos se pagó 4 millones de libras. Lo mismo que el paquete de control del Canal de Suez.

Canal de Suez visto desde un buque portacontenedores. De fondo, el puente de la Amistad Egipcio-japonesa de 70 metros de altura sobre el nivel del agua.

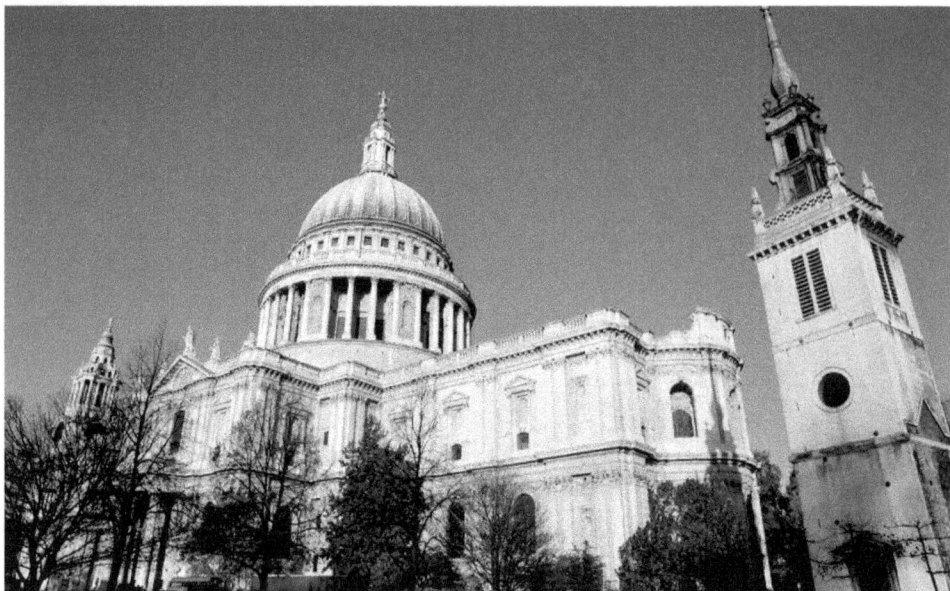

Catedral de San Pablo en Londres. Costó 736.750 libras; reparar el frente y colocar facilidades para el ingreso de discapacitados cuesta actualmente 54 veces más: 40 millones de libras.

Vista hacia el Oeste a través del coro hacia la nave principal desde el altar mayor. La foto es anterior a la restauración y parece indicar que el estado de conservación del edificio era aceptable.

Canal de Panamá: Hoy su ampliación costará veinte veces más que su construcción completa.

Golden Gate Bridge de la ciudad de San Francisco: en 1935 el costo total de la obra fue de 35 millones de dólares. En 2009 la recaudación de peaje fue de 97 millones de dólares. Sin embargo, no alcanzó a cubrir los costos de operación y mantenimiento, generando un déficit de 20 millones de dólares que debió ser enjugado por el Estado.

Autopista de Ohio: habilitada en 1955 se financió con bonos a 40 años a tasas de interés que resultaron negativas con grave perjuicio para los adquirentes de bonos.

## 11.- El dólar norteamericano: la moneda estrella del Siglo XX

Los casos comentados demuestran que aún las monedas pretendidamente estables como la libra esterlina y el dólar experimentan fuertes fluctuaciones en el largo plazo ocasionando pérdidas cuantiosas a los ahorristas y a los acreedores de renta fija en épocas de inflación. El problema se invierte en épocas de deflación en que se perjudican los deudores obligados a pagar con una moneda valorizada.

El dólar norteamericano perdió el 95 por ciento de su poder adquisitivo a lo largo del siglo XX. En 2000 el poder adquisitivo de un dólar se redujo a cinco centavos de 1901. La inflación promedio fue del 3,09 % anual acumulativa. Esta modesta inflación anual, que aparece como de escasa significación en plazos breves se convierte en una pérdida sustancial en el largo plazo. Trae a la memoria el caso del calendario Juliano (punto 4 de este capítulo) que, al adelantarse 2 segundos por día a la marcha del Sol, debió reajustarse en 1582 con la promulgación del calendario Gregoriano que suprimió diez días para hacer posible que el año solar coincidiera con el calendario.

---

Cuadro 1 - Variación del dólar en el siglo XX
Índice de Precios al Consumidor (All Urban Consumer's - CPI)

| 82 AÑOS DE INFLACIÓN | | | | |
|---|---|---|---|---|
| 1900: 7,9% | 1923: 1,8% | 1951: 7,9% | 1969: 5,5% | 1986: 1,9% |
| 1902: 6,2% | 1925: 2,3% | 1952: 1,9% | 1970: 5,7% | 1987: 3,6% |
| 1903: 1,2% | 1926: 1,1% | 1953: 0,8% | 1971: 4,4% | 1988: 4,1% |
| 1904: 1,1% | 1934: 3,1% | 1954: 0,7% | 1972: 3,2% | 1989: 4,8% |
| 1906: 3,4% | 1935: 2,2% | 1956: 1,5% | 1973: 6,2% | 1990: 5,4% |
| 1907: 4,4% | 1936: 1,5% | 1957: 3,3% | 1974: 11,0% | 1991: 4,2% |
| 1909: 7,6% | 1937: 3,6% | 1958: 2,8% | 1975: 9,1% | 1992: 3,0% |
| 1910: 4,0% | 1940: 0,7% | 1959: 0,7% | 1976: 5,8% | 1993: 3,0% |
| 1912: 6,3% | 1941: 5,0% | 1960: 1,7% | 1977: 6,5% | 1994: 2,6% |
| 1913: 1,0% | 1942: 10,9% | 1961: 1,0% | 1978: 7,6% | 1995: 2,8% |
| 1914: 1,0% | 1943: 6,1% | 1962: 1,0% | 1979: 11,3% | 1996: 3,0% |
| 1915: 1,0% | 1944: 1,7% | 1963: 1,3% | 1980: 13,5% | 1997: 2,3% |
| 1916: 7,9% | 1945: 2,3% | 1964: 1,3% | 1981: 10,3% | 1998: 1,6% |
| 1917: 17,4% | 1946: 8,3% | 1965: 1,6% | 1982: 6,2% | 1999: 2,2% |
| 1918: 18,0% | 1947: 14,4% | 1966: 2,9% | 1983: 3,2% | |
| 1919: 14,6% | 1948: 8,1% | 1967: 3,1% | 1984: 4,3% | |
| 1920: 15,6% | 1950: 1,3% | 1968: 4,2% | 1985: 3,6% | |

| 15 AÑOS DE DEFLACIÓN | | | |
|---|---|---|---|
| 1901: -1,2% | 1922: -6,1% | 1931: -9,0% | 1939: -1,4% |
| 1908: -3,2% | 1927: -1,7% | 1932: -9,9% | 1949: -1,2% |
| 1911: -7,8% | 1928: -1,7% | 1933: -5,1% | 1955: -0,4% |
| 1921: -10,5% | 1930: -2,3% | 1938: -2,1% | |

| 3 AÑOS DE ESTABILIDAD | | |
|---|---|---|
| 1905: 0,0% | 1924: 0,0% | 1929: 0,0% |

En el siglo XX el dólar tuvo 82 años de inflación, 15 de deflación y 3 de estabilidad.
Hubo 10 años de inflación de dos dígitos: 1917, 1918, 1919, 1920, 1942, 1947, 1974, 1979, 1980,1981. Hubo un único año de deflación de dos dígitos: 1921.
*Fuentes: U.S- Department of Labor. Bureau of Labor Statistics www.bls.gov/ y Batra, R, La Gran Depresión de 1990, Buenos Aires, Grijalbo.*

La inflación registrada por el dólar durante el siglo XX hubiera sido menos dañina si la tasa anual del 3,09% hubiera sido constante porque los actores económicos podrían haberla presupuestado. Pero hubo oleadas de deflación que llevaron a la quiebra y al desempleo a millones de personas como sucedió en la Gran Depresión de 1930. En otras épocas hubo una marea inflacionaria que alcanzó tasas de dos dígitos en diez períodos anuales perjudicando a los acreedores de renta fija.

En suma: el dólar, la moneda estrella del siglo XX, registró 82 años de inflación, 15 de deflación y sólo 3 de estabilidad.

Una moneda estable es decir, que conserve intacto su poder adquisitivo, es altamente improbable porque ello sólo se verificará cuando las alzas de los precios se compensen exactamente con las bajas. Y en segundo lugar que la ponderación relativa de cada commodity conserve una relación de equilibrio entre alzas y bajas. Como es fácil de inferir, estas condiciones difícilmente puedan darse en forma simultánea en la práctica. Ello ayuda a entender por qué en todo el siglo XX el dólar tuvo 97 años de inestabilidad y apenas 3 años de estabilidad. Desde luego que la política monetaria del Banco Central tiene directa incidencia en la posibilidad de lograr un equilibrio pleno; pero es necesario advertir que el único término de la formula de Fisher sobre la cual tiene control es la masa monetaria, ya que la velocidad de circulación depende de otros factores ajenos al accionar del Banco Central.

Si bien puede ocurrir, y de hecho ocurrió, que en algunos años se lograra plena estabilidad, lo que es claro es que es imposible mantener dicha estabilidad en períodos largos. La creación de la Moneda Virtual responde a la necesidad de resolver esta ardua cuestión.

## 12. Las monedas de los países del G-7 en la segunda mitad del siglo XX

Si consideramos que en el siglo XX el desempeño del dólar como patrón de medida estable fue decepcionante, el de las monedas de los restantes miembros del G-7 fue aun peor. No es posible realizar una serie que abarque todo el siglo XX debido a que muchas monedas desaparecieron y fueron reemplazadas como ocurrió con el marco alemán a raíz de la hiperinflación de 1923. En cambio, podemos analizar lo ocurrido en la segunda mitad del siglo XX. En la conferencia pronunciada por Robert A. Mundell en oportunidad de recibir el Premio Nobel de Economía hizo referencia a datos que se incluyen en un cuadro por demás ilustrativo sobre la fluctuación de esas monedas:

Hemos graficado la inflación entre puntas es decir, años 1950 a 1998.

Se aprecia que el país más "estable" fue Alemania con una inflación del 269%.

**Cuadro 2 - Precios al consumidor en los países del G-7 entre 1950-1998**
(Números-índice, promedio de cada año)

| País | 1950 | 1971 | 1980 | 1985 | 1990 | 1998 |
|------|------|------|------|------|------|------|
| United States | 29.2 | 49.1 | 100 | 130.5 | 158.5 | 197.8 |
| Japan | 16.3 | 44.9 | 100 | 114.4 | 122.5 | 134.4 |
| United Kingdom | 13.4 | 30.3 | 100 | 141.5 | 188.7 | 243.6 |
| Germany | 39.2 | 64.1 | 100 | 121.0 | 129.4 | 144.8 |
| France | 15.6 | 42.1 | 100 | 157.9 | 184.2 | 213.7 |
| Italy | 13.9 | 28.7 | 100 | 190.3 | 250.6 | 346.3 |
| Canada | 28.4 | 47.5 | 100 | 143.0 | 177.9 | 203.7 |

*Source: IMF International Financial Statistics (International Monetary Fund, various years).*

Le sigue Estados Unidos con el 577%, Canadá va tercero en el ranking con el 617%. Mirando los países de mayor inflación aparece Italia con el 2400%, seguida de Gran Bretaña con un sorprendente 1717% y Francia con el 1260%. La fluctuación del poder adquisitivo también afecta al oro. Como veremos en el punto 15.1 de este mismo capítulo, aún en épocas en que se utilizaban monedas con valor intrínseco en oro o plata la inflación fue del 562 % en Inglaterra entre los años 1550 y 1800.

La conclusión parece evidente: sea moneda con valor intrínseco como el oro y la plata, o monedas *fiat*, nunca existió estabilidad en el largo plazo. La tesis de nuestro trabajo es que la moneda corriente (*currency*) no puede ser estable en el largo plazo con precios libres que fluctúan por circunstancias impredecibles. Aristóteles lo advirtió en pocas palabras hace 2400 años: Para que la moneda sea estable los precios deben ser fijos. Se trata de una cuestión más filosófica que económica. Un objeto fijo e invariable no puede mantener una relación

**Cuadro 3 - Inflación en Países del G-7**
Período 1950-1998

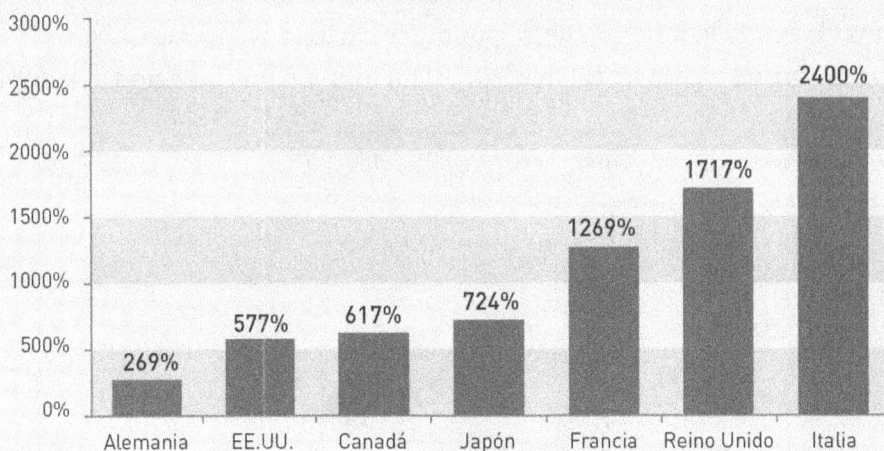

Fuente: *Fundación Metas Siglo XXI en base a estadísticas del F.M.I. y Robert A. Mundell. Conferencia pronunciada el 8 de dic. 99 en la entrega del Premio Nobel de Economía titulada: Una reconsideración del Siglo XX www.nobelprize.org/nobel_prices/laureates*

constante con algo que se mueve en forma perpetua e impredecible. Desarrollaremos in extenso esta tesis en esta Primera Parte.

**13.- La actitud de los economistas frente a la moneda: analistas y precursores**
La mayoría de los economistas adoptaron frente a la moneda una actitud descriptiva y analítica: desentrañar su naturaleza y sus funciones, ponderando las graves consecuencias de la inestabilidad económica y elaborando estadísticas acerca de la evolución de los precios en la inflación y en la deflación. Consideraban la moneda como algo "dado", algo creado "ex ante" fruto de convenciones sociales milenarias; un uso social como el lenguaje y la moral. La moneda no es un invento racional que tuviera como objetivo desempeñar un rol determinado. Primero surgió del orden espontáneo del mercado, luego los estudiosos escudriñaron y sistematizaron las distintas funciones que la comunidad daba a este instrumento único.

Si la moneda hubiera sido una creación racional como el calendario, la partida doble o el sistema métrico decimal, su inventor se hubiera esforzado por asegurar que el instrumento creado cumpliera correctamente su misión. Hubiera descubierto entonces que no era conveniente asignar a la misma herramienta funciones tan diversas como instrumento de cambio de operaciones instantáneas y, al propio tiempo, servir de patrón de medida a lo largo de décadas o siglos.

Desde hace siglos, los economistas-analistas vienen estudiándola exhaustivamente, llenando muchas bibliotecas sin haber descubierto y propuesto un sistema fiable y permanente de medición de los valores, conforme a un patrón único que garantice la estabilidad de la unidad de medida adoptada.

Se pretende que la moneda corriente –*currency*- cumpla dos funciones esencialmente distintas. Una para cancelar operaciones que se pagan al contado en las que ambas partes conocen o pueden conocer el valor de lo que intercambian. Así la operación está equilibrada y se asegura la justicia conmutativa. Y otra, cuando la operación es a plazos, se incorpora el factor abstracto por excelencia -el tiempo- y entonces uno de los términos de la ecuación se convierte en una promesa de entregar a futuro una cantidad nominal de numerario, cuyo valor real las partes desconocen. La incertidumbre se potencia en forma directamente proporcional a la duración del plazo. Un barril de petróleo era un barril de petróleo hace veinte años y seguirá siendo eso mismo en el futuro. Pero el precio de entonces era la décima parte del actual y nadie se atrevería a pronosticar su precio dentro de veinte años. Las partes tienen certeza acerca de la cosa vendida; pero nadie sabe qué poder adquisitivo recibirá en el futuro en una transacción pactada en moneda corriente. La operación se torna incierta y aleatoria.

La historia económica demuestra que ninguna moneda pudo cumplir acabadamente la función de patrón de valor. En Gran Bretaña, entre 1550 y 1800, el nivel de precios aumentó el 562 por ciento según G. Shuckburgh.[20]

Este hecho no generó en la mayoría de los economistas la actitud proactiva de inventar un instrumento distinto para desdoblar sus funciones y crear una nueva institución diseñada especialmente para medir valores en el largo plazo mediante un patrón único: un "sistema métrico monetario" estable en

---

[20] Citado en Lowe, Joseph, The Present State of England in regard to Agriculture, Trade and Finance, London, Longman, Hurst, Rees, Orme ans Brown, 1823. Traducción de la Fundación Metas Siglo XXI para este volumen.

el tiempo. Esta actitud pasiva frente a la moneda, recuerda la percepción que durante milenios tuvo el hombre, incluidos los astrónomos como Ptolomeo, frente al movimiento de planetas y astros. Se veía que el Sol salía por el Este y se ponía por el Oeste y basado en los sentidos se deducía que el Sol giraba alrededor de la Tierra, considerada como el centro del Universo. Así fue hasta que Copérnico, y posteriormente Galileo, demostraron que contrariamente a lo que parecía evidente a los sentidos, la Tierra no era el centro del Universo sino que, girando sobre sí misma, provocaba la sucesión del día y de la noche. Al ser la moneda el denominador común del valor de todos los bienes, tenemos la percepción ptolomeica de que determina el valor de los bienes y la consideramos el centro del universo económico. A su alrededor giran los precios, como si fueran satélites del astro moneda.

Pero la realidad económica copernicana es inversa: no es la moneda la que fija el valor de los bienes, sino que es el precio del universo de bienes el que determina el valor de la moneda; es decir su poder adquisitivo.

A lo largo de centurias, los economistas-analistas se preocuparon por las consecuencias negativas de la inestabilidad de la moneda corriente en el largo plazo. Sus preocupaciones resultaron infructuosas al buscar la solución utilizando la misma herramienta (moneda corriente) como patrón de medida, cuando históricamente estaba demostrado que esto era inviable. La verdadera solución era inventar una nueva institución.

Como dice el filósofo Karl Popper: la verdad no se descubre; se inventa.

Fue lo que hicieron economistas con vocación copernicana que no se limitaron a escudriñar la institución "moneda" tal como había sido generada por el orden espontáneo del mercado, sino que adoptaron una actitud proactiva e innovadora para inventar una nueva institución que, en forma análoga al Sistema Métrico Decimal, permitiera disponer de una unidad de medida para mensurar las fluctuaciones de los precios en el mercado con un patrón estable. Fueron verdaderos precursores, como los denomina con acierto Milton Friedman: Joseph Lowe, George Poulett Scrope (1797-1876), William Stanley Jevons (1835-1882), Alfred Marshall (1842-1924), Irving Fisher (1867-1947), Simon Newcomb (1835-1909), Alejandro Bunge (1880-1943) John Maynard Keynes (1883-1946) y Robert J. Schiller (1946).

En general, los economistas que han postulado la necesidad de implementar un patrón de medida estable, tenían formación matemática o en ciencias exactas. Así G. Poulett Scrope era geólogo, William Stanley Jevons químico y botánico, Simon Newcomb astrónomo, Alfred Marshall e Irving Fisher matemáticos y Alejandro Bunge ingeniero. Es que hiere a la formación de los pensadores formados en las ciencias exactas utilizar como instrumento de medición un patrón de medida fluctuante e inestable. Es lo que sostenía Poulett Scrope: la condición única y suprema que debe tener un patrón de medida es ser invariable. Si se modifica, es inservible. En cambio, los grandes economistas de la escuela austríaca como Friedrich Hayek y Ludwig Von Mises, ambos abogados, se han pronunciado en contra de estas soluciones, exigiendo a los gobiernos una moneda estable, no obstante la clara evidencia histórica de la imposibilidad de lograrla en lapsos prolongados.

### 14.- Tres antecedentes históricos que explican el surgimiento de la indexación en Gran Bretaña

Los primeros economistas que defendieron la necesidad de crear un patrón tabular de valor estable separado de la moneda corriente fueron ingleses. Este hecho tiene una explicación histórica que ayuda a entender por qué fue en ese país donde surgió con vigor esta inquietud de los economistas. La indexación se utilizaba para tres tipos de obligaciones: el pago de los diezmos a la Iglesia, el pago de las rentas de las universidades inglesas en la época de Isabel I (1577) y el ajuste de los salarios de los trabajadores de dos industrias claves: el hierro y el carbón. En estos casos el sistema había sido exitoso. Es indudable que la experiencia de un milenio adquirida con el pago de diezmos influyó en el espíritu utilitario de los sajones para extender su aplicación a todo el ámbito de la economía. Se verifica el acierto de Maquiavelo que sostenía *la incredulidad del género humano, quien no cree ciertamente en nada nuevo hasta haber tenido larga experiencia fáctica en ello.*[21]

Como veremos en el punto siguiente, había en las costumbres y tradiciones de Gran Bretaña una consolidada experiencia fáctica sobre las ventajas del uso de la indexación.

---

[21] Maquiavelo, Nicolás, El príncipe.

## 14.1.- La indexación del pago de los diezmos

La cuestión está vinculada a la forma en que la Iglesia y los monasterios cobraban el diezmo, institución antiquísima implantada en la Inglaterra anglosajona con anterioridad a la invasión Normanda de 1066 comandada por Guillermo El Conquistador. Consistía en el pago de la décima parte de la producción rural, principalmente granos: trigo, cebada y avena. Originariamente, el pago debía hacerse en especie. Ello obligaba en muchos casos a construir graneros, lo cual era engorroso y costoso para la entidad religiosa que recibía la contribución.

Con el tiempo, en algunas parroquias, el titular del diezmo solía llegar a un acuerdo para que el pago se hiciera en efectivo. Durante la Edad Media cuando se permitió cercar los campos para delimitar la propiedad privada (*enclosure*), los diezmos eran dejados sin efecto mediante la cesión en propiedad de una parte del fundo. Se entregaba capital para liberarse del pago de la renta. Sin embargo, en muchas otras parroquias, el diezmo se seguía pagando en especie. En 1836 se dictó la Ley de Conmutación de Diezmos (*Tithe Conmutation Act*) por la cual se reemplazó el pago de diezmos en especie por un pago en dinero. El monto a abonar dependía de la paridad con los granos. Se creó un departamento de la Corona denominado Comisionados de los Diezmos (*Commissioners of Tithes*) que fijaba el valor de la producción agrícola, principalmente trigo, cebada y avena. Las tablas de conversión eran publicadas para facilitar su aplicación y determinaban en forma oficial el precio promedio del grano en todo tiempo. De allí a los números índices sólo restaba un paso: ampliar el ámbito de equivalencia al resto de los principales *commodities*.

Cuando Alfred Marshall escribe su monografía en 1887 proponiendo la creación de LA UNIDAD, la Ley de Conmutación tenía medio siglo de vigencia y era una institución consolidada que había permitido relevar las propiedades rurales de Inglaterra y Gales con mapas de gran precisión y detalle que aún hoy son consultados como piezas insustituibles para la investigación histórica y genealógica. Había resultado una experiencia ampliamente exitosa que fue tomada como base para la solución propuesta por Alfred Marshall que hacía necesario extender la labor a los restantes commodities tal y como lo propone en su trabajo:

*Dejando de lado algunas dificultades de detalle que serán discutidas al final del artículo, vamos a suponer que (como fue sugerido hace mucho tiempo por Joseph Lowe, Poulett Scrope y otros) un Departamento del Gobierno hace extensiva a todos los commodities la acción desempeñada por los Comisionados de los Diezmos en relación con el trigo, la cebada y la avena. Así como ellos, una vez determinado el precio promedio del grano en cualquier época, calcularon cuánto dinero se necesitaría para comprar el trigo, la cebada y la avena que hubieran costado 100 libras esterlinas a ciertos precios estándar, de igual forma dicho Departamento luego de determinados los precios de todos los commodities importantes, publicaría en forma periódica el monto del dinero requerido para obtener el mismo poder de compra que tenía, digamos, una libra al principio de 1887. Los precios utilizados por este Departamento serían los más recientes que pudieran conseguirse, y no, como ocurre en el caso de los diezmos, en que se adopta el promedio de los últimos siete años. Esta unidad estándar del poder de compra podría ser denominada para abreviar simplemente LA UNIDAD.*[22]

## 14.2.- El pago en especie de las rentas a las universidades británicas

La reina Isabel I de Gran Bretaña (1533-1603) dispuso en 1577 que las rentas o alquileres de las propiedades rurales de las universidades de Oxford, Cambridge e Eton debían ser pagadas parcialmente en granos en lugar de oro, o bien, de acuerdo al precio corriente de los cereales en el mercado más próximo. En esa época el flujo de oro proveniente de América estaba provocando una inflación cada vez más ostensible. La reina Isabel I tomó esta sabia decisión que con el transcurso del tiempo demostró que los granos defendían mejor el valor del dinero. Las rentas en granos se cuadruplicaron con relación a las que se pagaban en metal.

*Las rentas pactadas en grano han mantenido su valor mucho mejor que las que se fijaron en dinero, aún cuando la denominación de la moneda no haya sido modificada. En el año 18 del reinado de Isabel se dictó una ley por la cual un tercio de la renta de los colegios debía percibirse en granos, a ser pagada ya sea en especie, o bien, de acuerdo al precio corriente del mercado más próximo. El dinero prove-*

---

[22] Alfred Marshall en Pigou, C. ed., Memorials of Alfred Marshall, London, Macmillan and Co., 1925, pp. 197-199.

La Moneda Virtual

*niente de la renta en granos, que en origen era un tercio del total, es actualmente*
*según el Dr. Blackstone, casi el doble de lo que proviene de los otros dos tercios. Las*
*rentas en dinero se redujeron a la cuarta parte de su valor original.*[23]

La inclusión de este relato histórico en el célebre libro de Adam Smith La
Riqueza de las Naciones escrito dos siglos después, le dio gran visibilidad a
la cuestión y los economistas británicos posteriores pudieron, por esta vía, conocer este valioso antecedente. Inclusive, W.S.Jevons lo cita expresamente en
apoyo de su tesis para la creación del Patrón Tabular de Valor.

## 14.3.- La indexación de los salarios por medio de las escalas variables *(sliding scales)* en Gran Bretaña y Estados Unidos

Desde 1841 hasta 1930 se utilizó en Gran Bretaña un mecanismo de indexación de los salarios que se ajustaban periódicamente en función de la fluctuación del producto elaborado específicamente en la industria considerada. El
sistema alcanzó amplia difusión especialmente en la industria del hierro y del
carbón, constituyó un valioso aporte para prevenir las huelgas y posibilitar un
clima de colaboración entre capital y trabajo en dichas industrias. Posteriormente, su uso se extendió a los Estados Unidos.

Christopher Hanes, profesor de Economía de la Universidad de Binghamton,
Nueva York, ha publicado una erudita monografía sobre el tema bajo el título:
*The Rise and Fall of the Sliding Scale, or Why Wager are no Longer Indexed to*
*Product Prices*, cuya lectura es altamente ilustrativa, sobre la importancia que
adquirió la indexación de los salarios durante cerca de un siglo, coincidente
con la época de mayor apogeo del Imperio Británico sustentado fundamentalmente en el desarrollo de su industria.

*La mayoría de las escalas variables eran convenios escritos negociados o estableci-*
*dos por arbitraje entre un sindicato y una firma; o, más a menudo, una asociación*
*de firmas de una rama de la industria regional. Los salarios eran ajustados en*

---

[23] Smith, Adam, An Inquiry into the Nature and Causes of the Wealth of Nations, London,
Methuen and Co, 1904. Traducción del libro I, cap. 5-7,par 1.5.13 realizada por la Fundación
Metas Siglo XXI.

*fechas predeterminadas en base a un programa preestablecido, como una función de los precios vigentes en el período anterior. El tiempo entre el ajuste de los salarios podía ser tan corto como una semana (Massachusetts, 1906, p.195) pero el tiempo habitual oscilaba entre uno y seis meses (Price, 1887, p.52). La mayor parte de las escalas variables establecían mínimos por debajo de los cuales los salarios no podían bajar, cualquiera fuera la variación de los precios; muchas también establecían topes máximos (por ejemplo Munro, 1890, pág. 50; Massachusetts 1909, p. 259-260; Smart 1895, p. 104; Jeans 1894, p. 71; Price 1898, p. 472; Carr and Taplin; 1962, p. 72; U.S. Industrial Commission, 1901, p.135).*

*El sistema fue iniciado por un fabricante de hierro llamado G. B. Thorneycroft quien comenzó a pagar a sus pudeladores, salarios que dependían del precio de venta de las barras de hierro producidas. Hacia 1880 el método abarcaba a la mayor parte de los trabajadores del hierro y de las minas de carbón. Unos 120.000 trabajadores del carbón tenían sus salarios indexados según el precio del carbón (Munro, 1885, 1889). En las décadas de 1890 y 1900, cuando se recurría a conciliación laboral, los árbitros se basaban en estas escalas de precio para dar su pronunciamiento (Pencavel, 1977, p. 142, Treble, 1987). Después de la Primera Guerra Mundial los sindicatos del carbón adoptaron un esquema de indexación que hacía depender el salario de la diferencia entre el precio de venta y los costos de producción, excluidos los salarios (Political and Economic Planning, 1936, p.170). En cambio, las escalas variables se convirtieron en el procedimiento estándar tanto para los trabajadores especializados y no especializados en las industrias metalíferas (Pool, 1938, p. 159). Hacia 1925 los salarios de 220.000 trabajadores se regían por este sistema en la industria metalífera, en la producción de coke y en las minas de hierro. (Ministerio de Trabajo de Gran Bretaña, 1925, p. 269).*

*Este mismo método de indexación del salario fue adoptado en Estados Unidos en la industria del hierro, desde mediados de 1860. Para 1880, así se determinaban los salarios en la mayor parte de las industrias de fabricación de rieles de ferrocarril, hierro laminado y muchas plantas de acero (Massachusetts Bureau of Statistics of Labor, 1881, p.18; Asheley, 1903, p. 154) American Iron and Steel Association, 1888, pp. 117, 297 U.S. Industrial Commission, 1901, p. 97). Al igual que en Gran Bretaña, las escalas variables se usaban en las minas de carbón (Jeans, 1902, p. 19; Fisher 1942, pp. 287-292). También se usaba en la industria del zinc, de la plata y del cobre, tanto en las aleaciones como en el refinado del metal (U.S. Bureau of Labor Statistics, 1943, pp. 28-29; Greenfield, 1960, pp.116-122). Fuera de la industria minera y siderúrgica, las escalas variables se utilizaron en la industria del vidrio (U.S. Industrial Commission, 1901, p.136), y en las hilanderías de algodón de Fall River, en Massachusetts (Howard, 1920).*

*Las escalas variables fascinaban a los economistas contemporáneos y a los funcionarios públicos vinculados a las relaciones laborales. El profesor de la Universidad de Edimburgo J. E. C. Munro proclamó que las escalas variables constituían "el más grande descubrimiento en la distribución de la riqueza desde que Ricardo enunciara la ley de la renta"... Alfred Marshall recomendó que los árbitros laborales adoptaran una escala variable automática basada en los precios de las materias primas y en los productos. O, mejor aún, de los precios de ciertos bienes especialmente los consumidos por los trabajadores (carta citada en Price, 1887, p. 84). Las escalas variables se utilizaban para reajustar los salarios tanto en épocas de inflación como de deflación provocada por la apreciación del oro, ya que esta última constituía un factor perturbador, por la insistencia pertinaz de los trabajadores a aferrarse a los valores nominales del salario cuando la moneda se valorizaba. En cambio, el ajuste automático de los salarios a los precios evitaba las dificultades ocasionadas por una apreciación general del oro. Y también jugaba a favor de las demandas justas de aumento de salarios, en momentos de un incremento generalizado de precios causado por una depreciación del metal usado como patrón de valor (Price 1887, p. 66; ver además Robinson, 1920, p. 158). La moderna teoría económica concuerda con los economistas precursores en la utilidad potencial de las escalas variables de salarios en base al precio de los productos elaborados. Weitzman (1984) argumenta que la adopción generalizada de estos esquemas enfriaría los efectos de los shocks monetarios... De cualquier manera, las escalas variables brindaban a los empleados tanto la posibilidad de salarios más altos en períodos de auge y, al propio tiempo, menores riesgos de despido en épocas de depresión, con lo cual se compensa la variabilidad de sus salarios en su trabajo.*

*Sin embargo, según todos los observadores contemporáneos, la principal contri-*

*bución de las escalas variables fue reducir la frecuencia de las huelgas y lockouts o la guerra laboral en el lenguaje de la época. El sistema es apreciado como exitoso en la principal meta perseguida, es decir, hacer más pacífico el proceso de distribución de la riqueza (Chapman, 1903, p. 195) De acuerdo a Munro (1885) dio estabilidad al comercio, al menos en la medida en que las disputas laborales influyen en hacer el comercio inestable.*

*Verdaderamente, la única objeción a las escalas variables fue expresada por los sindicalistas, afirmando que mientras se encuentran vigentes, convierten en superflua la principal tarea de los sindicatos (Gran Bretaña, 1894, p. 43; ver además Arnot, 1949, p. 60.61).*

Por su parte, Christopher Hanes explica las razones de la desaparición de las escalas variables:

*Después de la década del 30, las escalas variables desaparecieron. En el caso de Gran Bretaña hay una explicación simple. En el comienzo de la Segunda Guerra Mundial, fueron suspendidas por la imposición de los controles sobre precios y salarios que quebró la relación habitual entre el precio de los productos y la demanda laboral.*

Las conclusiones que podemos extraer son las siguientes:

1.  Durante 90 años, entre 1841-1930, las escalas variables *(sliding scales)* fueron aplicadas en forma amplia a dos de las industrias básicas de Gran Bretaña: el carbón y el acero.
2.  Contribuyeron eficazmente a la paz social previniendo huelgas y *lockouts*.
3.  Alfred Marshall las consideraba "admirables en sus efectos generales".
4.  Ayudaban a mitigar los efectos dañinos de los shocks monetarios, tanto en épocas de auge como de depresión.
5.  La única objeción registrada proviene de los propios sindicatos que veían reducida su influencia porque el ajuste de salarios se llevaba a cabo en forma automática sin necesidad de recurrir a la "guerra laboral" como se decía en ese entonces. De este modo, se privaba a los sindicatos de su principal razón de existir.

6. Las escalas variables estaban referidas a un único producto y no reflejaban el poder adquisitivo de la moneda con relación al universo de bienes. Es por tal razón que Alfred Marshall propone que se amplíe el patrón de referencia, incluyendo los bienes de consumo de los trabajadores. O como diríamos hoy, la canasta de bienes de primera necesidad.

La respuesta moderna a esta cuestión es la aplicada en Estados Unidos en donde es frecuente aplicar indexación a los salarios por el costo de vida en los convenios colectivos. De este modo se logra convenios de mayor duración que promueven la paz laboral.

En sentido coincidente, Arthur Cecil Pigou analiza la cuestión y señala:

> *Una escala es superior que un acuerdo a someter las diferencias a arbitraje o conciliación en el sentido de que puede ser aplicado por un período más largo que cualquier otro convenio que establezca salarios fijos. Como consecuencia de lo expresado, se reduce el número de ocasiones en que cuestiones fundamentales de controversia son traídas a debate, y ello favorece las perspectivas de buena armonía laboral.*[24]

## 15.- La posición de los precursores
### 15.1. Joseph Lowe, Esquire
Economista inglés autor del libro del año 1823 al cual ya nos hemos referido: The Present State of England in regard to Agriculture, Trade and Finance. En esa época otros dos economistas ingleses se ocuparon de la cuestión: G. Poulett Scrope y G. R. Porter, analizando la inflación y proponiendo como solución la corrección del patrón de valor conforme al costo de vida. Lowe propuso que los precios de los artículos básicos de consumo doméstico se recopilasen en forma regular y que se formulara un "cuadro de referencia" que mostrase la ponderación atribuida a varios *commodities*.[25]

---

[24] Pigou, Cecil Arthur, Principles and Methods of Industrial Peace, New York, Macmillan and Co, 1905. Traducción de la Fundación Metas Siglo XXI especialmente para este volumen.
[25] Friedman, Milton, "Monetary Correction: A proposal for escalation clauses to reduce the

El esquema básico elaborado por Lowe mantiene vigencia y no ha sufrido grandes cambios en lo esencial. El FMI cita el índice de Lowe en el manual para la confección de índices para todos los países miembros, destacando la amplia difusión que aún conserva en el mundo.

Dice en tal sentido el Manual del Índice de Precios al Consumidor, pág. 3 y 4[26]

*1.17 Una categoría muy amplia y conocida de índices de precios se obtiene al definir el índice como el cambio porcentual en el costo total de adquirir un conjunto dado de cantidades, generalmente denominado "canasta", entre los períodos comparados. El significado de este índice es fácil de comprender y de explicar a los usuarios. En este manual, dicho tipo de índice se llama índice de Lowe, en honor al pionero en números índice quien lo propuso por primera vez en 1823 (véase el capítulo 15). La mayoría de las oficinas de estadística utiliza en la práctica algún tipo de índice de Lowe.*

La principal dificultad que encontró Lowe en su época, fue la inexistencia de bases estadísticas confiables para elaborar los índices. Pero fue un pionero sensato e innovador que estableció las bases del sistema de indexación y las razones que obligaban a implementarlo.

Partió de dos premisas básicas que siguen estando plenamente vigentes:

* La tendencia de los precios a fluctuar.
* La imposibilidad de prever o de evitar esa fluctuación.

A partir de allí, Lowe desarrolla un plan para mitigar los efectos dañinos de la fluctuación de precios y sus consecuencias en la agricultura, en los ahorros y en los contratos sometidos a plazos en general.

Planteó con gran claridad la importancia decisiva del tiempo y específicamente del largo plazo en las distorsiones causadas por la fluctuación de los precios. Cita al Dr. Smith (así llama a Adam Smith) en su libro I, Capítulo V) cuando dice:

*Efectos dañinos de la fluctuación de la moneda. La moneda es una unidad de*

---

cost of ending inflation", 1974.

[26] www.imf.org/external/pubs/ft/cpi/manual/2004/esl/cpi_sp.pdf

THE

# PRESENT STATE

OF

# 𝕰ngland

IN REGARD TO

## AGRICULTURE, TRADE, AND FINANCE;

WITH

A COMPARISON OF THE PROSPECTS OF
ENGLAND AND FRANCE.

By JOSEPH LOWE, Esq.

Second Edition,
WITH VARIOUS ADDITIONS AND EMENDATIONS.

LONDON:
PRINTED FOR LONGMAN, HURST, REES, ORME, AND BROWN,
PATERNOSTER-ROW;
J. RICHARDSON, 91, ROYAL EXCHANGE;
AND MESSRS. CONSTABLE AND CO., EDINBURGH.
1823.

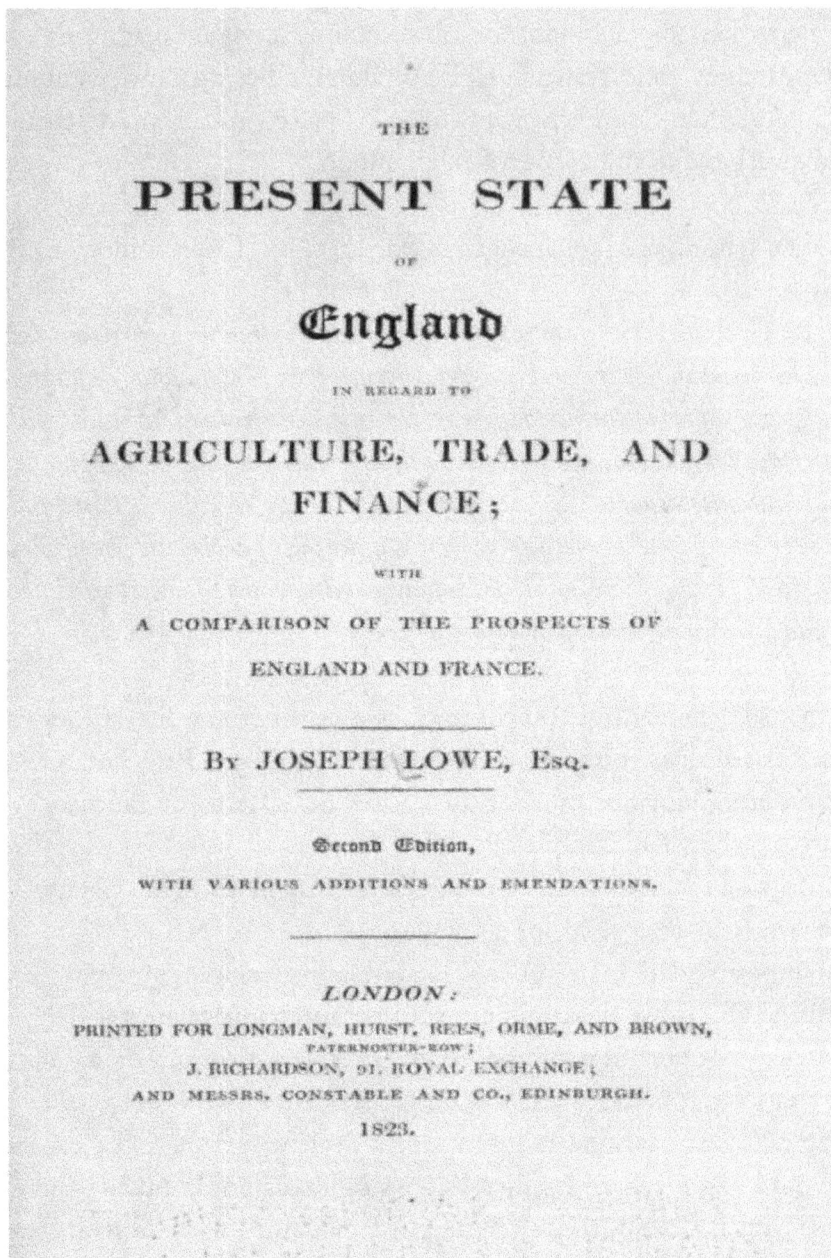

Joseph Lowe publicó en 1823 este libro que contiene los fundamentos y aplicaciones básicas de la indexación, para asegurar el cumplimiento de los contratos "no sólo en su letra sino en su espíritu". Señaló que la remoción de la incertidumbre en los contratos a plazo contribuiría eficazmente al desarrollo de la industria.

[65]

# APPENDIX

TO

## CHAPTER X.

On *Fluctuation of Prices.*

*From Mr. Arthur Young's Inquiry into the Value of Money, 1812.)*

*Abstract of part of Sir G. Shuckburgh's Table.*

The Prices of the Year 1550 are taken for the Integer; viz. 100.

| Years. | Wheat. | Twelve Miscellaneous Articles, viz. an Ox, Cow, Poultry, &c. | Butcher Meat. | Day Labour. | Mean of all. |
|---|---|---|---|---|---|
| 1550 | 100 | 100 | 100 | 100 | 100 |
| 1600 | — | — | — | — | 144 |
| 1650 | — | 239 | — | — | 188 |
| 1675 | 246 | — | 166 | 118 | 210 |
| 1700 | — | — | — | — | 238 |
| 1720 | — | 434 | — | — | 257 |
| 1740 | 197 | 492 | 266 | 250 | 287 |
| 1760 | 203 | — | 400 | 275 | 342 |
| 1780 | — | — | — | — | 427 |
| 1790 | — | 752 | — | — | 496 |
| 1795 | 426 | — | 511 | 436 | 531 |
| 1800 | — | — | — | — | 562 |

This table presents a very great rise in prices, but the grounds of calculation are far from accurate. Butcher meat is put on a par with wheat, although with the mass of

[F] 3

---

La tabla de G. Shuckburgh –transcripta por Joseph Lowe- muestra que entre 1550 y 1800 los precios aumentaron en Inglaterra un 562 por ciento no obstante la utilización de monedas acuñadas o referenciadas al oro, conforme a las prácticas de la época.

*medida inobjetable (unexceptionable) para comprar y vender y es, en general, una medida segura en un contrato a un año; pero en un contrato de larga duración la situación es bien distinta... la fluctuación del valor de la tierra y de las casas durante la guerra fue, en gran medida, nominal; en general, fue la moneda la que cambió, mientras los commodities mantuvieron su valor.[27] Reparemos en esta frase que es clave para comprender la cuestión de fondo: "fue la moneda la que cambió, mientras los commodities mantuvieron su valor".*

La solución propuesta por Lowe es la siguiente:

*Una tabla exhibiendo de año en año el poder de compra de la moneda, para dar a quienes reciben rentas y otros contratantes, los medios de mantener un contrato, no sólo en su letra sino en su espíritu; confiriendo a una suma específica una uniformidad y un valor constante, cambiando su valor numérico en proporción al cambio de su poder de compra.[28]*

En la sección II bajo el titulo: Plan para reducir el daño causado por la fluctuación de los precios, Lowe sostiene:

*Si analizamos el uso de la moneda, sea para fines generales o individuales, encontraremos que se resuelve por el poder de compra; o, en otros términos, en el poder de procurar artículos para el consumo. Por eso es de mucha mayor importancia en todos los contratos de largo plazo, recurrir al "valor" (de la moneda) antes que al monto numérico de una suma dada. La conveniencia de ello ha sido experimentada desde hace mucho, y por eso el precio del grano ha sido recomendado como un estándar de referencia y regulación.[29]*

Recuerda Lowe que Adam Smith adoptó el trabajo como estándar de valor y el grano como estándar del trabajo; pero no puede negarse que a medida que el consumo se hace más variado y refinado se debería adoptar un estándar más

---

[27] Lowe, Joseph, Op. cit. p.273-274.
[28] Ibid., p. 335.
[29] Ibid., p. 331

extenso y exhaustivo. Ya en 1823, Lowe señala que el progreso de la estadística y la multiplicación de información oficial en la última mitad del siglo, ha suministrado datos que en gran medida eran desconocidos en la época de A. Smith, lo que sugiere la factibilidad de estructurar un estándar de materias primas, que en su época podía aparecer difícil de reducir a una forma definida.[30]

Lowe advirtió la importancia de ponderar el peso relativo de cada *commodity* en el consumo de la población. Hoy diríamos, ponderar su influencia en el P.B.I. Además, la necesidad de introducir cambios periódicos en la canasta de bienes para adecuarla a las fluctuaciones del mercado. Todo ello aclarando las dificultades de los cálculos estadísticos cuando carecen de soporte oficial[31]. En el Apéndice del Capítulo IX objeta las tablas confeccionadas por Sir G. Shuckburgh.

Según Friedman la descripción que efectúa Lowe del mercado laboral resulta notablemente clarividente:

> *Señala que las tres décadas anteriores habían sido de frecuentes conflictos entre patrones y empleados, y en las metrópolis los salarios mantenían una tendencia persistentemente bajista, salvo en épocas de deflación en los que resultaban demasiado altos.[32]*
>
> *Las personas con retribuciones fijas, sean de alto o bajo rango, si se les pide una reducción nominal del salario aducirán su temor de no poder adquirir la misma cantidad de bienes; evidentemente, nada los inducirá a aceptar esa reducción a menos que ante la recurrencia del gran flagelo de un incremento de precios tengan la garantía de un aumento correlativo de su salario. Tenemos la esperanza de que tal garantía posibilitará adoptar un estándar de valor constante cuando se celebre un contrato a plazo, sin necesidad de interferir entre el acreedor y el deudor sino brindándoles una alternativa de adopción voluntaria; o al menos, que tengan acceso a un estándar de referencia equitativo cuando no se tuvo la precaución de contratar con esta modalidad.*
>
> *¿Cuál sería el efecto probable de contar con este record auténtico de los precios de*

---

[30] Ibid., pp. 332-33.

[31] Ibid., p. 278.

[32] Friedman, Milton, Op. cit. p.40.

*los commodities, este monitor que mida el incremento o la caída del valor de la moneda? Difícilmente pudiera fracasar en el objetivo de abreviar los conflictos. En momentos en que resulta oportuna una reducción de salarios, relevaría al más pobre de la ansiedad y humillación concomitantes con la adopción de esa medida, y en el caso de un incremento de precios, predispone al empleador a aliviar la situación mediante un equitativo aumento de sueldos.*[33]

Lowe extendió el plan a los empréstitos públicos:

*Aplicación del plan propuesto a los Fondos Púbicos.- Brindar alguna sugerencia relacionada con los fondos públicos implica, y somos conscientes de ello, pisar un terreno delicado, porque los funcionarios son contrarios a las interferencias, aún en mínima medida, con los contratos celebrados con los tenedores de bonos. Tranquilizaremos a los más cautelosos, estableciendo la premisa de que la aceptación del plan está sujeta a la aceptación de cada titular de bonos, aunque estamos seguros que la tendencia de la medida será beneficiosa, ya que su efecto será asegurar al tenedor de bonos y a su posteridad, la misma renta, sea que el país esté en guerra o en paz; sea que su moneda (currency) sea sana o depreciada; sea que las minas de oro y plata en todo el mundo sean más o menos productivas.*[34]

¿Cuáles serían según Lowe las ventajas de adoptar este plan?

*En lo que se refiere al resultado en una proyección nacional, estamos en aptitud de anticipar que la remoción de la incertidumbre en los contratos a plazo va a contribuir eficazmente al desarrollo de nuestra industria. Industria cuyos resultados hemos llevado más lejos que la mayoría de nuestros vecinos, pero que aún están lejos de haber alcanzado sus límites.*[35]

Se pregunta Joseph Lowe ¿Por qué no se ponen en práctica estas medidas que siendo tan equitativas y, aparentemente, de tan fácil implementación? ¿Cómo es que no han encontrado aun el camino para su aplicación práctica?

---

[33] Lowe, Joseph, Op. cit. pp. 337-338.

[34] Ibid., pp. 341-342.

[35] Ibid., p. 290.

*Yo creo que esto se debe a dos causas: la lamentable negligencia en la enseñanza de la economía política a nuestros hombres públicos, y el interés del gobierno, el más grande de todos los deudores, para impedir que el público fije su atención en la gradual depreciación de la moneda que se produjo durante el medio siglo anterior al último acuerdo de paz.*[36]

## 15.2.- George Poulett Scrope (1796-1876)

Brillante geólogo y economista británico dedicado al estudio de los fenómenos sísmicos y a la erupción de grandes volcanes como el Vesubio y el Etna. En su carrera política, integró la Cámara de los Comunes a partir de 1833. Fue un autor prolífico de valiosos documentos que se ocuparon de temas tan variados como la esclavitud y la moneda. En esta última cuestión publicó en 1833 el libro denominado: *An Examination of the Bank Charter Question with a Inquiry into the Nature of the Just Standard of Value and Suggestions for the Improvement of our Monetary System.*[37]

El Capítulo I del libro de Poulett Scrope es de especial interés para nuestro análisis ya que plantea la necesidad de un Estándar de Valor Justo, que corrija las injusticias provocadas por la fluctuación de la moneda. Sostiene que *existe una única cualidad, y sólo una, de importancia suprema para ser una medida correcta de valor, es decir, que sea invariable en su valor.* Condición que no es cumplida por el oro y la plata, y por lo tanto los convierte en *una medida falsa y traicionera del valor de los demás bienes.*

*Sería innecesario repetir aquí las bien conocidas cualidades que han hecho que los metales preciosos hayan sido adoptados como moneda por todas las comunidades civilizadas. Como señala Turgot: "No se convirtieron en moneda universal como consecuencia de algún acuerdo arbitrario de los hombres o la imposición de alguna ley, sino por la naturaleza y fuerza de las cosas". Sin embargo vale la pena enfatizar que las cualidades que han hecho adoptar el oro y la plata como moneda con carácter general, son exclusivamente aquéllas que la*

---

[36] Ibid., p. 346.
[37] Londres, John Murray, 1833.

*hacen adecuada como medio de cambio v.gr. su divisibilidad, su maleabilidad, su durabilidad, su facilidad de transporte, y su perfecta uniformidad; pero no aquéllas condiciones que lo convierten en estándar de valor idóneo.*

*Existe una única cualidad, y sólo una, de importancia suprema, que debe tener un commodity: ser una medida correcta de valor, es decir, que su propio valor sea invariable. Cuando se lo utiliza como patrón de referencia, se asume por convención que es invariable, y se lo toma como un hito fijo desde el cual es posible medir las variaciones de las demás cosas; y si éste no fuera el caso –si la presunción se demuestra errónea– es evidente que cualquiera sea el grado de variación del valor del commodity, en ese mismo grado es una medida falsa y traicionera del valor de los demás bienes. Si una yarda o una libra deja de ser invariable, o muy cerca de ello, en longitud y peso, sería una unidad de medida indigna de crédito. En la realidad de los hechos, tanto las barras metálicas como las medidas de peso, tienen fluctuaciones en el largo y en el peso con los cambios de temperatura y de la presión atmosférica; pero estas variaciones están confinadas a límites tan estrechos y son tan despreciables, como para ser dejadas de lado en todas las operaciones comerciales excepto cuando la máxima precisión es requerida por razones científicas.*[38]

Considera que las fluctuaciones del oro apartándose de la estabilidad plena que es la condición básica de su utilidad social, genera situaciones injustas y traicioneras que son subversivas de la pretendida invariabilidad del estándar elegido. Se sorprende que algo tan incuestionable no sea visto por los intelectuales y pensadores.

*Cuando el oro es el patrón estándar de valor, como ocurre en este país, un cambio en su valor que provoca un cambio en el nivel de precios generales, (esto es de precios que constituyen el valor agregado o promedio de los commodities), es tan injusto, traicionero, y subversivo de la pretendida invariabilidad del estándar*

---

[38] Poulett Scrope, G., An Examination of the Bank Charter Question with a Inquiry into the Nature of the Just Standard of Value and Suggestions for the Improvement of our Monetary System en www.openlibrary.org/ia/examinationofban32scro Traducción de la FundaciónMetas Siglo XXI.

George Poulett Scrope, geólogo y economista británico de destacada actuación política

AN

EXAMINATION

OF THE

BANK CHARTER QUESTION,

WITH AN

QUIRY INTO THE NATURE OF A JUST STANDARD OF VALUE,

AND

SUGGESTIONS FOR THE IMPROVEMENT OF
OUR MONETARY SYSTEM.

BY

G. POULETT SCROPE, Esq., F.R.S., &c.

LONDON:

JOHN MURRAY, ALBEMARLE-STREET.

MDCCCXXXIII.

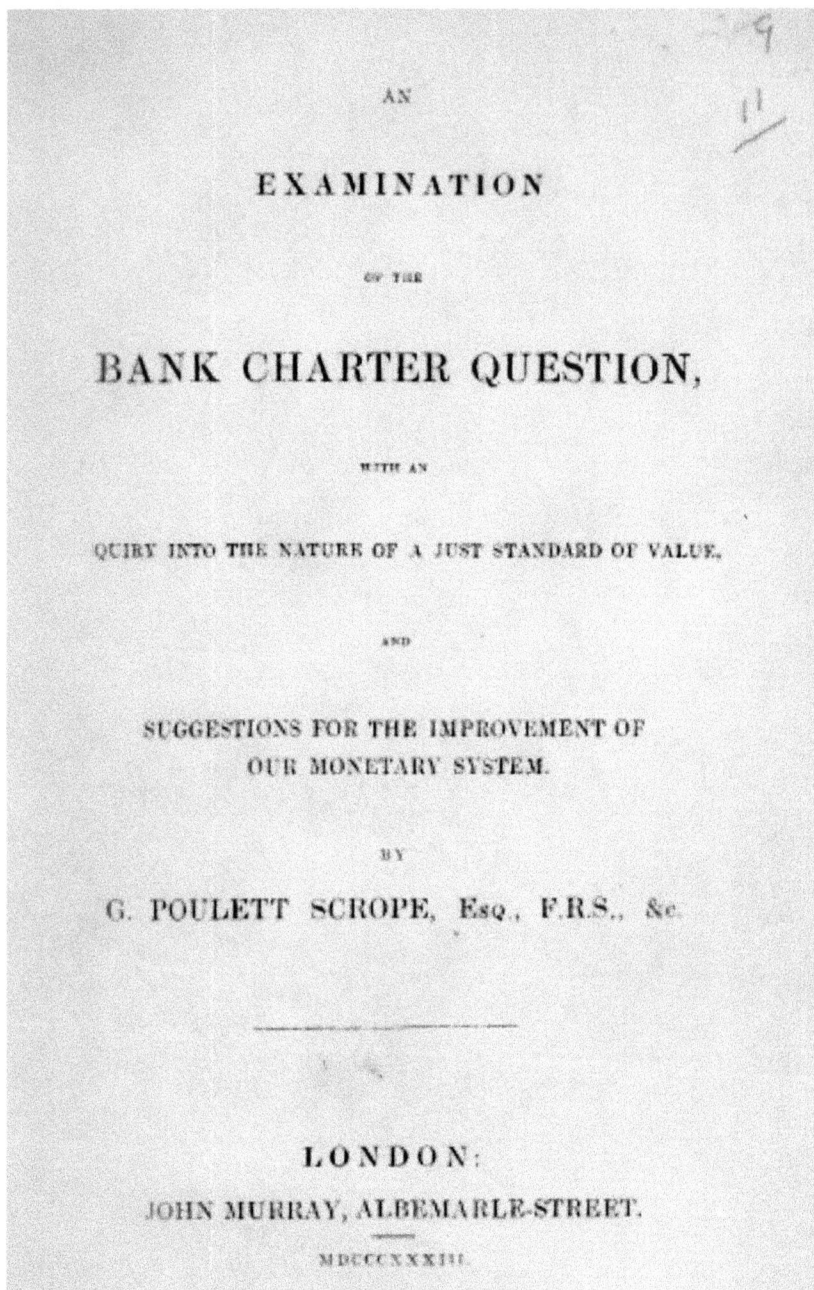

Facsímil original de la portada del libro escrito por George Poulett Scrope conteniendo una Investigación sobre la Naturaleza de un Estándar de Valor Justo, versión original publicada en Londres por John Murray en 1833

*ya sea que el cambio provenga de una alteración en la demanda del oro o de los bienes. Es la facilidad relativa de suministro lo que determina el valor del oro contra los bienes o de los bienes medidos en oro. Cualquier cosa que altere esta relación vicia la auténtica verdad del oro como estándar de valor. Es extraño cuan ciegos son los pensadores e intelectuales ante algo tan incuestionable.*[39]

Poulett Scrope afirma que el valor de la moneda debe establecerse por comparación con la masa de commodities que determinan su poder adquisitivo *(purchasing power)*.

*Para entender cabalmente la cuestión, es esencial tener una idea clara de lo que constituye el valor comercial. En el lenguaje ordinario decimos que todo lo que es útil o agradable es valioso o posee valor. Pero el valor comercial sólo pertenece a aquéllos objetos que podemos intercambiar con otros,... o que pueden ser "comprados" en cualquier mercado, siendo su precio el valor en ese mercado y en ese tiempo. Por lo tanto, el valor implica una estimación relativa con respecto a ciertos objetos que sirven para efectuar la comparación. En lenguaje llano, cuando hablamos del valor de una cosa, utilizamos la moneda como el patrón de referencia y, en términos generales, significa "valor en dinero". Lo que ocurre es que siendo el dinero un determinado commodity elegido por sus cualidades particulares como unidad de medida del valor de los bienes en general y como medio de cambio, está también expuesto a variar en su valor. ¿Cómo haremos entonces para medir el valor de la moneda? O mejor aún ¿Cómo determinaremos el valor de la moneda o de cualquier otro commodity en forma independiente de cualquier estándar convencional? Simplemente, comparándolo con la masa general de commodities. Y el valor, en un sentido abstracto o general, únicamente puede significar el dominio sobre la masa de commodities; o, como lo expresaba correctamente Adam Smith, el "poder de compra" en el mercado general.*[40]

Por ello, para obtener un patrón de medida estable, es necesario que la auto-

---

[39] Ibid., p. 12.
[40] Ibid., p. 10.

ridad competente confeccione una tabla con el valor promedio de la masa de
commodities que será utilizada para corregir las variaciones en valor de la medida en que los precios nominales son calculados –ya sea en oro, plata, papel
inconvertible, o moneda deteriorada.

> *Si, utilizando fuentes auténticas de información, elaboráramos una tabla oficial
> conteniendo el valor promedio de mercado de una larga serie de commodities de
> más general y constante demanda, el promedio de estos diferentes precios, ac-
> tualizados en tiempos preestablecidos por la autoridad competente con relación
> a los promedios del período anterior, constituiría una prueba suficientemente
> exacta de la variación general de los precios producidos en el intervalo y por
> ende de todas las variaciones en el valor de la moneda en que los precios están
> expresados, ya sea en oro, plata, papel inconvertible o moneda deteriorada. La
> tabla sólo requiere ser suficientemente abarcativa para posibilitar, por medio
> del precio promedio de la totalidad de los artículos contenidos en ella, un están-
> dar de valor (en su auténtico sentido de poder adquisitivo general) tan cerca
> de lograr un grado de invariabilidad deseable para su uso práctico. La perfecta
> equidad de tal estándar es evidente.*[41]

Poulett Scrope define en forma simple y expeditiva la cuestión central de
cómo usar el estándar tabular de valor. Lo único que hay que hacer es cambiar
la cantidad de numerario al momento del pago para integrar el mismo poder
adquisitivo de origen según el coeficiente resultante de la tabla.

> *La publicación oficial de esta tabla de referencia obviaría completamente las
> desventajas provocadas por las variaciones en el valor del estándar metálico,
> en todos los contratos pactados a futuro. El alcance de esas variaciones sería
> declarado públicamente y fácilmente verificado. No habría que temer ninguna
> decepción ni malabarismos en el estándar de valor por quienes asuman com-
> promisos monetarios. Aquellas personas que sigan regulando sus contratos por
> el estándar metálico lo harían mirando atentamente las fluctuaciones posibles
> y deberán aceptar las consecuencias resultantes de su decisión voluntaria. En*

---

[41] Ibid., pp. 25-26.

*cambio, quienes optan por utilizar la moneda como una correcta medida de valor y no correr riesgo alguno por cualquiera de sus cambios, tendrían a su alcance la posibilidad de darle a la suma especificada, una uniformidad y permanencia de su valor "cambiando la cantidad numérica en proporción al cambio de su poder adquisitivo".*[42]

No obstante la indudable superioridad de este sistema, su uso debe ser enteramente voluntario:

*A pesar de que el uso general de este sistema sería preferible al estándar metálico, su empleo debería ser enteramente voluntario. Debería ser simplemente una tabla de referencia, elaborada por autoridades oficiales, de acuerdo con la cual las partes puedan a su libre arbitrio acordar que todos los contratos, sean relativos a préstamos, alquileres o legados podrán ser pagaderos en lugar de utilizar una moneda de valor indefinido y cambiante. La eliminación de la incertidumbre en los contratos a plazo, contribuirá eficazmente al crecimiento de nuestra industria nacional. La posibilidad de encuadrar los compromisos futuros de tal modo que mantengan en cualquier hipótesis el valor pactado de buena fe, restablecería la confianza en el respeto de la propiedad, y la justa compensación de la producción de la industria, que los últimos cambios en el valor de la moneda han debilitado tan peligrosamente.*[43]

Plantea que los vicios inherentes a un estándar metálico que no cumple con la condición básica de estabilidad plena, dañan tanto a la clase trabajadora como a la industria:

*Los vicios inherentes a un estándar metálico tienen que ser sentidos en todos los países que lo utilizan y los daños sufridos por la clase trabajadora como consecuencia de ello, en un período en que los metales están aumentando de valor, serán proporcionados a la extensión de los compromisos monetarios asumidos por la industria. Francia y los Estados Unidos de América son las dos naciones*

---

[42] Ibid., pp. 26-27.
[43] Ibid., pp. 28-29.

*que, a raíz de la expansión de su comercio, y como consecuencia del incremento de las transacciones de crédito, más han sufrido, después de Inglaterra, de última apreciación de los metales. Pero también todas las demás naciones tienen que haberse perjudicado por la variación de su estándar monetario y todas se beneficiarían por el conocimiento público y exhibición de sus variaciones, en la forma que lo permiten los métodos simples aquí señalados.*[44]

## 15.3. William Stanley Jevons (1835-1882)

Economista británico, químico de profesión, nacido en Liverpool, desarrolló simultáneamente con León Walras de Suiza y Carl Menger de Austria la teoría de la utilidad marginal para explicar el comportamiento del consumidor. Autor prolífico falleció accidentalmente a los 46 años.

Fue un continuador de Joseph Lowe y en su libro *Money and the Mechanism of Exchange*, publicado en 1876 por D. Appleton and Company de Nueva York, argumenta convincentemente en pro de un estándar de valor monetario más estable que el oro. Jevons se desempeñó cinco años como encargado de la oficina de ensayos que controlaba la calidad del oro acuñado en Sydney, Australia. Había estudiado química y botánica en el *University College* de Londres. Su cargo en Australia lo inclinó a estudiar la teoría monetaria.

Jevons sostiene bajo el título: La Unidad Estándar de Valor:

*Es esencial, en primer lugar, definir claramente qué significamos al decir Unidad Estándar de Valor (Standard Unit of Value). Ésta debe consistir en una cantidad fija de una sustancia concreta, definida con relación a las unidades de peso o capacidad. El valor para algunos parece ser meramente un fenómeno puramente mental y una libra debería entonces definirse, como Lord Castlereagh propone, como una "sensación de valor". De tal modo podríamos definir una yarda como una sensación de longitud o una pizca como una sensación de peso. Del mismo modo que todas las cantidades en las ciencias físicas están definidas con relación a una muestra concreta que sirve de estándar, si verdaderamente*

---

[44] Ibid., p. 29.

William Stanley Jevons químico y economista británico autor del libro Money and the Mechanism of Exchange en 1876.

*queremos medir y expresar el valor, deberemos fijarlo en función de cantidades definidas de uno o más commodities utilizados para ese propósito.*[45]

Señala Jevons que las sustancias más adecuadas para fijar el estándar de valor han sido el oro, la plata y el cobre. Sin embargo en el capítulo XXV bajo el título: Un Estándar de Valor Tabular, advierte que:

*Al principio se observó que la moneda, además de servir como un denominador común de valor y como un medio de facilitar el intercambio, fue empleada habitualmente como un estándar de valor, en los términos en los cuales los contratos se extienden sobre una larga serie de años. En los contratos de locación a largo plazo o perpetuos, en los préstamos al Gobierno, a corporaciones y a compañías ferroviarias es práctica difundida pactar que el capital y los intereses sean pagaderos en moneda de oro de curso legal. Pero hay evidencias abundantes que prueban que el valor del oro ha sufrido cambios considerables. Entre 1789 y 1809, tuvo una caída desde 100 a 54, o sea el 46 por ciento de su valor, como demostré en el paper sobre la Variación de los Precios desde 1782, leído ante la London Statistical Society en junio de 1865. Desde 1809 y hasta 1849 se valorizó a la tasa extraordinaria del 145 por ciento haciendo que las deudas del gobierno y todas las rentas fijas, se hicieran dos veces y media más gravosas que lo que era en 1809. Desde 1849 el valor del oro ha caído nuevamente hasta un 20 por ciento; y un cuidadoso estudio de las fluctuaciones de los precios, como se mostró en el Annual Reviews of Trade de la revista The Economist, y en el paper referido precedentemente, demuestra que fluctuaciones del 10 al 25 por ciento son habituales en cada ciclo del crédito.*[46]

Jevons se plantea la siguiente cuestión:

*Teniendo en cuenta los cambios extremos en el valor de los metales precio-*

---

[45] Jevons, William S., Money and the Mechanism of Exchange, New York, D. Appleton and Company, 1876. Traducción especialmente realizada por la Fundación Metas Siglo XXI, cap. VII pto. 2.
[46] Ibid., cap. XXV, par 1

*sos, ¿es aconsejable utilizarlos como estándar de valor en contratos de largo plazo? Hay que reconocer que los estadistas que asesoraban a la Reina Isabel anticiparon el futuro cuando obligaron a las Universidades de Oxford, Cambridge e Eton a utilizar los granos como patrón de valor. El resultado ha sido hacer a esos colegios mucho más ricos que lo que hubiera sido de otro modo porque las rentas y donaciones expresadas en moneda se han sumergido a una fracción de su antiguo valor.*[47]

Jevons sintetiza su invención como "Un Patrón de Valor Múltiple" en los siguientes términos:

*La cuestión que surge es si el progreso de la economía y de la ciencia estadística nos permitiría diseñar un estándar de valor más adecuado… ¿No podríamos concebir una moneda múltiple de curso legal, que estuviera menos expuesta a variaciones? Estimamos el valor de cien libras por la cantidad de grano, carne, papa, carbón, madera, hierro, té, café, cerveza, y otros commodities importantes que podamos comprar de tanto en tanto. ¿No podríamos inventar un billete de curso legal que fuera convertible, no a un único commodity, sino a un conjunto de pequeñas cantidades de varios commodities, todos ellos rigurosamente definidos en su cantidad y calidad? De tal modo que cien libras le den derecho a demandar un cuarto de buen trigo, una tonelada de barras de hierro ordinario, cien libras de algodón de regular calidad, veinte libras de azúcar, cinco libras de té, y otros artículos suficientes para completar el valor.*[48]

*En la práctica, esta moneda de curso legal convertible a bienes será harto inconveniente, porque nadie querrá verse forzado a poseer una mezcla de todo tipo de bienes que no ha demandado… Pero este esquema tiene solución práctica utilizando lo que se ha dado en llamar el Estándar Tabular de Valor (Tabular Standard of Value).*[49]

*El esquema de crear un estándar tabular de valor aparece como perfectamente sensato y sumamente valioso desde el punto de vista teórico, y las dificultades*

---

[47] Ibid., cap. XXV, par 2.

[48] Ibid., cap. XXV, par. 4.

[49] Ibid., cap. XXV. par. 5.

La Moneda Virtual

*prácticas no son insalvables. Para llevar a cabo los planes de Lowe y de Scrope, deberíamos crear una Comisión Permanente del Gobierno e investida de una suerte de poder judicial. Los funcionarios del organismo deberían relevar los precios corrientes de los commodities en todos los principales mercados del reino y, con un buen sistema de cálculo, determinar la variación promedio del poder adquisitivo del oro. Estas estadísticas serían publicadas mensualmente y esto permitiría ajustar los pagos de acuerdo con ellas. De tal modo que si el valor del oro ha caído un seis por ciento, el acreedor podrá exigir un seis por ciento por encima del monto nominal de la deuda.[50]*

*Al principio, el uso del estándar tabular será voluntario y sólo será exigible si las partes lo hubieran incluido en su contrato. Cuando la factibilidad y la utilidad del plan hayan sido suficientemente demostradas, puede hacerse obligatorio en el sentido de que todas las deudas de dinero de más de tres meses deberán variarse de acuerdo al estándar tabular, siempre que las partes no hubieran pactado expresamente lo contrario.[51]*

Coincidentemente, en Chile los bancos están obligados a convertir todos los plazos fijos superiores a 90 días, a la unidad de cuenta indexada UF (Unidad de Fomento), institución que será analizada en profundidad en la Segunda Parte. Jevons reconoce que una de las dificultades es la elaboración de la tabla y propone utilizar alrededor de 100 commodities que sean autónomos en su fluctuación recíproca. El diario *The Economist* ha publicado por décadas un Número Índice Total de Precios comparado con el precio promedio de los años 1845-1850. Concluye diciendo:

*Sin embargo, cualquiera fuere el método de ajuste que se adopte, el resultado sería mejor que si seguimos aceptando un único metal como patrón, como hacemos actualmente.[52]*

La teoría de Jevons desarrollada en base a los estudios de Lowe y de Scrope,

---

[50] Ibid., cap. XXV, par. 8.
[51] Ibid., cap. XXV, par. 9.
[52] Ibid., cap. XXV, par. 11.

contiene todos los elementos esenciales del exitoso modelo desarrollado por Chile para la UF.

Lo único que le faltó a Jevons fue bautizar el instrumento indexatorio dándole un nombre y una identidad que permitiera dividirlo en unidades para realizar operaciones matemáticas. La indexación es un mecanismo o procedimiento de ajuste que agrega un apéndice artificial a la verdadera moneda, mientras que la Unidad de Fomento (UF creada por Chile en 1967) es una unidad de cuenta con identidad propia. Por ello en Chile, es posible por ejemplo, vender una casa en 300 cuotas mensuales (equivalentes a un plazo de 25 años) de 5 UF cada una, teniendo en cuenta que cada UF vale 42,75 dólares (al 30.dic.2011) Fuente: Banco Central de Chile. www.bcentral.cl/

Ello tiene extraordinaria importancia en la difusión universal del sistema y en la notable reducción del costo de transacción bancario (spread), como veremos en la Segunda Parte.

Al final del capítulo XXV, punto 12, Jevons sintetiza los beneficios del estándar tabular:

> *El espacio que dispongo no me permite describir adecuadamente las ventajas que surgirían del establecimiento de un estándar tabular de valor a nivel nacional. Dicho estándar añadiría un nuevo grado de estabilidad a las relaciones sociales, preservando el ingreso fijo de individuos e instituciones públicas de la depreciación que sufren con frecuencia. La especulación, también basada en la frecuente oscilación de los precios, que tiene lugar actualmente en el comercio, va a ser, hasta cierto punto, desalentada. Los cálculos de los comerciantes no serán frustrados tan frecuentemente por causas ajenas a su control y muchas quiebras podrán ser evitadas. Los periódicos colapsos del crédito se reeditarán de tanto en tanto, pero la intensidad de la crisis será mitigada, porque cuando los precios caen en períodos de depresión, los pasivos de los deudores disminuirán en la misma proporción.*

Este último fenómeno fue claramente perceptible en la crisis del 30. En Estados Unidos, mientras los precios de los commodities se desplomaban, las deudas nominales seguían inalteradas. Los agricultores recibían un 35 por ciento menos al comercializar su cosecha, pero debían pagar sus deudas bancarias al 100 por ciento. La imposibilidad de pagar los llevaba a la bancarrota y el fenómeno de concatenación de las quiebras se extendía como un gigantesco tsunami económico provocado por la valorización del dólar. Entre 1930 y 1933, quebraron 5096 bancos. Si en tales circunstancias, las deudas nominales se hubieran recortado automáticamente en forma inversa a la extraordinaria valorización del dólar, muchos deudores hubieran podido pagar y el fenómeno se hubiera circunscripto. Aferrarse a una moneda nominal que había tenido una extraordinaria valorización llevaba en la realidad a resultados que eran peores, incluso para los acreedores, porque en la liquidación de los activos se cancelaban las obligaciones en moneda de quiebra, muchas veces en importes inferiores al porcentaje de valorización de la moneda. Una reducción automática de la deuda hubiera evitado mucho daño económico, y mucha angustia y dolor a millones de familias.

En el mundo actual, cuando hablamos de oscilación de la moneda, nos referimos casi obligadamente a la inflación, por ser el fenómeno más frecuente. Pero la indexación también sirve para corregir las fluctuaciones causadas por la deflación. Cuando la moneda se valoriza, el valor nominal de las obligaciones debe reducirse. El concepto básico es que, si aceptamos que el valor de la moneda se determina por su poder adquisitivo, para mantener la igualdad de la ecuación económica y preservar la justicia conmutativa, hay que mantener este criterio tanto cuando la moneda se deprecia por la inflación como cuando se valoriza por la deflación. Ambos fenómenos serían más breves y menos pronunciados y dañinos, si contáramos con este instrumento de medición estable como el Patrón Tabular de Jevons o la UF chilena.

## 15.4. Alfred Marshall (1842-1924)

Economista y matemático británico nacido en Wandsworth, Gran Londres. Fue el más destacado de su época. Subrayó la importancia del análisis minucioso y la necesidad de adecuar las teorías a los nuevos acontecimientos. El lema contenido en la portada de su libro clásico Principios de Economía: *natura non facit saltum* (la naturaleza no avanza a los saltos) sugiere que las ideas

Alfred Marshall matemático y economista británico inventor de la moneda virtual que denominó LA UNIDAD.

cambian lentamente y que estamos sentados sobre los hombros de nuestros predecesores. Como explicaba Newton: si pude ver más lejos es porque estaba sentado sobre los hombros de gigantes. Y Marshall se sentó, en esta cuestión del Patrón Tabular de Valor, sobre los hombros de gigantes como Joseph Lowe, G. Poulett Scrope y W.S. Jevons.

### 15.4.1.- Desdoblamiento de las funciones de la moneda. Creación de la Unidad de Poder Adquisitivo Constante

Marshall profundiza y afina las teorías monetarias de sus predecesores, aportando un elemento esencial para el concepto de unidad de cuenta como instrumento separado de la moneda corriente. Plantea el desdoblamiento de las funciones esenciales de la moneda que tradicionalmente estaban juntas. Propone, en suma, seguir utilizando la moneda corriente –currency- para la cancelación de todo tipo de obligaciones, creando una nueva institución escindida de la anterior que denominó LA UNIDAD, cuya función es asegurar el poder adquisitivo constante en operaciones de largo plazo. Transforma el concepto expuesto por los economistas que lo precedieron, que era un procedimiento de reajuste o de indexación, en un instrumento financiero separado de la moneda transaccional (currency). De tal modo, inventa una institución que carece de existencia física pero que permite celebrar transacciones a plazo manteniendo un poder adquisitivo constante. Esto es justamente lo que denominamos en este trabajo "Moneda Virtual".

En un artículo publicado por Alfred Marshall en 1887 "Soluciones para las Fluctuaciones Generales de Precios", incluido en la recopilación de sus trabajos editados por C.Pigou bajo el título de *Memorials of Alfred Marshall*[53], propone un Estándar de Valor independiente del oro y de la plata, puntualizando que existía un conflicto de intereses en el desempeño de las funciones del dinero. En tanto que la moneda corriente –currency- se ajusta bien a la función de ser un medio de cambio, no cumple satisfactoriamente la función de patrón de valor o patrón de pagos diferidos, al no tener un valor constante. Esto hace aconsejable disponer de una unidad de cuenta diferente, como Patrón Tabular

---

[53] London, Macmillan and Co., 1925, pp.197-199. Traducción de la Fundación Metas Siglo XXI.

de Valor. Es decir, un patrón autorizado de poder adquisitivo constante, independiente de la moneda corriente.

La elocuencia de la propuesta de Marshall, la claridad de la exposición y la notable concisión del documento, nos ha llevado a incluirlo íntegramente como apéndice I de este libro. También, como apéndice II, se incluye el texto de los *Official Papers*, editado por J. M. Keynes que incluye los memorandos preparados por Marshall en 1886 en respuesta a las consultas formuladas por una Comisión Real que investigaba las causas de la Depresión del Comercio y de la Industria que aquejaba por aquél entonces a Gran Bretaña.

Marshall advierte claramente la importancia esencial del tiempo en esta cuestión, ya que la fluctuación de la moneda no tiene efecto en las operaciones al contado porque el comprador y el vendedor conocen tanto el valor de la moneda como el del bien vendido, en ese momento y en ese lugar. Sostenía Marshall que para que el dinero desempeñe eficientemente las funciones de facilitar las transacciones comerciales y actúe como patrón de valor de pagos diferidos, la estabilidad de su valor es una condición indispensable, como también lo afirmaba Scrope. El problema que él plantea y propone resolver con LA UNIDAD, se refiere principalmente a las obligaciones a largo plazo.

*La moneda corriente (currency) debería ser restringida a la función para la cual está en capacidad de cumplir, es decir, medir y realizar transacciones que son canceladas al poco tiempo de pactadas. La unidad de poder adquisitivo constante sería aplicable, sujeta a la libre elección de ambas partes interesadas, para casi todos los contratos que implican pago de intereses y la cancelación de préstamos; y para muchos contratos de alquiler, así como sueldos y salarios... El cálculo de hipotecas y de acuerdos matrimoniales en términos de unidades de poder adquisitivo constante, en reemplazo del oro, quitaría una gran fuente de incertidumbre en los asuntos de la vida privada, mientras que un cambio similar en lo relativo a debentures y a bonos del Gobierno les daría a sus tenedores lo que ellos más anhelan: una renta verdaderamente constante.*[54]

Existe en este aspecto coincidencia plena con la tesis de Adam Smith, según

---

[54] Marshall, Alfred, Op. cit. pp. 197-199.

veremos en el punto 2, capítulo segundo de este libro *"en el mismo lugar y al mismo tiempo el dinero es la medida exacta del valor real de intercambio de todos los commodities"*. Esta medida exacta del valor se altera al estipular rentas perpetuas y al contratar arriendos de muy largo plazo, como consecuencia de la variación del poder adquisitivo de la moneda, inevitable en lapsos prolongados, aún en el caso de moneda con valor intrínseco como la acuñada en oro o plata.

### 15.4.2.- Organismo responsable de la elaboración y publicación de LA UNIDAD

Marshall propone la creación de un Departamento permanente del Gobierno para elaborar y publicar el valor de la unidad de poder adquisitivo constante. Funda su propuesta en el exitoso desempeño del Ministerio de Comercio de Gran Bretaña *(Board of Trade)* para la confección de estadísticas cuyo método califica de perfecto.

> *La tarea de publicar periódicamente el valor de la unidad de poder adquisitivo constante no puede, en mi opinión, ser realizada sino por un departamento permanente del Gobierno. Tal como ocurre con la exportación y la importación, la información para ello ha sido suministrada por el Board of Trade. Su trabajo es un modelo de método perfecto que no puede dejar de ser de utilidad para nosotros, aunque no sea aplicable directamente para el objetivo actual. En el memorándum de Mr. Palgrave se muestra un ejemplo por demás interesante del tipo de número-índice que se requiere. Pero únicamente el Gobierno puede comandar la maquinaria que es necesaria para asegurar estadísticas debidamente probadas para este objetivo.*[55] *Marshall, Alfred.*

El otro antecedente invocado por Marshall se refiere a la tarea que el Gobierno ya estaba desarrollando desde 1837 en la confección de las tablas de conversión de los diezmos, a cargo de un organismo de tres miembros con representación de la Iglesia. Atribuimos a este antecedente importancia decisiva en la corriente de pensamiento que se desarrolló en Gran Bretaña, para

---

[55] Marshall, Alfred, Official Papers, Keynes, J. M. ed., London, Macmillan and Co., 1926, p. 11.

crear una unidad de cuenta de poder adquisitivo constante según vimos en el punto 13 de este mismo capítulo. Tal como lo expresa Marshall, es necesario extender a todos los commodities importantes la misma mecánica que ya se estaba aplicando en Gran Bretaña desde 1837 para el trigo, la cebada y la avena, que implicaba un verdadero sistema de indexación por el cual se ajustaban los diezmos tomando como parámetros a los cereales de mayor consumo.

> *El Gobierno ya está llevando a cabo un trabajo análogo al propuesto con relación a las tablas de conversión de los diezmos. Pero en lugar de ocuparse del trigo, la cebada y la avena, debería incluir a todos los commodities importantes. Se publicaría sus precios una vez al mes o una vez al año, y ponderaría la importancia de cada commodity en proporción a la suma total gastada en cada uno de ellos, y luego por un simple cálculo aritmético determinaría el cambio en el poder adquisitivo del oro. Los préstamos podrían calcularse en las unidades publicadas por el Gobierno, a opción de los contratantes En esta forma, si A le prestó a B 1.000 libras esterlinas al 4 ½ por ciento de interés, y luego de varios años el poder adquisitivo de la moneda ha aumentado en un octavo, B debería pagar un interés que no sería 45 libras sino un importe que refleje el mismo poder adquisitivo recibido al momento del préstamo, es decir, 40 libras, y así sucesivamente.*
>
> *El plan tiene que hacer su propio camino para alcanzar uso general, pero una vez que se haya hecho familiar nadie, excepto los jugadores profesionales, prestarían o tomarían prestado en cualquier otra condición, en períodos largos.*[56]

Para ello lo único que se necesitaba era que el Gobierno publicara de tanto en tanto, las sumas de dinero necesarias para proporcionar el mismo poder adquisitivo general de una libra esterlina a una fecha determinada (por ejemplo el 1 de enero de 1887). A esta unidad estándar de poder adquisitivo proponía denominarla, en mérito a la brevedad, simplemente LA UNIDAD. La tabla o tablas resultantes proporcionarían la información para calcular las variaciones en el valor de la moneda en términos de LA UNIDAD y, basándose en las mismas, se podrían ejecutar los contratos de pagos diferidos

---

[56] Ibid., p. 10.

mediante la entrega de una cantidad de numerario suficiente para completar el mismo poder adquisitivo de origen.

Marshall propiciaba que los préstamos, los sueldos y salarios, las rentas de la tierra, las pensiones, los impuestos y tasas, los intereses de la deuda pública y obligaciones de las empresas, se realizaran en UNIDADES; y proponía como deber del gobierno y los tribunales de justicia facilitar los contratos en términos de UNIDADES.

### 15.4.3.- Liberar al comercio y a la industria de los riesgos de la fluctuación de la moneda

Afirma Marshall:

> *Al proponer este remedio quiero que el Gobierno ayude a los negocios, pero que no haga negocios... Por supuesto cada negocio tiene sus propios riesgos por causas propias de esa actividad en particular; pero mediante el uso de LA UNIDAD se podrían evitar los graves riesgos causados por la caída o la suba general de precios. Sueldos y salarios, si no estuvieren establecidos en base a escalas variables, podrían ser fijados en unidades, para que su valor real no fluctúe constantemente en la dirección equivocada, subiendo justo cuando deberían estar bajando, y con tendencia a la baja cuando deberían subir.[57]*

Y para ayudar a los negocios, el Gobierno debía crear LA UNIDAD que implicaba inventar una nueva institución básica: un Sistema Métrico Monetario perpetuamente estable, independiente de las fluctuaciones causadas por la coyuntura económica.

Marshall enfatizó la importancia del uso de números índices, especialmente cuando el sistema monetario estuviera basado en una moneda-papel inconvertible. Advertía claramente que una moneda *fiat* creada de la nada, sin valor intrínseco alguno –como lo son todas las monedas en la actualidad- estaría mucho más expuesta a la volatilidad y a generar la ruptura del equilibrio económico de las prestaciones, vulnerando la justicia conmutativa.

---

[57] Marshall, Alfred, en Pigou, C. Op. cit., pp.197-199.

### 15.4.4. Tasa de interés recomendada sobre unidades de poder adquisitivo constante

Marshall realiza en su documento una audaz recomendación: definir una tasa de interés adecuada para una unidad de poder adquisitivo constante, considerando que se elimina por esta vía la incertidumbre de la fluctuación del valor de la moneda corriente. Al hacerlo, demuestra una extraordinaria visión del problema, ya que sugiere una tasa anual del 3%, muy inferior a la vigente en aquélla época en Gran Bretaña.

La historia parece haber dado la razón a Marshall ya que Chile, siguiendo sus recomendaciones generales, ha logrado con la UF estabilizar la tasa de interés de los bonos emitidos por el Gobierno, exactamente en la tasa recomendada por Marshall.

*Pienso que una vez publicada la unidad estándar de poder adquisitivo, los Tribunales de Justicia deberían otorgar todo tipo de facilidades a los contratos, testamentos, y otros documentos celebrados en términos de la unidad; y el Gobierno mismo debería hacer su camino para calcular las tasas de interés y los impuestos (excepto, naturalmente, aquellas cosas como las estampillas de correo) en términos de la unidad, y además, calcular los salarios, pensiones, y, cuando resulte posible, los sueldos de sus empleados a una cierta cantidad de unidades en lugar de una cantidad de dinero. Tan pronto como la unidad se encuentre vigente, pienso que el Gobierno debería comenzar por ofrecer pagar por la deuda pública consolidada, un interés verdaderamente uniforme de tres unidades por cada 100 libras, en lugar de un interés del 3% meramente nominal pero que en realidad es fluctuante. Al principio, el público, observaría el nuevo sistema con extrañeza, pero luego lo aceptaría tan pronto tomara conciencia de sus ventajas sustanciales. Su desagrado por él sería aun al principio menor que lo que fue su desagrado por las chimeneas de carbón, los ferrocarriles y el gas.*[58]

### 15.4.5.- Aplicación de la unidad de poder adquisitivo constante sin necesidad de cambio de la moneda corriente

El ajuste de los contratos conforme a LA UNIDAD, puede aplicarse con

---

[58] Ibid., p. 199.

cualquier tipo de moneda, evitando la conmoción social que provoca siempre un cambio del signo monetario. Su uso sería optativo y los contratos a plazo podrían hacerse en moneda corriente o en UNIDADES. En este último caso el acreedor recibiría al vencimiento, la misma cantidad de riqueza real que había entregado en origen.

En este sentido, Marshall afirma:

> *Quiero enfatizar el hecho de que esta propuesta es independiente de la moneda corriente, y no exige ningún cambio en ella. Admito que el plan rara vez estará disponible para el comercio internacional. Pero su trascendencia como factor de estabilización de nuestro comercio doméstico sería tan grande, y su implementación sería tan fácil y exenta de los males que generalmente rodean la intervención del Gobierno en los negocios, que me aventuro a demandar la urgente adopción del sistema solicitando se le preste la debida atención.[59]*

### 15.4.6.- No hay que buscar la perfección teórica del índice sino su simplicidad y su carácter inequívoco

Para Marshall el esquema no debe buscar una perfección teórica, sino alcanzar un notable progreso con relación a los métodos actuales. Una unidad perfectamente exacta de valor no puede ser alcanzada. Hay que utilizar los precios de materias primas buscando la simplicidad y su carácter inequívoco, que en este caso es más importante que la exactitud teórica.

### 15.4.7.- El rol del Gobierno

Para ello el gobierno debe asumir las siguientes responsabilidades:

1. Confeccionar la UNIDAD y darla a conocer en forma periódica.
2. Facilitar y promover la celebración de contratos cuyo cumplimiento se realice en unidades de poder adquisitivo constante, otorgándoles validez jurídica para su exigibilidad *(enforcement)* ante los tribunales de justicia.

---

[59] Ibid., pp. 197-199.

### 15.4.8.- Ventajas del sistema

Marshall sintetiza las ventajas del sistema en tres puntos:

1.  La adopción del sistema es independiente de la forma que adopte cada moneda. La UNIDAD puede ser creada en cualquier economía y cualquiera sea la denominación de la moneda corriente: libras esterlinas, dólares, euros, pesos, yens o yuans.
2.  La influencia estabilizadora en los precios del comercio doméstico sería enorme.
3.  Su adopción sería fácil y exenta de los males que generalmente trae aparejada la interferencia del Gobierno en los negocios. Al crear la institución, el gobierno dota a la sociedad de una extraordinaria herramienta para que las partes contratantes obtengan seguridad jurídica en la equivalencia de las prestaciones, del mismo modo que cuando crea la sociedad anónima posibilita la atomización y limitación del riesgo comercial. Pero en ambos casos, la utilización de la institución es voluntaria y sujeta a la decisión de las partes. Nadie está obligado a contratar en la UNIDAD y puede seguir haciéndolo en moneda corriente. Del mismo modo que nadie está obligado a constituir una sociedad anónima cuando emprende un negocio y puede, si lo desea, hacerlo a título personal con responsabilidad ilimitada.

### 15.4.9. La gran invención de Marshall

La gran invención de Marshall fue la creación de LA UNIDAD, que implicaba desdoblar las funciones monetarias. Fue propuesta en 1887 y tuvo que aguardar 80 años para ser implementada por primera vez en Chile en 1967 con la creación de la UF, con las consecuencias positivas que veremos en la Segunda Parte.

### 15.5. Irving Fisher (1867-1947)

Hizo aportes trascendentales para el desarrollo a la Revolución Marginalista Neoclásica, entre los cuales cabe mencionar:

1.  1. Su contribución a la Teoría de Walras sobre el precio de equilibrio, inventando la curva de indiferencia.
2.  Los trabajos publicados acerca del capital y la inversión producidos en los años 1896, 1898, 1906, 1907 y 1930 que introdujeron las teorías intertem-

porales de los Austríacos en el mundo académico inglés, con su famosa distinción entre "stock" y "flujo".

3.  La rehabilitación de la Teoría Cuantitativa del Dinero y la enunciación de la fórmula de Fisher (1911, 1932 y 1935).

4.  La teoría del poder adquisitivo del dinero y los números índices (1911 y 1922).

5.  La Curva de Phillips (1926).

    Fue el más sólido expositor teórico y matemático de las fluctuaciones del poder adquisitivo y sus graves consecuencias sociales en su libro: *The Purchasing Power of Money, its Determination and Relation to Credit, Interest and Crises.*[60] Trabajó en la confección de índices prolijamente elaborados con el fin de superar la carencia de sistemas metódicos y disciplinados para llevar estas estadísticas, cosa que hoy se ha logrado en casi todos los países del mundo. Su prosa elocuente y elegante resulta tan convincente como un teorema bien demostrado, como puede apreciarse en los distintos párrafos sobre aspectos conceptuales citados en este libro.

Infortunadamente, se apartó de la línea de pensamiento de Alfred Marshall y a la hora de proponer la creación del Patrón Tabular de Valor, persistió en el error de otros autores y trató de sintetizar en la misma institución, "el dólar compensado", las funciones de moneda transaccional y unidad de cuenta estable, mediante la variación de su respaldo en oro. Fisher propone crear un "dólar virtual" que no tendría existencia física ni poder cancelatorio y que sería ajustado conforme la evolución de un índice de precios. La mecánica del ajuste era incrementar o disminuir el peso en oro representado por cada dólar virtual.

Fue objeto de serias críticas por el temor de que su propuesta favoreciera la especulación. Por ello, lo interesante de la UNIDAD de Marshall es que se trata de una institución distinta y nítidamente separada. La variación de los precios se ve reflejada en ella en forma periódica con lo cual se logra adecuar los pagos al poder adquisitivo de cada momento.

El sistema propuesto por Fisher era, en sus propias palabras, el siguiente:

---

[60] New York, Macmillan, 1922.

Irving Fisher, fue uno de los primeros economistas neoclásicos americanos y tenía un inusual dominio de las matemáticas. Fue considerado por James Tobin y Milton Friedman como "el economista más destacado que Estados Unidos haya producido en su historia".

*Por lo tanto, el plan es: proporcionar el cálculo de un número índice oficial de precios, para ajustar en forma correlativa el peso oficial del dólar virtual al cual el gobierno emitirá certificados de oro a los mineros o los redimirá de los joyeros; en otras palabras, ajustar el precio oficial del oro al cual el gobierno está dispuesto a comprar o a vender conforme sea la decisión del público.[61]*

*Este es en resumen, un plan para aumentar o reducir el peso del dólar (es decir, reducir o incrementar el precio del lingote de oro) en la exacta proporción de la oscilación por encima o por debajo de la par del número índice de precios[62].*

Fisher plantea la necesidad de asegurar un sistema automático de ajuste para evitar un uso discrecional del poder de los funcionarios.

*Hemos arribado a la segunda cuestión: ¿Cómo será posible conocer el ajuste correcto que deberá hacerse en el peso del dólar virtual —el lingote de oro interconvertible con cada dólar de certificados de oro- sin poner en manos de los funcionarios del gobierno un peligroso poder discrecional? En otras palabras, ¿cómo haremos para que el ajuste del dólar virtual sea automático? La respuesta es: por medio de las estadísticas denominadas "números índice de precios".[63]*

La palabra "virtual" aplicada a la unidad de cuenta indexada fue utilizada por primera vez por Irving Fisher denominando como "dólar virtual" a aquél que conservaba su poder adquisitivo constante mediante la modificación de su respaldo en oro. Dicha denominación nos parece muy adecuada para reflejar la naturaleza de la unidad de cuenta que se utiliza como patrón de medida y coincide con la que hemos adoptado como nombre de la nueva institución.

Una de las cuestiones que puede suscitar dudas entre los políticos y economistas con relación a nuestra propuesta de creación de la unidad de cuenta en nuestro país, estará determinada por las distorsiones que hoy se verifican en el índice de precios al consumidor que elabora el INDEC. En la actualidad, los 193 países reconocidos por las Naciones Unidas llevan números índices. Salvo

---

[61] Fisher, Irving, Op. cit. Apéndice 8.174.
[62] Fisher, Irving, Op. cit. Apéndice 8.175.
[63] Fisher, Irving, Op cit, apéndice a los capítulos XII y XIII. Apéndice 8.172.

contadas excepciones, los números índices son aceptados sin objeciones. En realidad, y tal como lo explica Fisher, la única decisión política trascendental es la elección del índice que se utilizará como patrón de medida. Hecho esto, lo demás se convierte en una cuestión puramente administrativa –*purely clerical matter*– que no debería ofrecer dificultades insalvables. Lo que se requiere es elegir una metodología probada y permitir a técnicos bien entrenados aplicarla sin interferencias políticas.

Dice Fisher en este sentido:

> *Hay varios sistemas de números índices, pero prácticamente todos coinciden entre sí. Una vez que un sistema de números índices es adoptado, su determinación numérica deviene una cuestión puramente administrativa. Una oficina de estadísticas (como por ejemplo el actual Bureau of Labor o una oficina de estadísticas internacional) estaría encargada de compilar y publicar estas estadísticas periódicamente y los precios reales en los cuales se basan. Si en cualquier momento el índice oficial de precios muestra que el nivel de precios ha subido el 1 por ciento por encima de la par, ésa será la señal para un incremento del 1 por ciento del dólar virtual.*[64]

## 15.6. Simon Newcomb (1835-1909)

Simon Newcomb, astrónomo, matemático y economista nacido en Canadá y radicado en Estados Unidos planteó en su libro: *Principles of Political Economy* publicado en 1886[65], la necesidad de crear un estándar de valor absoluto *(absolute standard of value)* para lo cual había que partir de la premisa que el valor promedio de los commodities permanece inalterable de año en año, y que un aumento o disminución generalizado de precios es causado por una disminución o aumento del valor del dólar en el cual los precios están expresados. Amigo personal de Irving Fisher ejerció influencia en las teorías de este autor en lo relativo a cuestiones matemáticas y físicas. Fisher dedicó su libro *The Purchasing Power of Money* a la memoria de Simon Newcomb:

---

[64] Ibid., apéndice 8.173.
[65] New York, Harper and Brothers.

La Moneda Virtual

*Gran Científico, Amigo Inspirado, y Pionero en el estudio de la "Circulación Social".*

Nos parece de interés transcribir los párrafos originales de su obra por la fuerza de su argumentación y la sencillez con la que explicita esta ardua cuestión. En primer lugar cuestiona la utilización de la moneda corriente como unidad de medida estable. Dice en el capítulo III, punto 9:

> *Supongamos que los precios de todos los bienes se han duplicado en el último año, mientras la cantidad producida continúa siendo la misma. En lenguaje corriente, diremos que todos los valores se han duplicado. Pero está claro que realmente nada se ha vuelto más valioso o útil que antes. La medición de los valores de los bienes por los precios no es enteramente satisfactoria. Para ilustrar la exacta naturaleza del defecto, supongamos un caso análogo en la medición de la longitud. Al levantarse a la mañana, el padre mide la altura de sus hijos con algo que pretende ser una regla para medir pies. Descubre que el niño que hasta el día anterior medía apenas cuatro pies ahora mide ocho pies. Toma entonces su propia altura y determina que tiene once pies. El podría sostener que toda su familia ha duplicado su estatura en un solo día, y que él mismo se ha convertido en un gigante. Pero la explicación más razonable es que la pretendida regla para medir los pies es apenas la mitad de la longitud correspondiente, y que la estatura real de todos ellos ha permanecido sin cambio alguno.*[66]

Newcomb efectúa un luminoso paralelo entre la medición de la longitud y el valor del dinero:

> *Ahora bien. La medida de valor del dinero es en principio similar a la medida de longitud tomada con una regla. Cuando decimos que un hombre tiene seis pies de altura, lo que queremos significar es que su altura es igual a seis unidades de cierta longitud que llamamos "pie". De modo que cuando decimos que un barril de harina vale $ 5 lo que queremos expresar es que su valor es igual a cinco piezas de dinero cada una de las cuales denominamos un dólar. Para*

---

[66] Newcomb, Simon, Principles of Political Economy, New York, Harper and Brothers, 1886, cap. III, par. 9, p. 208. Traducción de la Fundación Metas Siglo XXI.

Simon Newcomb, astrónomo, matemático y economista canadiense radicado en Estados Unidos autor del libro: Principles of Political Economy.

*que nunca seamos engañados en sus valores reales tanto el pie como el dólar en base a los cuales hacemos las comparaciones deben permanecer sin cambios. No existen dificultades con el pie porque es una sustancia material, y podemos encontrar elementos que permanezcan estables año tras año. Pero como el valor es una concepción mental, dependiente de las preferencias y los gustos del ser humano, no existe la posibilidad de comparar con un dólar de valor absoluto. El dólar corriente puede variar en su valor, del mismo modo que el barril de harina; y debemos siempre tener presente que denominar una cosa, sea de papel o metal, un dólar o una libra y un franco no le otorga un valor fijo del mismo modo que llamar a un palo un "pie" no convierte a dicho pedazo de madera en un instrumento de medición que tiene un pie de largo.*[67]

En página 209, Newcomb desarrolla la tesis de que la suba o caída generalizada de los precios sólo cabe atribuirlas a la fluctuación del valor de la moneda. En el ejemplo que utiliza de la variación subitánea de la estatura de todos los miembros de una familia, está clara la idea de que la distorsión es provocada por la variación del poder adquisitivo de la moneda.

*¿Existe algún camino por el cual nos podamos aproximar a un estándar de valor real? Para mostrar cómo podemos alcanzar esta aproximación volvamos nuevamente al caso de la regla para medir el pie. Es evidente en el caso del hombre que encuentra que es el doble de alto que antes, que el sentido común le indicará que la regla con la cual se midió tiene un largo que es la mitad que el anterior. En otras palabras el proceso lógico sería medir la regla por la estatura de él mismo y de sus hijos en lugar de medirlos con la regla. Si encontró que la estatura combinada de él mismo y de sus hijos era de 16 pies mientras ahora todos juntos miden 20 pies deberá concluir que la regla es hoy más corta que ayer en una relación 20:16, o sea que se ha encogido un 20 por ciento. La conclusión es que verdaderamente no hubo cambios en la estatura de los miembros de la familia.*

*Es evidente que en el caso planteado los errores resultantes de la suposición son que la estatura ha permanecido invariable.*

*En la misma forma al diseñar un estándar absoluto de valor, el proceso más*

---

[67] Newcomb, Simon, Op. cit cap. III. par. 9, p. 209.

*lógico es suponer que los valores promedio o generales de los commodities permanecen sin cambio de año en año, y que una suba o caída generalizada de los precios es ocasionada por una disminución o aumento del valor del dólar en que los precios están expresados. Ahora bien, si los cambios así indicados fueran los mismos en todos los commodities, esto es, si todos los precios aumentaran o disminuyeran en la misma exacta proporción no habría dificultades. Pero en la realidad de los hechos este no es el caso. Debemos por ello buscar un promedio general que se encuentre lo más cerca posible de lo que buscamos...[68]*

Newcomb desarrolla una propuesta de medir el valor de la moneda tomando en cuenta la productividad, pero descarta rápidamente esta hipótesis por la imposibilidad de medirla con alguna aproximación y adopta como opción la tesis de Lowe y de Jevons con el estándar tabular de valor.

*El estándar tabular de valor. Como una cuestión de hecho es imposible determinar la productividad total como la hemos definido con alguna aproximación o exactitud... El siguiente mejor curso de acción es tomar como nuestro estándar de comparación el valor de un cierto número de artículos de primera necesidad La relación entre la escala y el valor absoluto del dólar puede expresarse de este modo:*

El valor absoluto del dólar varía inversamente a la escala de precios.

*Cabe recordar que el concepto que hemos llamado "valor absoluto del dólar" es denominado "poder adquisitivo de la moneda".*
*Un estándar de valor fijado de esta forma, por el precio de los commodities, ha sido denominado un "estándar tabular de valor".*

En página 214, Newcomb explica el alcance de la utilización del patrón tabular de valor y concluye con una definición muy clara y sencilla como deben cancelarse las obligaciones pactadas en este sistema.

*Se ha propuesto adoptar un estándar tabular de valor para el pago de las deu-*

---

68 Ibid., par. 10, p. 209.

*das que maduran luego de un período largo de tiempo. Las deudas públicas de las principales naciones del mundo se han mantenido por varias generaciones; las rentas de la tierra en nuestras grandes ciudades han mantenido su continuidad por un siglo o más. En estos casos la condición esencial del contrato es que, a cambio de un servicio prestado en un momento dado, la parte que lo recibe se compromete a pagar una suma de dinero en un tiempo futuro lejano. La objeción a este sistema es que nadie sabe cuál será el valor absoluto del dinero al tiempo del pago. Sabemos por la experiencia de la historia que el valor de la moneda ha tenido grandes cambios y, a veces, podemos establecer sus causa. Un objetivo del patrón tabular de valor es establecer un sistema equitativo para el pago de dichas obligaciones. Este sistema es, en suma, que los pagos deberán hacerse no en oro, plata u otra moneda corriente, sino que deberá consistir en una cantidad de moneda corriente que permita comprar un conjunto establecido de commodities.*[69]

Las ideas de Newcomb siguen la línea de pensamiento iniciada por Lowe y Jevons. Sin embargo, no es tan específico como Marshall en el desdoblamiento de las funciones monetarias en dos instituciones independientes, mediante la creación de LA UNIDAD que ha demostrado ser la única solución operativa de esta cuestión trascendental para la economía.

### 15.7. Alejandro E. Bunge (1880-1943)

Ingeniero argentino graduado en Sajonia (Alemania) dedicado a investigaciones económicas, estadísticas y demográficas. En 1918 fundó la Revista de Economía Argentina que dirigió hasta su muerte en 1943. En el capítulo XIII de su libro: *Una nueva Argentina*[70], Bunge se refiere al tema con un título por sí mismo elocuente de su postura:

*La falacia de la moneda como unidad constante de valor.*
*La ausencia de una definición jurídica de la unidad de valor es una de las más grandes e inexplicables lagunas de la ordenación social. Tratase de una*

---

[69] Ibid., cap. III, par. 12, p. 214.
[70] Bunge, Alejandro, Una nueva Argentina, Buenos Aires, Hyspamérica, 1940, pp. 325-326.

*sorprendente omisión universal, que ha originado y origina, en todos los países, injustos y parciales despojos y serios trastornos económicos y sociales.*

*La implícita adopción de la moneda como unidad de valor origina constantemente hechos contrarios a la equidad, resultados arbitrarios y conflictos entre todas las partes directas o indirectamente contratantes en el orden monetario, como gobierno y pueblo, acreedoras y deudoras, productores, banqueros, comerciantes, industriales, empleados, pensionados, obreros y jubilados. A todos afecta, en distinta forma, la curiosa ficción jurídica que atribuye a la moneda las funciones de unidad constante de valor.*

*Se pretende que la moneda tenga valor invariable con relación a las demás cosas y sobre esa ficción se ha edificado el complejo edificio jurídico destinado a regular todo cuanto con el valor de las cosas se relaciona.*

*Cualquier especie (commodity) que se hubiera usado en lugar de la moneda como patrón de valor hubiera sido menos dañina que lo que ha sido la adopción de la moneda con la facultad implícita de unidad constante de valor.*

*Bueyes o carneros, paquetes de té, barras de hierro, plata u oro, kilogramos o litros de trigo o de arroz, hubieran podido ser —y han sido- unidades de valor mucho menos arbitrarias que la moneda nominal. No habrían podido los gobiernos, desde Solón hasta Roosevelt, "recortar las monedas", ni "imprimir", con el uso del papel y tinta, "unidades de valor". Ninguna especie, usada como tal para medir el valor de otras cosas, habría permitido, con su función de "metro" para medir el "valor", achicamientos y agrandamientos tan grandes como los que ha permitido u originado la moneda. Por una coincidencia que hemos podido encontrar, lo que Roosevelt se proponía con la desvalorización del dólar, el método para ponerla en práctica y hasta la medida de esa desvalorización, coinciden con el propósito, el método y la medida de la reforma monetaria de Solón, 591 años antes de Cristo. Efectivamente, la unidad denominada "mina" contenía 73 dracmas y Solón la hizo de 100, con lo cual la desvalorización monetaria fue de un 37 por 100: "porque hizo de 100 dracmas la mina que antes era de 73, con lo que dando lo mismo en número, aunque menos en valor, quedaban muy aliviados los que pagaban, y no sentían detrimento los que recibían".[71]*

---

[71] Plutarco, Vidas paralelas, citado en Bunge, Alejandro, Op. cit. pp. 325-326.

Siguiendo las enseñanzas de Adam Smith, señala con acierto Bunge que cualquier moneda es casi una perfecta unidad de valor "en una región no muy extensa y en un período de tiempo corto".

La deficiencia consiste en que, con el tiempo, aumenta o disminuye el poder de compra de esa moneda, es decir que aumenta o se reduce su valor medido en otros bienes o servicios.

La historia está llena de sorprendentes resultados. Recordemos los casos analizados en este trabajo: El Canal de Suez, el puente Golden Gate o los bonos de la Autopista de Ohio.

Bunge presenta su propuesta del Coeficiente de Corrección de la moneda en el II Congreso Financiero Interamericano de Washington en enero de 1920 adonde el Profesor de la Universidad de Columbia, Edwin R. A. Seligman propuso el estudio de ese coeficiente a todos los países representados en las deliberaciones en los siguientes términos:

> *La II Conferencia Financiera Panamericana recomienda el estudio de la practicabilidad en todas las Repúblicas Americanas, del plan de estabilización de la unidad monetaria en la forma propuesta por el profesor Irving Fisher, de Estados Unidos, y del proyecto de establecer el índice de corrección de la moneda en la forma propuesta por el profesor Alejandro E. Bunge, de la Argentina.*

Bunge descarta que la solución a la inestabilidad de la moneda sea la convertibilidad a otra moneda considerada estable como el dólar o la libra e inclusive el oro mercancía.

> *Una moneda puede valorizarse o desvalorizarse en cuanto a su poder de compra interno, sin que se altere el cambio con otras monedas. Y del mismo modo puede modificarse la relación de cambio con otras monedas, o sea valorizarse o desvalorizarse con relación a ellas, sin que se modifique su poder de compra en el propio país. Variaciones muy grandes en un sentido no pueden, por otra parte, dejar de influir en el otro sentido.*

Retengamos este concepto que es de vital importancia para un encuadre acertado del problema: para lograr verdadera estabilidad del poder adquisitivo, el patrón de referencia debe ser el conjunto de bienes o nivel general de precios como ha demostrado Chile. Las relaciones con otras monedas lo que hacen es imitar sus oscilaciones pero nunca podrán lograr verdadera estabilidad. Lo ocurrido con el poder adquisitivo del dólar y la UF chilena en las últimas cuatro décadas es prueba concluyente de ello. El dólar sufrió una pérdida del 75 % con relación a la UF.

Las canastas de monedas como los Derechos Especiales de Giro (DEGs) han resultado un gran fiasco porque nada nos dicen sobre el verdadero poder adquisitivo sino que se limitan a promediar las variaciones de distintas monedas. En lugar de ser la verdad, constituyen un error promedio. Se trata de una nueva ficción jurídica que renuncia a establecer el vínculo con el universo de bienes que es la única forma posible de medir el poder adquisitivo de la moneda corriente.

Bunge tenía la intención de publicar un libro denominado: La Unidad de Valor, que anuncia en una nota al pie de la página 336. Infortunadamente su muerte ocurrida en 1943 nos ha privado de este aporte que seguramente hubiera sido de gran utilidad.

Bunge no llega a plantear un desdoblamiento de funciones como Marshall y se limita a proponer un procedimiento de indexación que, como hemos visto, es distinto a la unidad de cuenta porque no facilita la utilización del sistema con alcance universal y con un bajo costo de transacción, como ha logrado Chile con la UF.

### 15.8.- John Maynard Keynes (1883-1946)

Tal como expresa Arthur Nusbaum:

> *Keynes ha hecho un minucioso análisis del concepto de la moneda de cuenta (Treatise on Money, 1930). Sostiene este autor que ésta debe ser la moneda "en la cual se expresan las obligaciones, los precios y el poder adquisitivo general"; nace, dice, junto con las obligaciones de dinero y las listas de precios. El concepto contrario es llamado por este autor la "moneda misma" (money itself), mediante cuya entrega "se cumplen las obligaciones monetarias y las convenciones sobre precios". No existe realmente contraste. Esa "moneda de cuenta" no es otra cosa*

*que la moneda a que se hace referencia en los contratos y en las listas de precios; es la "moneda misma" a pagarse en el futuro. No existen dos tipos de moneda, sino dos vías para usarla. Un depósito bancario regular puede abarcar la "moneda de cuenta", pero al usárselo para cumplir una obligación, es decir como medio de pago, será, al mismo tiempo, la "moneda misma".[72]*

Keynes comienza distinguiendo entre la "unidad de cuenta" y la "moneda misma" que es la moneda de pago. Pero luego unifica ambos conceptos y atribuye las funciones de medición de valores y de moneda de pago al mismo instrumento, afirmando que no existen dos tipos de moneda sino dos formas de utilizar el mismo instrumento. Con lo cual, en cierto modo, invalida la postura inicial.

En este trabajo, Keynes no sigue a su maestro Alfred Marshall quien planteó con claridad meridiana el problema y su solución, mediante el desdoblamiento de las funciones de la moneda. Sin embargo, años después en Bretton Woods, Keynes propuso la creación del BANCOR como unidad de cuenta basada en la cotización de los principales commodities del comercio internacional. Se volvía de este modo al esquema del desdoblamiento de funciones con instituciones separadas. La moneda de pago (que denominamos moneda corriente) y la unidad de cuenta (que denominamos moneda virtual) como instrumento de medición de valores.

## 15.9.- Milton Friedman (1912 – 2006)
### 15.9.1.- Postura frente a la indexación
Milton Friedman, Nobel de Economía, fue un decidido defensor de la indexación como un modo de mitigar los dañinos efectos colaterales de una moneda mal administrada. En su monografía *Monetary Correction, The Institute of Economics Affaires* de 1974, demostró con argumentos sólidos que la indexación no es inflacionaria. Sostuvo que la corrección monetaria desaceleraría la inflación en forma indirecta al reducir el recurso que los gobiernos obtienen de la inflación y, de este modo, debilitaría el incentivo a seguir inflando la moneda. Propuso que la indexación debía ser voluntaria para los particulares, pero exi-

---

[72] Nusbaum, Arthur, Derecho monetario nacional e internacional. Estudio comparado en el linde del derecho y de la economía. Buenos Aires, Arayú, 1954, p. 22.

John Maynard Keynes, economista británico que marcó un antes y un después en la economía, por sus aportes innovadores.

gible por ley en los impuestos, como en todas las operaciones del gobierno, ya fueran compras o colocación de empréstitos.

Friedman, pese a la influencia que tuvo en la política económica de Chile en la década de los 80, no analiza específicamente la experiencia de la UF chilena. Para Friedman la estabilidad de la moneda es posible con una política monetaria adecuada, aunque reconoce –al igual que Hayek- que con las instituciones políticas y financieras existentes la inflación es inevitable.[73] El reconocimiento de este hecho económico, debería hacer pensar en la conveniencia de crear una institución distinta a la moneda real que permita contar con un patrón de medida estable independiente de la moneda corriente. Sin embargo, Friedman no admite esta unidad de cuenta como sustituto de la función de unidad de medida de la moneda tradicional. Para el mencionado autor, la indexación es un mal menor, una suerte de plan B al que hay que recurrir por la impericia de los Bancos Centrales en el manejo de la moneda. Pero no es un sustituto de la moneda estable. En su monografía antes citada realiza una prolija revisión histórica del pensamiento de los precursores iniciada por Joseph Lowe en 1823.

### 15.9.2.- No hay impuestos sin representación *(No Taxation without Representation)*

La decisión de Nixon de "cerrar la ventanilla del oro" el 15 de agosto de 1971 que implicaba el default del Tratado de Bretton Woods, trajo como coletazo la década de mayor inflación del siglo XX, aún comparado con períodos de guerra. Entre septiembre de 1971 y septiembre de 1981 en Estados Unidos, el índice de precios al consumidor pasó de 40,8 a 93,2 lo que implica una inflación del 128,43 %. Las décadas que soportaron las dos guerras mundiales tuvieron índices de inflación mucho menores: así entre 1913 y 1923 este índice alcanzó al 73%; en tanto que entre 1940 y 1950 alcanzó al 43%.

La inflación posterior al 15 de agosto de 1971 provocó un fuerte aumento real del *income tax* ya que tanto el ingreso mínimo como las escalas progresivas fijadas en valores nominales quedaban invariables. Milton Friedman advirtió

---

[73] Hayek, Friedrich, Desnacionalización de la moneda: El argumento afinado. Análisis de la teoría y práctica de las monedas competitivas, Buenos Aires, Fundación Bolsa de Comercio, 1980, p. 146.

Milton Friedman. Economista norteamericano. Premio Nobel de Economía 1976.

que por esta vía se violaba el principio constitucional básico de que no puede haber impuestos sin ley que apruebe su creación o incremento.

Se vulneraba un principio fundamental de la organización social con raíces en la Carta Magna de 1225, que en el punto 12 establecía que ninguna contribución sería impuesta sin el consentimiento general.

Este principio se convirtió en el eje de la argumentación para la independencia norteamericana, cuando se rechazó el impuesto al té y los colonos arrojaron al mar la carga de tres barcos de la compañía East India que controlaba monopólicamente todo el té que entraba a las colonias. Quedó firmemente grabado en la mente del pueblo: no *taxation without representation* (No hay impuestos sin representación).

La propuesta de Friedman, consistente en la indexación automática de las escalas del *income tax*, fue tomada por el Senador Republicano W. V. Roth de Delaware y por el representante Jack Kemp de Nueva York. Durante la campaña presidencial Roth compitió con Reagan y ambos llegaron a un acuerdo por el cual Roth se retiraba de la contienda, con el compromiso por parte de Reagan de que impulsaría la ley respectiva en caso de llegar a la Presidencia. Reagan cumplió la promesa y el 4 de agosto de 1981 se sancionó la ley denominada *Economic Recovery Act* (Pub. L.97-34) conocida como Kemp-Roth Act y promulgada por Reagan en conferencia de prensa celebrada en su rancho de California el 13 de agosto de 1981.

Fue ésta una ley extraordinariamente fecunda ya que dio lugar a un período de crecimiento de 18 años, el más largo de la historia económica norteamericana. El cambio más duradero y significativo fue incorporar al código impositivo los parámetros para indexar las escalas del *income tax* según la inflación.

Como se manifiesta en sus fundamentos, la Ley "se dictó para modificar el Código Fiscal de 1954, promover el crecimiento económico por medio de la reducción de las tasas del *income tax* para las personas físicas, los cálculos para la amortización de la propiedad, incentivos para las pequeñas empresas, incentivos al ahorro y otros objetivos" La ley incluía una reducción de la tasa marginal del *income tax* de carácter general del 23 % por tres años, con una reducción de la tasa más alta desde el 70% al 50%, y la tasa más baja cayendo del 14% al 11%. La ley redujo drásticamente los impuestos del estado y recortó los impuestos

Reagan firma la Economic Recovery Act en su "Rancho del Cielo" de California el 13 de agosto de 1981.

pagados por las corporaciones en el orden de los 150 millardos en un período de cinco años. Adicionalmente los parámetros para la aplicación del *income tax* en el caso de las personas físicas fueron indexados en forma automática, medida que entró en vigencia en 1985 y tiene carácter permanente.

La prédica de Friedman fue calando en la visión de políticos, empresarios y economistas de los Estados Unidos en varios aspectos:

- Utilización de cláusulas indexatorias de los salarios en las convenciones colectivas de trabajo.
- Indexación de carácter universal de todas las pasividades que abarcan jubilaciones, pensiones y retiros de veteranos.
- Indexación de sueldos de los funcionarios y empleados del gobierno federal.
- Desde 1985, el Índice de Precios al Consumidor *(Consumer's Price Index)* ha sido utilizado para ajustar la estructura del Impuesto federal a los

123

ingresos *(income tax)*, para evitar incrementos ficticios de las utilidades, causados por la inflación.

Las medidas indicadas han promovido la paz social, ya que en las últimas dos décadas no se han registrado huelgas importantes. En el caso del Gobierno Federal, el último gran conflicto se registró en 1981 con los controladores de vuelo. Desde entonces no ha habido conflictos significativos.

En cambio, la propuesta de Friedman de hacer obligatoria la indexación en los títulos del Estado no prosperó, aunque existen algunos bonos indexados que por cierto tienen una tasa de interés más baja que la corriente. Y como hemos explicado, en las últimas emisiones de TIPS, *Treasury Inflation Protected Securities*, se registraron tasas negativas del 0,5 por ciento anual, colocándose títulos a 5 años por un importe de US$ 10.000 millones. Es decir, que los ahorristas, a condición de estar protegidos contra la inflación, aceptan pagar una prima de seguro, del medio por ciento anual.

### 15.10.- Robert J. Schiller 1946.......)

Robert J. Schiller, profesor de *Yale University*, ha realizado un lúcido análisis de la experiencia chilena, destacando sus ventajas en uno de los capítulos del libro: *Indexation, Inflation and Monetary Policy*, Fernando Lefort-Klaus Schmidt-Hebel editors, Central Bank of Chile, páginas 105-134. Señala la diferencia fundamental entre un procedimiento de indexación y la creación de una unidad de cuenta indexada a la inflación que opere como una moneda análoga *(money analogue)* capaz de absorber la vital función de medir valores a lo largo del tiempo, propendiendo a su uso universal con un bajo costo de transacción.

Nos referiremos en profundidad a este autor al considerar la Unidad de Fomento (UF) chilena en la Segunda Parte.

# Capítulo Segundo

## La estabilidad ontológica de la Moneda Virtual

### 1.- El movimiento futuro de los precios es imprevisible

*Las perturbaciones principales que producirán los cambios en el valor de la moneda aparecen en los efectos sufridos por los contratos con pagos diferidos y en el empleo de unidades monetarias como base para los cómputos y la contabilidad. En ambos casos, toda decisión que se tome deberá tener en cuenta la inalterable verdad de que, para el individuo, el movimiento futuro de la mayoría de los precios es imprevisible.*[74]

Cualquier moneda de existencia real, sea impresa o acuñada, inclusive en oro, es fija y no puede por lo tanto acompañar fielmente, en todo momento, el movimiento permanente, aleatorio, y por lo tanto imprevisible del nivel de precios. En síntesis, todas las monedas son fijas pero ninguna es estable en el largo plazo. Todos los autores coinciden en denominar "moneda estable" a aquélla capaz de mantener un idéntico poder adquisitivo con relación al universo de bienes disponibles en el mercado. Este consenso incluye a filósofos, moralistas y economistas. El concepto "valor" resulta siempre de una comparación con otro objeto o conjunto de objetos que sirven de punto de referencia o patrón de medida. En el caso de la moneda, juzgamos su estabilidad en función de su poder adquisitivo, que se determina con el Nivel General de Precios basado en relevamientos de la evolución de los precios en base a estadísticas ciertas.

---

[74] Hayek, Friedrich, Desnacionalización de la moneda: El argumento afinado. Análisis de la teoría y práctica de las monedas competitivas, Buenos Aires, Fundación Bolsa de Comercio, 1980, p. 123.

La Moneda Virtual

Como sostiene Hayek:

> *En un sentido científico estricto, no hay nada a lo que podamos llamar valor perfectamente estable de la moneda o de ninguna otra cosa. El valor es una relación, una tasa de equivalencia o, como dijera W. S. Jevons "una manera indirecta de expresar una razón", que sólo puede indicarse por medio de la cantidad de un objeto que se valora igual que la cantidad equivalente de otro objeto. Dos objetos pueden conservar un valor relativo constante en términos uno del otro pero, a menos que especifiquemos al otro, el hecho de afirmar que el valor de algo no ha cambiado, carece de un significado definido.*[75]

No es posible establecer el valor de alguna cosa sin tener un patrón de referencia distinto y externo al propio objeto que estamos evaluando. Desde luego, toda moneda será estable con relación a sí misma. Pero eso nada nos dice sobre su valor. Necesitamos juzgar la estabilidad comparándola con otra cosa, por ejemplo un metal como el oro o la plata. Esto equivale elegir a un *commodity* con preferencia a todos los demás bienes. Pero lo que en verdad interesa a la economía es compararlo con el universo de bienes que integran el mercado. Así se hizo desde tiempos remotos. Aristóteles detectó este problema expresando que la moneda no puede ser estable a menos que los precios sean fijos. Como veremos más adelante aún los economistas contrarios a la indexación, como Von Mises y Hayek, utilizan los índices de precios para establecer si una moneda ha permanecido estable.

En esta corriente de ideas se hace evidente que si monetizamos el índice, es decir si lo convertimos en una institución que se utilice como unidad de cuenta, habremos encontrado el camino para solucionar esta ardua cuestión irresuelta a lo largo de los siglos. Una moneda es estable cuando permite comprar siempre la misma cantidad de trigo, acero, petróleo y otros productos y servicios. Su valor se mantiene constante en el tiempo con relación al Nivel General de Precios. Como sabemos, ninguna moneda corriente de existencia real cumplió nunca ni puede cumplir, con esta condición en el largo plazo. Su valor nominal permanece fijo e inmutable y, por tanto, no puede conservar una

---

[75] Ibid., p. 121.

relación constante de igualdad con precios de bienes que fluctúan necesariamente por la propia naturaleza inmanente del mercado libre.

Lo que es fijo por esencia, no puede conservar una relación constante con lo que es móvil por naturaleza.

Este concepto está contenido en las siguientes citas de Adam Smith (1723-1790):

> *"El oro y la plata, sin embargo, como cualquier otro commodity, varían su valor, a veces son más baratas y otras veces son más caras; a veces son más fáciles de adquirir y otras más difíciles. La cantidad de trabajo que se puede adquirir o demandar con una cantidad determinada de oro o de plata, o la cantidad de otros bienes por los que se pueden intercambiar, depende del rendimiento de las minas que se conocen al tiempo de cada operación... El descubrimiento de las abundantes minas de América redujo, en el Siglo XVI, el valor del oro y la plata en Europa a menos de un tercio de lo que había sido antes... .En el año 18 de su reinado la reina Isabel dictó una ley por la cual un tercio de la renta de los colegios debía percibirse en granos, a ser pagada ya sea en especie, o bien, de acuerdo al precio corriente del mercado más próximo. El dinero proveniente de la renta en granos, que en origen era un tercio del total, es actualmente según el Dr. Blackstone, casi el doble de lo que proviene de los otros dos tercios. Las viejas rentas en dinero se redujeron a la cuarta parte de su valor original; las rentas pactadas en grano han mantenido su valor mucho mejor que las que se fijaron en dinero, aun cuando la denominación de la moneda no haya sido modificada.*[76]

A su vez Ludwig Von Mises, firme defensor del patrón oro, reconoce sus limitaciones como patrón de valor constante en el largo plazo:

> *El patrón oro no es, desde luego, patrón perfecto ni ideal. La perfección no existe en las cosas humanas. Pero nadie está en posición de decirnos qué otra cosa más satisfactoria podría sustituir el patrón oro. El poder adquisitivo del oro, desde luego, jamás resulta totalmente estable. Las propias ideas de estabilidad*

---

[76] Smith, Adam, Op. cit. cap. V.

*e inmutabilidad del poder adquisitivo del dinero son absurdas. En un mundo viviente y cambiante, el dinero nunca puede tener poder adquisitivo plenamente estable. En la imaginaria construcción de una economía de uniforme giro no tienen cabida los medios de intercambio. Rasgo esencial del dinero es la variabilidad del poder adquisitivo.[77]*

Detengámonos ante esta afirmación de Von Mises: Nadie está en posición de decirnos qué otra cosa más satisfactoria podría sustituir el patrón oro. Luego de la experiencia chilena no cabe duda que existe una solución mejor: el desdoblamiento de las funciones de la moneda, creando una unidad de cuenta constituida por el índice de precios en la forma propuesta por Alfred Marshall. El poder adquisitivo de la moneda real, aun acuñada en oro, está sujeta a las fluctuaciones de los precios y por ello no es estable en el largo plazo. El papel moneda ofrece aún menos garantías porque la emisión sólo encuentra el límite de la responsabilidad de los Gobiernos, mientras que el oro al menos depende de la productividad de las minas. Hemos visto cómo el dólar, entre 1900 y 1999, registró una inflación de tal magnitud que perdió el 95% de su poder adquisitivo. En un siglo, hubo apenas tres años de estabilidad.

A partir de la ruptura unilateral del tratado de Bretton Woods en 1971, la inflación se hizo más aguda y persistente y el dólar perdió el 81% de su poder adquisitivo en 39 años. Un dólar de agosto/2010 compraba lo mismo que 18,7 centavos de 1971.

Sin duda, estas fluctuaciones generan incertidumbres que influyen negativamente en las relaciones económicas. Ningún industrial, constructor o científico espacial está preocupado por saber cuántos centímetros tendrá el metro dentro de 100 o 200 años. En cambio todos los economistas se preguntan cuánto valdrá el dólar dentro de un año y ninguno de ellos se atrevería a vaticinar, ni siquiera en forma aproximada, cuál será su valor dentro de treinta años debido a que el movimiento futuro de los precios es imprevisible. ¿Cómo puede pretenderse que los ahorristas acepten depositar sus fondos a largo plazo si no tienen ninguna pauta, ni siquiera aproximada, de lo que recibirán a cambio?

---

[77] Von Mises, Ludwig, La acción humana (Tratado de economía) Madrid, Sopec, 1968, p. 586.

Recordamos la afirmación de Hayek[78] *el movimiento futuro de la mayoría de los precios es imprevisible.*

Esta incertidumbre tiene fuerte influencia en una cuestión esencial para el desarrollo: el costo del crédito y el costo de transacción.

Con respecto a la tasa de interés Irving Fisher en la introducción del libro *The Theory of Interest* (1930), señala:

> *Si el principal objeto de este libro es mostrar la forma en que se comportaría el tipo de interés si el poder adquisitivo del dinero fuera estable, hay que señalar que no ha habido nunca ningún período largo de tiempo en el que dicha condición se haya cumplido, ni siquiera en forma aproximada. Cuando no se cumple, el tipo monetario de interés y más aún el tipo real de interés están más afectados por la inestabilidad del dinero que por otras causas más fundamentales y más normales relacionadas con la impaciencia de la renta y con las oportunidades, a estas causas es que está principalmente dedicado este libro.[79]*

Esta incertidumbre, además, genera elevados costos de transacción, como por ejemplo en los *spreads* bancarios que tienen una influencia relevante en la competitividad de la economía. Chile ha logrado con su unidad de cuenta indexada UF institucionalizar el patrón monetario más estable del mundo, alcanzando entre otras ventajas un *spread* bancario inferior al de los países desarrollados para las operaciones pactadas en esta unidad, como veremos en la Segunda Parte.

Cuando la incertidumbre monetaria es grande, los costos pueden ser exorbitantes y provocar la desaparición del crédito de largo plazo, como ocurre en nuestro país.

## 2.- Transacciones al contado y transacciones de largo plazo
Por un lado, según lo expresa su definición, la moneda es un medio de pago universalmente aceptado que vino a reemplazar el sistema de trueque facilitando

---

[78] Op. cit. p.123.
[79] Fisher, Irving, The Theory of Interest, New York, Macmillan and Co, 1930.

el intercambio. Cualquier moneda, aún volátil, es apta para realizar transacciones al contado porque la simultaneidad de la operación permite a ambas partes conocer tanto el valor de la cosa vendida como el de la moneda dada en pago.

> *En el mismo lugar y al mismo tiempo, el dinero es la medida exacta del valor real de intercambio de todos los commodities... Sin embargo es realmente así únicamente en el mismo lugar y al mismo tiempo.*[80]

Este juicio de Adam Smith es la piedra angular de la teoría desarrollada en este trabajo. Es el ancla que nos permite disponer de un punto de referencia sólido en una cuestión tan variable como el nivel de precios y su efecto en el poder adquisitivo de la moneda. Esta ancla firme tiene dos importantes limitaciones: lugar y tiempo. El lugar por la incidencia de los costos de transporte y el tiempo por la variabilidad de los precios. Pero al menos contamos con una base firme sobre la cual edificar la institución de la unidad de cuenta estable: el precio pagado por los *commodities* en operaciones al contado en un mercado determinado. El conjunto de las cotizaciones de todos los *commodities*, ponderados en función de su importancia relativa dentro de la canasta de bienes, nos permitirá definir el poder adquisitivo de la moneda y sobre esta base crear una unidad de cuenta que garantice la perdurabilidad de su poder adquisitivo. Si no contáramos con esta ancla, la misión de crear la unidad de cuenta sería imposible o al menos de gran imprecisión.

El problema que plantea la moneda corriente en su función de unidad de medida está referido a las transacciones que incorporan la cuarta dimensión: el tiempo ¿Por qué? Porque esta moneda permanece rígida e inmodificable mientras los precios fluctúan por la dinámica congénita del mercado en forma impredecible. ¿Hay alguien que pueda saber con certeza el valor, o sea el poder adquisitivo, del dólar o del peso, dentro de treinta años?

Como dijimos, Aristóteles (384–322 A.C.) ya detectó el problema hace 2.400 años cuando sostuvo que la moneda no puede ser estable a menos que los precios sean fijos en su obra *Ética a Nicómaco*.

---

[80] Smith, Adam, Op. cit. Libro I cap. 5.

Volviendo a Adam Smith, párrafo 1.5.18:

*Pero mientras al estipular rentas perpetuas o, inclusive al contratar arriendos de muy largo plazo, puede ser de utilidad distinguir entre precio real y nominal; no es de ninguna utilidad hacer esta distinción al realizar las más comunes y ordinarias transacciones de la vida humana, como comprar o vender (se entiende al contado o a corto plazo).*

Aquí aparece nítida la distinción de la necesidad de una moneda estable en operaciones de largo plazo y la escasa relevancia que esto tiene cuando se opera de contado, situación en la cual el precio real y nominal necesariamente coinciden, por lo cual la moneda corriente es una herramienta suficiente.

Por su parte, Ludwig Von Mises coincidentemente señala que estas fluctuaciones se producen con el transcurso del tiempo:

*Los tipos de intercambio fluctúan de continuo, por cuanto las circunstancias que los engendran están también en perpetua mutación. El valor que el individuo atribuye al dinero y a los diversos bienes y servicios, respectivamente, es fruto de una momentánea elección. Cada futuro instante puede originar nuevas circunstancias y provocar distintas consideraciones y valoraciones.*[81]

Irving Fisher, por su parte, señala:

*Quizás el objetivo más importante de los números índices es servir de base a los contratos de préstamo... Un número índice que sirve al objeto de medir la apreciación o depreciación en contratos de préstamos –lo que se denomina "pagos diferidos"- evidentemente pertenece al "tiempo" más que al "lugar" como grupo de comparación.*[82]

Douglas North enfatiza la importancia del tiempo y sostiene que es totalmente

---

[81] Von Mises, Ludwig, Op. cit. p. 282.
[82] Fisher, Irving, Op. cit. cap X.

distinto explicar cómo funciona una economía en un momento determinado o a través del tiempo. El tiempo introduce la incertidumbre, agregando nuevos costos de transacción. Para ello son esenciales las instituciones que permiten manejar los problemas de interacción humana de manera eficaz. Una teoría económica estática, sólo está preocupada por describir cómo opera en un momento determinado y soslaya la importancia de considerar cómo evolucionan los mercados a través del tiempo. No basta con crear las condiciones para que un mercado funcione eficientemente en un momento dado de la historia, sino que es necesario crearlas para que funcione a través del tiempo con igual eficiencia. La movilidad de los precios que determina la fluctuación del poder adquisitivo de la moneda, agrega incertidumbre y costo a las transacciones de largo plazo conspirando contra el funcionamiento eficiente de los mercados. En el caso de la moneda, el problema se agrava porque la fluctuación (o cambio) está referido justamente al instrumento de medición cuya única y suprema condición es, justamente, que no cambie (G. Poulett Scrope). Para ello existen las instituciones, reglas de juego de la sociedad que crean límites para organizar la interacción humana. Tal el caso de la moneda virtual que una vez impuesta por la ley o aceptado por las partes, las constriñe a mantener el equilibrio de las prestaciones recíprocas.

Como dijimos más arriba, la institución de la UF ha permitido a Chile eliminar la incertidumbre futura del poder adquisitivo de la moneda con una notable reducción del costo financiero y del spread.

Podría decirse que la fluctuación de los precios es el costo inevitable que hay que pagar por la existencia del mercado libre. ¿Pero acaso existe una alternativa mejor? Si la única opción para conseguir una moneda estable fuera un rígido sistema soviético de precios fijos, tendríamos que destruir la más formidable creación espontánea de la historia económica: el mercado libre, único capaz de orientar las inversiones estimulando la creación de riqueza y de registrar justamente, por medio de la fluctuación de los precios, las señales que orientan la inversión y permiten satisfacer las preferencias del público. Después de la caída del muro de Berlín, los propios economistas rusos reconocieron el error de atenazar el mercado libre con precios fijos.

*La humanidad no ha conseguido crear nada más eficiente que una economía de mercado... Su ajuste y regulación automáticos tienen por objeto coordinar de la mejor manera posible las actividades económicas, utilizar racionalmente el trabajo, las materias primas y los recursos económicos y mantener en equilibrio la economía nacional.*[83]

### 3.- Fijo no es lo mismo que estable

Creemos conveniente adelantar los significados de dos conceptos que utilizaremos con frecuencia en este libro: "fijo" y "estable". Llamaremos fijo a lo que no se mueve y estable a lo que no se derrumba aun cuando se mueva. Fijo implica no expuesto a movimiento o alteración. Diremos que una moneda, por ejemplo, es fija e inmutable cuando permanece igual a si misma a lo largo del tiempo. Hoy, una moneda de oro acuñada durante el reinado de Isabel I, sigue siendo la misma moneda, invariable a pesar del tiempo. Del mismo modo, un billete de 100 dólares impreso en 1971 sigue siendo el mismo billete. Pero el hecho de que permanezcan inmutables en su apariencia física no implica que sean estables. Hoy ya no podemos comprar con ellos los mismos bienes que comprábamos en el momento en que fueron acuñados o emitidos. Conservan el mismo valor facial pero su poder adquisitivo no es el mismo. Por ende la moneda es fija pero no estable.

Un ejemplo práctico para marcar la diferencia entre "fijo" y "estable", se da en el campo de la ingeniería en lo relativo a la estabilidad de los edificios. ¿Cuándo podemos decir que un edificio es estable? Cuando permanece siempre en pie. Cuando no se desploma. Ello exige que las estructuras de acero u hormigón, contemplen las condiciones del terreno en el cual se apoyan. La estabilidad o equilibrio de la edificación podrá obtenerse tanto con rigidez como con elasticidad dependiendo de las condiciones del terreno. La rigidez será lo indicado cuando la base de sustentación del edificio es inamovible, no expuesta a movimientos sísmicos. Es el caso de las construcciones sobre la roca granítica en New York, el manto puelchense en Buenos Aires o la piedra caliza en París.

---

[83] El Plan de los 500 días: Transición al Mercado, informe presentado por un grupo de expertos económicos soviéticos a los presidentes M. Gorbachov y B. Yeltsin (1990), citado por Samuelson, Op. cit., p. 539

La Moneda Virtual

En cambio, necesitaremos elasticidad cuando el terreno está en zona sísmica. Si el suelo se mueve, la rigidez seguramente provocará un derrumbe total. Se necesita una estructura que incluya elementos elásticos que absorban la energía que produce el desplazamiento de las placas tectónicas. En tales supuestos, el equilibrio o estabilidad del edificio se logrará con estructuras flexibles que se adapten al movimiento telúrico. Que actúen como la caña ante el vendaval que se inclina grácilmente para no ser tumbada, mientas el roble añoso se resiste y finalmente termina caído.

Esta es la situación que nos plantea la moneda y su relación con los precios fluctuantes del mercado libre. Si los precios fueran fijos e inamovibles nos bastaría con la moneda papel o acuñada, rígida e invariable. Pero sabemos que en el caso del mercado libre, la moneda está asentada sobre las "fallas geológicas" que provocan deslizamientos de precios. El mercado está en perpetua agitación, nos enseña Von Mises[84], por lo que necesitamos, además, una moneda capaz de acompañar los movimientos de los precios, adaptándose a ellos como la piel se adapta al cuerpo para no despellejar ni a los deudores ni a los acreedores.

Un claro ejemplo de cómo los ingenieros logran estabilidad en terrenos movedizos es la Torre Mayor de la ciudad de México que, con 225 metros de altura y 59 plantas, es uno de los edificios más altos de América Latina. Fue construido por iniciativa de George Soros entre 1999 y 2003 en una zona expuesta a graves terremotos conocida como falla de San Andrés, la misma que alcanza la costa del Pacífico y afecta a Los Ángeles y San Francisco. En 1985, la Ciudad de México había quedado devastada por un terremoto y las autoridades pusieron estrictas restricciones a la construcción de edificios de gran altura. Soros planteó una audaz iniciativa y convenció a las autoridades de que era posible lograr la estabilidad de la Torre Mayor, en base a una estructura que incluyera elementos elásticos. La innovación consistía en apoyar el edificio en 98 amortiguadores antisísmicos cuyos émbolos accionan sobre siliconas capaces de soportar desplazamientos en caso de un eventual terremoto. Apoyado sobre estos gigantescos amortiguadores el edificio acompañaría el desplazamiento del suelo y se mantendría en equilibrio. No sería fijo sino elástico y conservaría su estabilidad gracias a su capacidad de adaptación a los

---

[84] Von Mises, Ludwig, Op. cit., p. 417.

La Torre Mayor de la ciudad de México es el edificio más alto de América Latina. Está emplazada sobre la falla de San Andrés y por lo tanto expuesta a graves terremotos. Se encuentra apoyada sobre 98 gigantescos amortiguadores antisísmicos, cuyos émbolos accionan sobre siliconas que absorben los desplazamientos que provocan los terremotos. Es estable porque es elástica.

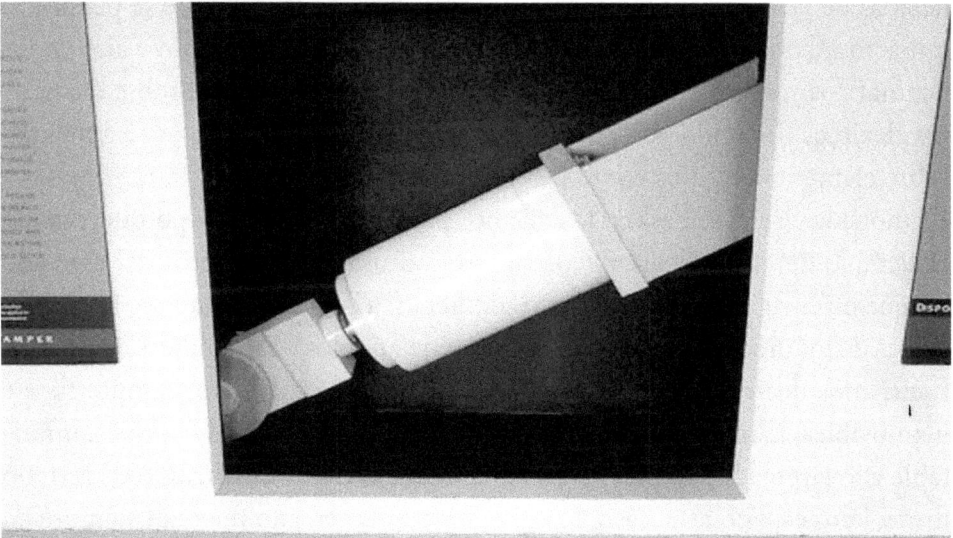

Noventa y ocho amortiguadores antisísmicos que accionan sobre siliconas, garantizan la estabilidad de la Torre Mayor de México edificada en terrenos expuestos a graves terremotos.

movimientos del suelo. El edificio está preparado para resistir un sismo de 8,5 grados en la escala de Richter y ya fue sometido a duras pruebas en 2003 –año de su inauguración- con un sismo de 7,6 grados y otro en 2007 de 6,3 grados, saliendo airoso de ambas pruebas sin que la estructura sufriera el más mínimo daño y sin que las personas que se encontraban en el edificio, siquiera percibieran el sismo. La estabilidad fue producto de la flexibilidad y no de la rigidez.

Este fenómeno de estabilidad por elasticidad o capacidad de adaptación a las variaciones del entorno es frecuente en muchos campos de la física aplicada. ¿Cómo hacen los automotores para mantener su estabilidad a alta velocidad en curvas y pendientes pronunciadas o terrenos escabrosos? Se encuentran totalmente apoyados sobre elementos de máxima elasticidad, que acompañan fielmente las fluctuaciones externas para mantenerlos en equilibrio. Soportan así los esfuerzos a la torsión, a la tensión, a la presión o a cualquier otro cambio. Y lo logran porque sus tres elementos de sustentación tienen máxima elasticidad que imposibilita la ruptura: neumáticos de goma rellenos de aire y amortiguadores de aceite. Carecen de rigidez. Son estables porque están sustentados por elementos elásticos que les permiten adaptarse a los cambios exógenos.

Tenemos otros ejemplos de estabilidad con flexibilidad. Jumbos de 378 toneladas de peso se posan suavemente sobre la pista casi sin que se perciba el impacto. ¿Cómo logran tal estabilidad? Apoyados sobre caucho y aire en los neumáticos y sobre el aceite de los amortiguadores. Es decir, sobre elementos flexibles. Imaginemos por un momento lo que ocurriría si se apoyaran sobre elementos rígidos como piedra o mármol.

La moneda virtual se basa en los mismos principios. Es estable porque, usando el ejemplo de los edificios, puede soportar airosa los terremotos del mercado porque no es rígida sino elástica y cualquiera sea la escala Richter de las oscilaciones de los precios, los podrá absorber reflejándolos en los índices de precios. Podríamos decir entonces que si los precios se mantuvieran siempre fijos e inamovibles, la moneda real, acuñada o impresa, serviría tal como es, inmutable a lo largo del tiempo, igual que un edificio rígido construido en terreno firme. Pero éste no es el caso. Los precios en el mercado fluctúan siempre en forma impredecible y aleatoria.

Jumbos de 378 toneladas de peso se posan suavemente sobre las pistas apoyados sobre elementos elásticos: caucho, aire contenido en los neumáticos y aceite o siliconas de los amortiguadores.

Coincidentemente, Mises afirma:

> *No es la movilidad de los precios lo que debería llamarnos la atención; más bien debiera sorprendernos el que no oscilen en grado mucho mayor.*[85]

El mercado libre es como una gran zona sísmica. Se sabe que los terremotos pueden ocurrir aun cuando sea imposible predecir con certeza día, hora, intensidad y lugar. Frente a esto, si el objetivo es tener una moneda estable con relación al cambiante nivel de precios, esta moneda no puede ser rígida, fija, sino que debe acompañar con flexibilidad la evolución de los precios, reflejando fielmente sus oscilaciones para mantener una relación constante con los bienes que se transan en el mercado. En las décadas del 90 y del 2000, hemos visto al petróleo oscilar entre 11 y 147 dólares el barril. Luego caer a 40 dólares para superar los 100 dólares al 31 de marzo de 2012. ¿Cómo una moneda rígida puede mantener una relación constante con precios que tienen cambios de esta envergadura?

---

[85] Ibid., p. 282.

La Moneda Virtual

La rigidez de la moneda no es garantía de estabilidad en el poder adquisitivo porque la estabilidad no se juzga con respecto a sí misma, sino a algo externo y distinto: el universo de los precios del mercado que son fluctuantes por su propia naturaleza.

Como dice Irving Fisher:

> *En un estándar de valor ideal, el número índice de precios debería registrar siempre el cien por cien. Pero como una moneda absolutamente estable no existe, y no puede ser lograda, el índice de precios es un patrón de medida posible para contratos a largo plazo. Se lo denomina "estándar tabular" porque depende de una tabla de precios.*[86]

## 4.- El concepto de moneda virtual o moneda espejo

Lo expuesto en el punto anterior sirve de introducción al concepto de moneda virtual. La palabra española "virtual" tiene un significado que se ajusta a la perfección al concepto de moneda que estamos analizando. Según el Diccionario de la Real Academia Española, Edición XXI, pág. 2095, virtual (del latín virtus, fuerza, virtud) significa que, en lo relativo al ajuste, tiene virtud para producir un efecto, aunque no lo produce de presente. Para ello es necesario que en el periodo considerado, se produzca una modificación en el nivel de precios que altere el poder adquisitivo de la moneda corriente.

Es igual pactar una operación en moneda real o virtual si la operación se hace de contado ya que los valores serán idénticos[87]. No es así en las operaciones a plazo y por lo tanto, será necesario ajustar la cantidad de billetes suficientes para integrar el valor indicado por la moneda virtual.

La moneda real tiene existencia física con un valor impreso en forma indeleble. No va experimentando cambios físicos con el correr del tiempo, aunque vaya cambiando (y casi seguramente será así) su poder adquisitivo de los bienes que forman la canasta.

Esta moneda –*currency*- es como las viejas fotos del álbum de familia que re-

---

[86] Fisher, Irving, Op. cit.
[87] Smith, Adam, Op. cit.

flejan fielmente el aspecto de las personas en el momento en que se tomaron, pero hoy se asemejan en poco o nada a esas personas. Por haber permanecido inmutable, la fidelidad inicial poco tiene que ver con la imagen real de las personas, varios años después. Transcurridas varias décadas, las diferencias se acentúan a tal extremo que resulta difícil reconocerlas.

Esto es exactamente lo que ocurre con la moneda: un billete de cualquier país es idéntico a sí mismo en su imagen facial por tiempo ilimitado. La "cosa" billete es invariable, inmutable, no experimenta cambio alguno. Pero mientras el billete queda congelado –igual que la foto- los precios, que son el patrón de medida de la estabilidad de la moneda, experimentan cambios profundos en forma análoga a la persona fotografiada. Recordemos la evolución del dólar durante el siglo XX.

Para que la moneda sea estable debe acompañar el movimiento de los precios y ser un reflejo fiel de sus mutaciones, igual que un espejo. La imagen virtual del espejo se adapta con ineludible fidelidad al objeto reflejado. El espejo que nos devuelve nuestra imagen todas las mañanas, es perpetuamente fiel a la realidad de cada instante. Se ajusta a ella porque acompaña la evolución del sujeto y reproduce todos sus cambios. El espejo replicará fielmente la imagen de una persona a los seis años o a los sesenta. Es fiel y realista porque cambia con el sujeto adaptándose a su constante transformación. Si queremos tener una imagen actualizada no podemos recurrir a una antigua fotografía. Sólo el espejo nos contará la verdad y copiará paso a paso, día a día, nuestra evolución. En el campo monetario, esto mismo se logra con una "moneda espejo" o moneda virtual que al ir reflejando fielmente las variaciones del nivel general de precios, estará siempre actualizada manteniendo un poder adquisitivo constante.

La moneda virtual o espejo va variando siguiendo las alteraciones del índice. Su estabilidad se asienta justamente en esa variación porque acompaña sincrónicamente la evolución de los precios. La estabilidad está referida a la relación matemática, de naturaleza abstracta entre su poder adquisitivo y el universo de bienes. En cambio, el billete impreso es una foto invariable que pierde contacto con la realidad debido a la permanente fluctuación de los precios en el mercado. En resumen, esta moneda virtual está formada por un número o coeficiente de ajuste que es definido en base a los precios de la miríada de transacciones realizadas en el mercado. El objeto reflejado en el espejo tiene existencia real, mientras su imagen en el espejo es virtual. De igual modo, los precios colectados por las encuestas son reales, pero la imagen que proyectan y delinean el número índice tiene naturaleza virtual.

## 5.- La estabilidad ontológica de la moneda virtual
### 5.1.- Un invento que invierte los términos de la ecuación

Ante la dificultad insuperable de lograr una moneda real estable en lapsos prolongados, por la fluctuación impredecible de los precios que es inmanente al mercado, los economistas precursores como Alfred Marshall han seguido un camino innovador: crear una institución –LA UNIDAD- que convierta el patrón de referencia para definir la estabilidad –el índice de precios- en una unidad de cuenta que se utilice exclusivamente para medir valores. Se trata de un verdadero invento que invierte los términos de la ecuación. El pensamiento de Marshall nos dice: visto que la moneda corriente –*currency*- no puede ser estable, convirtamos el concepto mismo de la estabilidad (índice de precios) en una moneda (unidad de cuenta). En lugar de perseguir la estabilidad como una cualidad de la moneda corriente, que ha demostrado ser a lo largo de la historia algo tan inalcanzable como perseguir el arco iris, transformemos el adjetivo de la cualidad de "lo estable" en un sustantivo que es la moneda virtual. Como veremos, esta moneda virtual, al tener el índice como único contenido, será necesariamente estable por el principio de identidad. El número índice se trasvasa directamente y es el contenido exclusivo de la moneda virtual o unidad de cuenta.

"Lo estable" es el índice o coeficiente que mantiene una relación constante con el nivel de precios de la canasta de bienes. Convirtamos este índice o coeficiente de ajuste en una moneda virtual que, como dice Robert J. Schiller[88], es un análogo de la moneda porque es usada como tal en las operaciones a plazo y adquiere una cualidad de "monedidad" *(moneyness)*. Tiene un nombre que la individualiza, un símbolo que la representa, es susceptible de dividirse en unidades que permiten operaciones aritméticas y adquiere la condición de una

---

[88] Schiller, Robert J. Indexation, Inflation and Monetary Policy, en Fernando Lefort-Klaus Schmidt-Hebel editors, Central Bank of Chile, 2002, p. 115.

"cosa", "objeto" o "ente" que, si bien es de naturaleza virtual, tiene individualidad propia y configura una unidad de medida como el metro, el litro o el vatio. Desde luego, sea que apliquemos la indexación o la moneda virtual, el resultado aritmético del ajuste será el mismo si ambos están regidos por el mismo índice. En cambio los efectos sociales serán distintos, ya que la "monedidad" favorece su difusión universal y reduce sustancialmente el costo de transacción haciendo más eficiente la economía.

## 5.2.- El coeficiente áureo

Como consecuencia del proceso administrativo del organismo estatal encargado de elaborar el índice de precios tendremos como resultado un número. Simplemente un número que mide la fluctuación de los precios. En realidad el número es un coeficiente de ajuste de enorme trascendencia porque adoptado como Moneda Virtual será aplicado en forma universal constituyendo la Unidad Básica de medida con la cual girará toda la economía: salarios, sueldos, jubilaciones, créditos y deudas, y todas las operaciones en que interviene el factor inasible del tiempo. Este coeficiente es el patrón de medida, el mojón o hito que la economía utilizará como centro de referencia en todo lo relativo a la medición de las obligaciones dinerarias.

Dicho coeficiente remplaza al oro que fue utilizado durante milenios como patrón de medida. Por ello se nos ocurre denominarlo "Coeficiente áureo". Cumple con ventajas las funciones atribuidas al oro. Carece de existencia real pero justamente su naturaleza abstracta y su relación matemática con el conjunto de bienes es la que garantiza su estabilidad permanente.

La moneda virtual tiene una estabilidad ontológica que no depende de las circunstancias variables e impredecibles de la economía. Recordemos que todos los autores, desde Aristóteles hasta nuestros días, han juzgado la estabilidad de la moneda comparándola con los precios de los bienes. Es decir que el punto de referencia para saber si la moneda es o no estable ha sido siempre su poder adquisitivo que, inevitablemente, se mide mediante alguna forma de comparación con los precios. Por lo tanto, si transformamos "lo estable", que es el índice de precios en moneda virtual, ésta, como unidad de medida, será necesariamente estable por el principio de identidad. De ese modo el índice y la moneda se confunden en una unidad intrínsecamente indivisible. Como veremos a continuación esta identidad está referida exclusivamente al contenido de la institución.

## 6.- Contenido y continente

Como hemos visto, juzgamos la estabilidad de la moneda corriente comparándola con un índice que consideramos representativo para medir la evolución de los precios.

Pueden plantearse tres, y sólo tres, situaciones:
1. Inflación: decimos que hay inflación -incremento generalizado de precios- cuando el índice de precios sube y la moneda pierde poder adquisitivo en proporción inversa.
2. Deflación: decimos que hay deflación –reducción generalizada de precios- cuando el índice de precios baja y la moneda se aprecia, como ocurrió en la Gran Depresión de 1930.
3. Estabilidad: finalmente, decimos que hay estabilidad monetaria cuando no se verifica modificación del índice de precios. Por lo tanto, moneda estable será aquélla que guarde exacta correspondencia con el índice de precios, definido previamente como parámetro válido de medición.

El desdoblamiento de funciones propuesto por Alfred Marshall permite crear la UNIDAD, que no es otra cosa que el propio índice convertido en una institución que será utilizada como unidad de cuenta o moneda patrón cuya función es definir un valor constante, para asegurar la exacta equivalencia de las prestaciones dinerarias a lo largo del tiempo. Dicha moneda virtual guarda una relación de identidad con el índice, porque en realidad lo que hemos hecho es cambiarle al índice su formato y la mecánica de utilización, manteniendo el mismo contenido. Si el índice es A la moneda virtual será A y cuando el índice sea B la moneda será B.

Podría plantearse alguna duda acerca de la validez de aplicar el principio de identidad a esta operación de convertir el índice de precios en una unidad de cuenta, porque ésta última presenta un formato distinto cumpliendo la función de indexación con otra mecánica. Al crear la institución de la moneda virtual le damos un nombre y la convertimos en una unidad de cuenta que permite ajustar valores sin necesidad de realizar un proceso de indexación para cada transacción, como exige el índice de precios en su formato primitivo. La unidad de cuenta tiene una cotización que ya incluye la indexación previamente realizada por la autoridad de aplicación, determinada por el índice vigente en cada momento y puede ser utilizada directamente. Fija la cantidad de billetes nominales que hay que entregar para integrar el mismo poder adquisitivo sin necesidad de realizar el cálculo de indexación.

Esto nos lleva a explicar desde el punto de vista lógico, por qué el índice de precios y la moneda virtual tienen una relación de identidad y no de igualdad. La identidad está referida exclusivamente al contenido de ambas instituciones, sin perjuicio de que tienen distinto formato y se utilizan de manera diversa.

Lo que queremos enfatizar es que, en lo que se refiere al contenido, no hay una relación de igualdad o de parecido sino de identidad, porque el mismo número determinado por el índice de precios es el que trasvasamos a la moneda virtual, en la misma forma en que trasvasamos el mismo vino de un envase a otro, como veremos a continuación. La importancia de esta cuestión es vital porque si aceptamos que la cuestión está regida por el principio de identidad, no hay que realizar comparaciones o evaluaciones, sino que la identidad se impone como un imperativo lógico a la razón.

Para comprender mejor esta ardua cuestión recurriré al siguiente ejemplo. Tenemos una botella de vino tinto y una jarra vacía de igual capacidad. Vertimos el contenido íntegro de la botella en la jarra y como consecuencia tendremos una botella vacía y una jarra de vino llena. El vino vertido en la jarra ha adquirido en forma instantánea una forma totalmente distinta a la que tenía dentro de la botella. Pero es el "mismo" vino y no uno parecido o igual. No hay dos tipos distintos de vino que podamos comparar, sino que existe un solo ente "vino" que antes estaba alojado en la botella y ahora se encuentra en la jarra. Para establecer la identidad no necesitamos hacer ninguna cata, evaluación enológica, ni análisis químico. Sabemos que es el mismo vino que antes estaba alojado en la botella y que ahora tiene otro recipiente y por eso se ha visto forzado a adoptar una nueva forma. Nos consta que existe identidad entre el vino que se encontraba en la botella y el que ahora está en la jarra porque es ese mismo vino el que ha sido vertido ante nuestros propios ojos en la jarra. Tenemos en este ejemplo una identidad de contenido y distinto continente. Antes era una botella y ahora es una jarra. De igual modo cuando tomamos el número índice y a ese mismo número lo trasvasamos a la moneda virtual tenemos identidad de contenido, aunque ahora la unidad de cuenta tenga otro formato que facilita cumplir la función de corrección monetaria de una manera más directa y segura para los contratantes.

Podemos dar un segundo paso en nuestro experimento con el vino. Tomamos ahora la botella vacía y la llenamos con vino blanco. Tendremos entonces identidad de continente porque la botella es la misma que antes contenía vino tinto. Pero hay un cambio importante: el vino es distinto y por lo tanto no rige la identidad de contenido.

Esto demuestra que, en este caso, continente y contenido son entes diversos e independientes entre sí y que la identidad puede ser juzgada en forma independiente el uno del otro. En el caso de la moneda virtual la identidad está limitada al contenido que es el número índice. Pero el continente es distinto. Uno es un número índice y el otro es una unidad de cuenta o moneda virtual. Pero lo importante, es que podemos aplicar sin temor el principio de identidad entre el contenido del número índice y el contenido de la moneda virtual, con la condición de que nos limitemos a transvasar el mismo número índice a la moneda sin efectuar cambio alguno. La automaticidad del transvase es esencial para aventar el riesgo de manipulaciones o discrecionalidades de los funcionarios tal como lo explica Irving Fisher.[89]

La credibilidad de la moneda virtual depende de dos cosas: de la calidad de la estadística utilizada para confeccionar el índice y de la fidelidad del traslado o transvase, tal como fue confeccionado. Y esto es así, porque cualquiera sea la variación del número índice, siempre habrá un número en la recta numérica que refleje la variación de los precios y ese mismo número –y no uno parecido o aproximado- es el que transvasaremos como contenido de la moneda virtual. La situación es la misma que la experiencia del vino tinto: es el mismo vino el que se cambia de continente, vertiéndolo de la botella a la jarra.

Es esta relación de identidad la que nos permite afirmar que con esta solu-

---

[89] Fisher, Irving, Op. cit. apéndice 8.172.

ción se convierte un problema económico insoluble a lo largo de milenios (una moneda perpetuamente estable) en una relación lógica regida por el principio de identidad universalmente aceptado, sin necesidad de realizar comparaciones o evaluaciones económicas.

La nueva institución creada –la UNIDAD- tendrá una estabilidad ontológica que está ínsita en la propia definición de su contenido. La moneda virtual es el índice en sí mismo. No es un análogo o similar. Ni siquiera es un caso de igualdad. Para que exista igualdad deberíamos tener dos entes diversos para poder compararlos y llegar a esa conclusión luego de una evaluación. En este caso la mismidad de contenido que es el número índice devenido en moneda virtual o unidad de cuenta, asegura la identidad porque así está expresado en su propia definición. Por eso podemos decir que la moneda virtual es estable por su propia esencia, porque es en todo momento el índice de precios que hemos adoptado previamente como concepto de "lo estable".

**Hay una estabilidad ontológica de contenido.**

## 7.- Aspectos lógicos relativos a la naturaleza de la moneda virtual
## 7.1.- El principio de identidad

1. El principio de identidad se considera la suprema ley del pensar. Es uno de los cuatro principios lógicos de validez universal que explican el pensamiento: principio de identidad, de contradicción, de tercero excluido y de razón suficiente.

2. El principio de identidad se ha enunciado diciendo: Toda cosa es idéntica a sí misma, expresión que suele simbolizarse "A es A". También se lo suele presentar como A = A es decir, una fórmula de igualdad. Pero en realidad para que exista una igualdad se requieren al menos dos términos para poder efectuar una comparación sobre sus similitudes. En la igualdad existen dos o más "entes" con individualidad propia, que son materia de escrutinio para determinar si todas sus características y cualidades son iguales. Por ejemplo dos productos industriales de la misma especie, salidos de la misma línea de montaje. Dos autos de la misma marca, modelo, año de fabricación, potencia, color, tapizado y equipamiento, podemos decir que son iguales. La igualdad se determina en base a una comparación sobre

la naturaleza, cualidades y características de dos objetos diversos. La determinación de la igualdad requiere un juicio de valor. Esta valoración es una opinión que puede llegar a ser controvertida. En cambio, el principio de identidad es más potente ya que pertenece a otra categoría lógica. Lo idéntico no requiere dos términos sino uno solo. Es por ello que Santo Tomás dice: identitas est unitas (La identidad es unidad, Metafísica, Lección XI, n° 912). No es una opinión sino un postulado básico de la lógica que se impone a la razón por su propia evidencia. Y que como todo postulado no requiere demostración.

Es lo que ocurre con los postulados básicos de la matemática que no son susceptibles de demostración empírica y que tampoco la requieren. Por ejemplo los postulados de la geometría euclidiana:
- Por un punto pasan infinitas rectas y planos.
- Dos puntos determinan una recta y sólo una.
- Una recta contiene infinitos puntos.
- Un plano contiene infinitos puntos, rectas y planos.

La fórmula correcta del principio de identidad, A es A, no dice sólo que todo A es, él mismo lo mismo, sino que cada A mismo es, consigo mismo lo mismo. Esta relación la denominan los filósofos "mismidad" que se interpreta como mutua pertenencia. Es un vínculo, una síntesis: la unión en una unidad. Y es "lo mismo" porque no tiene posibilidad de existir separadamente. Es una ley del ser que dice que a cada ente en cuanto tal, le pertenece la propia identidad que es la unidad consigo mismo.

En el caso de la moneda virtual, no sería correcto decir que el índice es igual a la moneda virtual, sino que el índice es la moneda virtual. Al existir un único ente u objeto no existe posibilidad de efectuar comparaciones. No es necesario juicio alguno de valor, ni tampoco escrutar los parecidos o similitudes porque la cuestión está regida por otro principio: el principio de identidad.

La relación entre lo estable –el índice- y la moneda virtual, es un absoluto lógico que no depende de un juicio de valor y podemos decir que es una relación perfecta desde el punto de vista de los postulados básicos de la lógica.

3. Desde luego, así como afirmamos que el índice es la moneda virtual, también diremos que la moneda virtual es el índice porque agota su contenido en el índice.

## 7.2.- Lo fijo y lo estable. Aparente paradoja de la moneda virtual

Una de las grandes dificultades prácticas de la aceptación de la moneda virtual y de la indexación en general, es la renuencia a admitir que "lo estable" es lo que se mueve cuando nuestra intuición primera nos indica que "lo estable" es lo que está fijo e inmóvil. Y mientras más hincado en el suelo e inamovible, mayor estabilidad. Esta valoración puramente intuitiva nos lleva a formular esta objeción: ¿Cómo va a ser estable una moneda, cuya esencia consiste en ser un índice que va cambiando permanentemente en su expresión numérica? Parece un contrasentido inaceptable.

Encontramos en Platón una respuesta a este aparente dilema. Platón en El Sofista (254-D y ss) afirma que la identidad, es decir, "lo mismo" se aplica tanto al ser inmóvil de Parménides, como al río en perpetuo movimiento de Heráclito. Luego, la identidad de ese río que fluye por un cauce determinado, poco tiene que ver con el reposo, porque consiste en su mismo cambio. Justamente el río es tal porque el agua se mueve, ya que si estuviera quieta sería un lago de forma alargada. Porque el río es su nombre, su cauce, su historia, sus márgenes, su recorrido, que permanecen invariables aun cuando el agua que es parte esencial de su naturaleza fluya y cambie en forma permanente.

La "identidad" no tiene un significado aislado, ya que es un término que hay que entenderlo siempre vinculado a otros que, por otra parte, pueden ser incompatibles entre sí, como es el caso de los términos reposo y movimiento. La estabilidad de la moneda virtual debe ser entendida como referida a los precios de los bienes reales de la economía, que determinan el poder adquisitivo del dinero. Como estos fluctúan necesariamente por la naturaleza propia del mercado, la estabilidad consiste en mantener en todo momento una relación constante con respecto a la canasta de bienes. Lo estable es la relación matemática con los precios, aunque ello implique la permanente modificación del coeficiente de reajuste contenido en la moneda virtual. Es la misma estabilidad que conservan los edificios antisísmicos ante los terremotos. Su elasticidad les permite permanecer en pie, porque se mueven siguiendo la vibración del movimiento telúrico. Como vimos Simon Newcomb planteó con claridad la dificultad que tenían los economistas para entender esta aparente paradoja. Es decir, que "lo estable" es el índice que cambia numéricamente, en tanto lo que está fijo e inmóvil –la moneda corriente- adolece de inestabilidad congénita e insanable, porque es inhábil para conservar una relación constante con el devenir de los precios.

Una anécdota para ilustrar este fenómeno. En el año 2007 hice una visita de estudio a Chile para explorar sobre el terreno la institución de la UF. Lo primero que me llamó la atención es que los precios de los inmuebles en venta –casas, departamentos, oficinas o campos- invariablemente estaban publicados en el diario con su precio expresado en UFs. En ningún caso pude encontrar un precio en dólares como es habitual en Argentina desde hace décadas. Simulando desconocimiento, le pregunté a un mozo del hotel que me servía el desayuno, que me explicara qué era la UF. El joven -que después supe que tenía 35 años- me dio una explicación sencilla, coherente y satisfactoria. Para cerrar el diálogo y a modo de conclusión yo le dije: Claro, la UF es una moneda que cambia permanentemente al ritmo de los precios. La respuesta del joven fue invalorable. Me dijo: No señor. Discúlpeme pero no me ha entendido. La UF no cambia. Lo que cambia permanentemente es el dólar. Claro. El joven tenía incorporado a su forma mentis que la UF era la unidad constante de valor que siempre permitía comprar la misma cantidad de bienes no obstante carecer de existencia física. Era estable en su poder adquisitivo, mientras que el dólar fijo y estático en su materialidad invariable, era inestable y cambiante porque fluctuaba permanentemente en una de sus funciones principales: servir de unidad de medida de los valores económicos. Me quedé pensando en la respuesta recibida. Lo que ocurría es que la UF había sido creada dos años antes del nacimiento de mi interlocutor y él se había criado y educado dentro de un sistema económico regido por esa unidad de medida y había tenido la experiencia vital de que sus padres habían comprado su vivienda en UFs; él había comprado su auto en UFs y cada vez que colocaba un plazo fijo en el Banco, era convertido automáticamente a UF. De tal modo, había internalizado que el río era siempre el mismo aun cuando el agua se renueve permanentemente. Mi reloj es el mismo aunque siempre esté marcando una hora distinta. Del mismo modo la moneda virtual mantiene su identidad porque la institución creada conserva su nombre, su metodología, su función, aun cuando el número o coeficiente de ajuste que la exteriorice cambie día a día. Esta variación es parte esencial de su naturaleza, del mismo modo que la circulación del agua es parte esencial del río.

## 8.- Afianzar la Justicia. Responsabilidad básica del Gobierno

Una de las responsabilidades básicas del Gobierno es "afianzar la justicia" según el Preámbulo de la Constitución. Entre ellas la justicia conmutativa, que en el caso de los contratos procura preservar la igualdad o equivalencia de las prestaciones recíprocas. La moneda es el instrumento que tenemos para medir la igualdad de las prestaciones y por ello constituye una herramienta fundamental para un orden social justo. Recordemos que uno de los símbolos de la Justicia, es la balanza que utilizaba el Pretor romano para pesar la cantidad de metal –hierro, plata u oro- que entregaba en pago el deudor y determinar si se ajustaba a lo acordado. Carecer de una moneda estable para medir las prestaciones es lo mismo que no tener una balanza que mida correctamente la cosa entregada.

Una unidad de cuenta ontológicamente estable como la moneda virtual es, pues, una herramienta irreemplazable de la justicia conmutativa. En forma espontánea y sin intervención de los Jueces, las partes llevan a cabo un acto justo simplemente pagando lo pactado porque la existencia de una unidad de medida carente de fluctuaciones permite garantizar que cada uno recibirá lo debido, no sólo en la letra sino en su espíritu (J. Lowe).

En sentido coincidente, la reforma de la Constitución del año 1994 estableció en el inciso 19 del artículo 75 la obligación de: Proveer lo conducente…a la defensa del valor de la moneda.

Conforme a dicho inciso la responsabilidad de brindar a la sociedad una moneda estable se ha convertido en una manda constitucional expresa, hasta ahora soslayada. Una forma inmediata de cumplir con este mandato es crear la Moneda Virtual sancionando la ley respectiva cuyo texto proponemos en el Libro III.

## 8.1.- La falacia de la moneda corriente como unidad constante de valor

Estamos frente a una dañina falacia como lo señalaba el Ingeniero Alejandro Bunge:

> *La ausencia de una definición jurídica de la unidad de valor es una de las más grandes e inexplicables lagunas de la ordenación social.*
> *Se pretende que la moneda tenga valor invariable con relación a las demás cosas y sobre esa ficción se ha edificado el complejo edificio jurídico destinado a regular todo cuanto con el valor de las cosas se relaciona.[90]*

Por su parte, Samuelson expresa:

> *El dinero también se utiliza como unidad de cuenta, es decir, como unidad con la que se mide el valor de las cosas. De la misma manera que medimos el peso de algo en kilogramos, medimos el valor de algo en dinero. La utilización de una unidad común de cuenta simplifica enormemente la vida económica.[91]*

El rol de unidad de medida de la moneda queda institucionalizado en las constituciones de Estados Unidos y Argentina que ordenan al Congreso en el mismo artículo:

Artículo 75 Corresponde al Congreso: *Hacer sellar moneda, fijar su valor y el de las extranjeras; y adoptar un sistema uniforme de pesas y medidas para toda la Nación* (Constitución Argentina, Artículo 75, inciso 11).

En tanto unidad de cuenta, la moneda es una herramienta de medición del valor de los bienes, análoga a un termómetro que mide la temperatura ambiente o a una balanza para medir el peso de las cosas. ¿Porqué una moneda fija no puede cumplir cabalmente el rol de medición para mantener una relación de poder adquisitivo constante con bienes cuyo valor se mueve en forma permanente e impredecible?

*Las perturbaciones principales que producirán los cambios en el valor de la mo-*

---

[90] Bunge, Alejandro, Op. cit. pp. 325-326.
[91] Samuelson, Paul, Op. cit. p. 451.

*neda aparecen en los efectos sufridos por los contratos con pagos diferidos y en el empleo de unidades monetarias como base para los cómputos y la contabilidad. En ambos casos, toda decisión que se tome deberá tener en cuenta la inalterable verdad de que, para el individuo, el movimiento futuro de la mayoría de los precios es imprevisible.*[92]

Imaginemos por un momento un termómetro que no fluctúe. El mercurio estaría confinado en una cápsula que le impide moverse en absoluto. Marca siempre la temperatura ideal: 25º centígrados. Cuando lo consultamos nos dirá siempre lo mismo: la temperatura es perfecta. Hoy no tendrá frío ni calor. Nos sentimos reconfortados y protegidos. Pero cuando salimos al aire libre, advertimos que la temperatura real es de 1 grado en invierno o de 37 grados en verano. Nuestro curioso termómetro fijo nos sigue informando que la temperatura es benigna pese a lo impiadoso del clima real. Evidentemente, un termómetro en el que el mercurio no pudiera dilatarse con el calor o contraerse con el frío sería de ninguna utilidad. La balanza ideal para una señora que cuida su silueta sería una que tuviera su fiel clavado, por ejemplo, en los 55 kilos. La señora se pesa todas las mañanas y comienza el día de muy buen ánimo porque ha cumplido su meta de estar en línea. Naturalmente una balanza así sería inservible, aunque produjera una alegría efímera a su dueña.

Sin embargo, en la economía medimos el valor de los bienes con un papel impreso o una moneda acuñada que se mantienen fijos y marcan siempre, como en nuestro ejemplo del termómetro, la temperatura perfecta definida por el legislador, al ordenar la emisión de billetes de una determinada denominación; por ejemplo cien dólares. No interesa que el dólar haya tenido una inflación del 2006% entre 1901 y 2000. Basados en la falacia del nominalismo seguiremos diciendo que un billete de 100 dólares es igual a otro del mismo importe, aun cuando haya perdido el 95% de su valor. Todo el edificio económico y financiero está cimentado en una curiosa ficción jurídica desacoplada de la realidad, que afirma que la justicia de las contraprestaciones a plazo se satisface con la entrega de la misma cantidad de numerario nominal, cualquiera

---

[92] Hayek, Friedrich, Desnacionalización de la moneda, Buenos Aires, Fundación Bolsa de Comercio de Buenos Aires, p. 123.

sea la fluctuación del poder adquisitivo de la moneda. Se hace caso omiso de la realidad. En menos de 20 años el petróleo pasó de US$ 10 el barril a 140. ¿Sería razonable decir que un barril de petróleo es igual a 14 barriles? Ésta es la absurda falacia del nominalismo. Entre enero de 2001 y diciembre de 2010 los *commodities* que se transan en el comercio internacional han registrado una inflación del 281,5 % expresado en la moneda usada para el comercio internacional. Sin embargo, para el nominalismo, lo único que importa es el valor facial impreso en los billetes, porque ése es el termómetro fijo e invariable creado por el legislador para medir la temperatura de la economía.

## 8.2.- Un estándar justo de valor

El precursor G. Poulett Scrope planteó la necesidad de contar con un patrón monetario estable dejando en claro que ello era indispensable para asegurar la justicia conmutativa. Por ello, titula el capítulo central de su libro: "Investigación acerca de la Naturaleza de un Estándar Justo de Valor". La condición única y suprema que exigía para ese estándar es que fuera invariable. Si cambia, es inservible como patrón de referencia, aunque pueda tener otras virtudes estimables, como ocurre con el oro.

## 9.- Cuatro atribuciones del Congreso: hacer sellar moneda, fijar su valor, garantizar su estabilidad y fijar el valor de las monedas extranjeras

La creación de una unidad de medida de valor estable constituye una atribución del Congreso de la Nación conforme lo establece el art. 75, inc. 11 de la Constitución Nacional. En sentido coincidente, la reforma de la Constitución del año 1994 estableció en el inciso 19 del artículo 75 la obligación de: Proveer lo conducente…a la defensa del valor de la moneda.

En la época en que se sancionó la constitución americana y la nuestra, los Congresos resolvían, en un solo acto, la acuñación de moneda (dólar o peso) y simultáneamente fijaban su valor en base a una paridad con el oro o la plata. Hoy, suprimido el patrón oro, nos hemos quedado sin parámetro de referencia. El Congreso ordena la impresión de billetes de distintas denominaciones que sólo tienen una denominación facial, pero tales billetes nada nos dicen sobre su valor (poder adquisitivo). Existe una laguna legislativa. La ausencia de una definición jurídica de la unidad de valor es una de las más grandes e inexplicables lagunas de la ordenación social.[93]

El dinero impreso o acuñado tiene siempre un valor facial o nominal impuesto (*impositum*) por el Gobierno. Cuando la moneda era acuñada en oro o plata tenía, además, un valor intrínseco determinado por la cantidad del metal y la calidad de fino que contenía. El papel moneda también tiene un valor; sólo que ese valor no está contenido en el instrumento. No es la cantidad de celulosa y de tinta con las cuales se fabrica, sino su poder de compra (*purchasing power*) derivado del curso legal que lo declara de recepción obligatoria para la cancelación de todas las obligaciones, dentro de los límites geográficos de cada país.

En el caso de nuestro país, el Congreso Nacional tiene cuatro atribuciones expresamente contempladas por la Constitución Nacional. Veamos.

- La primera es: "hacer sellar moneda" que se cumple con la emisión de la moneda transaccional o corriente (*currency*). Es decir, el peso.
- La segunda: "fijar el valor de la moneda" que se cumplía antiguamente estableciendo una equivalencia determinada con el oro. Así, por ejemplo, la ley 3871 del 31 de octubre de 1889 estableció que un peso oro equivalía a 2,27 pesos papel moneda nacional. Desaparecido el patrón oro, el Congreso ha dejado de cumplir esta función.
- La tercera: "fijar el valor de las monedas extranjeras" es decir el tipo de cambio. Esto se establecía antiguamente por la paridad con el oro.
- La cuarta atribución está incluida en el inciso 19 de artículo 75: Proveer lo conducente…a la defensa del valor de la moneda. Vale decir, que la CN exige al Congreso que provea a la sociedad una moneda estable. Es una exigencia de "calidad" de la moneda. No basta con proveer cualquier moneda *fiat* sujeta a fluctuaciones, sino que se exige un patrón de medida que permanezca invariable en el tiempo.

En suma: de las cuatro atribuciones o responsabilidades que la CN otorga al Congreso, sólo se está ejerciendo una: sellar moneda. Quedan pendientes las

---

[93] Bunge Alejandro, Op. cit. p. 235.

otras tres: fijar el valor de la moneda nacional, fijar el valor de la moneda extranjera y dotar a la sociedad de una moneda estable.

### 9.1. Fijar el valor de la moneda nacional (inciso 11, artículo 75 de la C.N.)

Desaparecido el patrón oro en todo el mundo, la forma de lograr este objetivo es crear un Patrón Monetario o Estándar de Valor basado en el precio de los bienes; una unidad de cuenta virtual como la UF chilena que tenga un nombre y una identidad propia y que establezca un estándar de valor en base a una relación permanente con una canasta representativa de bienes.

Esta nueva una institución será una suerte de Sistema Métrico Monetario, que reflejará en forma sistemática y neutral su valor intrínseco en base a su poder adquisitivo.

### 9.2. Proveer a la sociedad una moneda estable (inciso 19 artículo 75 de la C.N.)

El sistema es más complejo y menos obvio que el viejo método de establecer una paridad con el oro o la plata, porque el nivel de precios que determina el valor intrínseco de la moneda virtual no puede ser fijado por el Congreso. El único que puede hacerlo es el mercado. Cada vez que un comprador y un vendedor concretan una transacción están definiendo el valor de la moneda. El precio del universo de bienes ponderado por su importancia relativa es lo que finalmente determina el valor de la moneda, es decir, su poder adquisitivo.

Recordemos este postulado básico:

*No es la moneda la que determina el precio de los bienes; es el precio de los bienes el que determina el valor de la moneda*

La primera función –acuñar moneda o imprimir billetes- es y ha sido siempre un acto de autoridad del príncipe. El jurista francés Jean Bodin –creador de la doctrina de la soberanía- sostuvo que tal privilegio constituía uno de los criterios exactos para decidir si la soberanía existía o no[94]. Por eso las monedas acuñadas en oro habitualmente llevaban en el cuño el rostro del Soberano. Hoy se ha conservado esta tradición y los billetes incluyen la imagen de alguna

---

[94] Nusbaum, Arthur, Op. cit. p. 48.

personalidad relevante. Pero la soberanía del Estado llega hasta la creación de la moneda corriente y su curso legal, que implica que el signo monetario se convierte en moneda que ningún particular o arca pública pueden rehusar en pago.[95] El Estado no puede determinar su poder adquisitivo, que es en cambio resultado de la democracia del mercado en el cual la libre decisión de sus participantes está fijando el valor intrínseco de la moneda. En esta segunda función, el Gobierno tiene un rol más limitado: crear la institución de la moneda virtual (Patrón Tabular de Valor) y bautizarla con un nombre que permita su identificación y facilite su uso universal, con un moderado costo de transacción; crear el mecanismo y la metodología de elaboración de los índices, publicarlos regularmente para conocimiento del mercado y dar obligatoriedad (*enforcement*) a los contratos y obligaciones contraídos en la moneda virtual.

A diferencia de la moneda tradicional de oro o plata que fijaba el valor de la moneda en función de un *commodity* único, en base a una paridad definida por el príncipe como un puro acto de autoridad, la institución de la moneda virtual tiene un sentido más rico y acorde con los sistemas democráticos, porque la fijación del valor de la unidad de cuenta va a depender de las decisiones de millones de operadores que, al comprar o dejar de comprar, estarán delineando el poder adquisitivo de la moneda virtual. Esta moneda es un espejo, que refleja el nivel de precios en un momento dado y va delineando un coeficiente o número índice constituido por una miríada de puntos que lo determinan. La comparación entre los índices que corresponden a los distintos momentos considerados, nos permite incorporar ese factor inmaterial y huidizo que es el tiempo.

*Son los juicios de valor del consumidor los factores que determinan los precios. El valorar y preferir "a" con relación a "b" engendra los precios. Constituyen estos últimos indudablemente fenómenos sociales, por cuanto son resultantes del mutuo efecto provocado por las respectivas valoraciones de todas aquellas personas que operan en el mercado. Cada uno de nosotros, comprando o dejando de comprar y vendiendo o dejando de vender, contribuye personalmente a la formación de los precios del mercado.[96]*

---

[95] bid., p.78.
[96] Von Mises, Ludwig, Op. cit. p. 420.

La Moneda Virtual

Los precios pactados en el mercado suministran una riquísima información que refleja en forma exacta el valor de intercambio de todos los bienes "en el mismo lugar y al mismo tiempo" (A. Smith).

Lo que hace el Congreso es crear la institución que actúa como un recipiente, la urna en la cual quienes interactúan en el mercado depositan su voto que determina el valor de la moneda virtual.

*En suma: la moneda corriente es el resultado de un acto de autoridad o soberanía del Estado, mientras que la moneda virtual es el fruto de la democracia del mercado libre.*

Es sugestivo que al fijar las funciones del Congreso, tanto la Constitución de los Estados Unidos como la de nuestro país, incluyan en el mismo inciso del mismo artículo las facultades de aprobar el sistema de pesos y medidas y el de fijar el valor de la moneda, lo que demuestra claramente que en ambos casos se trata de una cuestión de medir valores, de seleccionar un patrón de referencia constante que nos permita conocer tanto la longitud y el peso de las cosas materiales, como el poder adquisitivo de la moneda corriente.

La adopción del sistema métrico decimal ha eliminado la incertidumbre y los costos de transacción derivados de la imprecisión de las unidades de medida. Se ha adoptado en forma permanente un metro que siempre tiene 100 centímetros. Exactamente lo mismo hay que hacer con la moneda: crear un estándar de valor estable a perpetuidad.

Para tomar la decisión correcta debemos tener presente:

*   Que aún los autores partidarios del patrón oro reconocen que éste no brinda un estándar de valor estable.
*   Que el único valor de la moneda corriente es su poder adquisitivo.
*   Que contamos con una metodología satisfactoria para definir un estándar de valor basado en el nivel general de precios.
*   Que la adopción de esta decisión trascendental no tiene coste alguno porque el relativo a la elaboración de los índices ya está incurrido por los Gobiernos.

- Que la decisión política de crear la unidad de cuenta o moneda virtual sólo requiere sancionar una norma legal y tiene efecto instantáneo.
- Que los efectos de la misma son trascendentes para el desarrollo.

No existen razones valederas para que el Congreso no adopte esta decisión. Como veremos en el punto 23 de este capítulo, la moneda virtual no causa ni agrava la inflación, sino que, en el largo plazo, actúa sobre el segundo término de la fórmula de Fisher, contribuyendo a la estabilidad monetaria por incremento de la oferta de bienes esenciales, siempre que se aplique con una política coherente de desarrollo en áreas vitales como energía, transporte e infraestructura en general.

### 9.3 Fijar el valor de las monedas extranjeras (inciso 11, artículo 75 de la C.N.)

Finalmente, queda pendiente la fijación del valor de la moneda extranjera o tipo de cambio. El Congreso de la Nación debería reasumir la función que le asigna el inciso 11 del artículo 75.

Se trata de una importante decisión de política económica que tiene carácter coyuntural que requiere un tratamiento especial que consideramos inconveniente tratar en este proyecto de ley que por su contenido es de carácter permanente y no sujeto a los vaivenes impredecibles de la economía.

### 10. La moneda virtual: una moneda convertible a bienes

La moneda virtual no es convertible a oro. Tampoco a dólares, como lo fue el peso argentino durante la década del 90. Es algo más directo y superador: es una moneda convertible a bienes y garantiza al titular una paridad determinada con relación a la canasta de bienes.

La UF chilena ha logrado plasmarlo en forma práctica, operativa y con bajos costos de transacción, mediante el desdoblamiento de las funciones de la moneda siguiendo la recomendación de Alfred Marshall. Se ha hecho así realidad la propuesta anterior de William S. Jevons:

> *¿Por qué no podemos inventar una moneda de curso legal que sea convertible, no en un commodity único (como el oro) sino en un conjunto de pequeñas canti-*

*dades de varios commodities, cuya cantidad y calidad estén definidas en forma rigurosa? Este esquema puede resolverse prácticamente utilizando lo que desde hace tiempo ha dado en llamarse Estándar Tabular de Valor.[97]*

Desde luego, esta convertibilidad no implica una permuta física con los bienes que componen la canasta. Los bancos no podrían tener en sus tesoros trigo, acero o petróleo para entregarlos a los tenedores de billetes. Antiguamente, los bancos tenían en su tesoro lingotes de oro para entregar a sus clientes que querían hacer efectiva la convertibilidad vigente en ese entonces. Ello era posible por el alto valor del oro en relación a su volumen, a su condición de elemento estable e incorruptible, etc. Del mismo modo que los bancos en la época de la convertibilidad en nuestro país tenían dólares para entregar al público en canje de los pesos. En ambos casos existe la posibilidad física de tener acopiado oro o billetes y así se hacía hasta que se cambió el sistema. La conversión física a *commodites* integrantes de la canasta sería impracticable, pero no así la convertibilidad de la moneda a un poder adquisitivo que coincida con los bienes que la integran.

## 11.- El dinero: orden irrevocable de entrega de bienes contra el mercado

El cheque es una orden de pago irrevocable contra el banco que tiene nuestro dinero depositado.

También podemos visualizar el dinero corriente –*currency*– como una orden irrevocable contra el mercado para que nos entregue bienes a nuestra elección. Es como si cada habitante de un país fuera titular de una cuenta corriente en el mercado en la cual deposita bienes –de ordinario trabajo– y recibe a cambio billetes equivalentes a cheques. Estos billetes le otorgan a cada habitante el derecho de exigirle al mercado otros bienes a su libre elección y en el momento que juzgue oportuno, ya que dichos billetes –a diferencia de los cheques– no tienen plazo de vencimiento.

*Dice Hobbes: la riqueza es poder. Pero la persona que adquiere o accede a una gran fortuna, no adquiere ni accede necesariamente a un poder político,*

---

[97] Jevons, W. S., Op. cit. cap. 25.

*sea este militar o civil. Su fortuna quizás le permita adquirir ambos, pero la mera posesión de esa fortuna no le confiere automáticamente ninguno de ambos. El poder que la posesión de la fortuna le transmite es el poder de compra; una suerte de orden sobre todo el trabajo, o sobre la producción del trabajo que está presente en el mercado. Su fortuna es mayor o menor según la extensión de ese poder; o la cantidad de trabajo que puede adquirir u ordenar; o, lo que es lo mismo, la cantidad de producción de otros hombres que él está habilitado a comprar o a exigir. El valor de cambio de cada bien debe ser idéntico al alcance del poder que se transmite a su dueño.[98]*

Destacamos esta frase de Adam Smith: La fortuna le transmite el poder de compra; una suerte de orden sobre todo el trabajo, o sobre la producción del trabajo que está presente en el mercado.

La obligatoriedad de la entrega de bienes por parte del mercado, surge del curso legal del dinero corriente –*currency*–. Todos los habitantes se encuentran obligados dentro del territorio, a aceptar la moneda corriente en cancelación de las deudas: reales en Brasil, dólares en Estados Unidos, etc. Actualmente en nuestro país, como secuela de la ley de convertibilidad, el curso legal se encuentra limitado ya que las obligaciones pactadas en moneda extranjera deben cancelarse en dicha moneda y no pueden pagarse en pesos.

Los billetes que el mercado nos entrega, tienen características muy específicas:

- Están impresos en forma indeleble y a diferencia de los cheques, nunca contienen errores que puedan provocar su rechazo;
- Son siempre al portador;
- No tienen plazo de vencimiento;
- Tienen siempre fondos y, en virtud de su curso legal, no pueden ser rechazados;
- El billete expresa un valor puramente nominal y no indica qué cantidad y calidad de bienes puede exigir su titular.

En tiempos de inflación, el tenedor del billete va perdiendo poder adquisitivo

---

[98] En Smith, Adam, Op. cit.

en forma creciente, a medida que transcurre el tiempo. Cuando el retiro de los bienes se hace efectivo en forma inmediata, no hay pérdida de poder adquisitivo.

*Dice al respecto Adam Smith: En el mismo momento y en el mismo lugar el precio real y el nominal de todos los commodities están en exacta proporción los unos con los otros. La mayor o menor cantidad de moneda que uno obtenga por la venta de cualquier commodity, por ejemplo, en el mercado de Londres, le permitirá adquirir una mayor o menor cantidad de trabajo que podrá ordenar en ese momento y en ese lugar. Por lo tanto, en el mismo lugar y en el mismo tiempo la moneda es la medida exacta del valor real de intercambio de todos los commodities. Pero, bien entendido que esto sólo ocurre en el mismo lugar y al mismo tiempo.[99]*

Al incorporarse el factor temporal, el sistema deja de ser perfecto por efecto de la fluctuación de la moneda que habitualmente es inflación. En tal hipótesis, el tenedor de los billetes encuentra que su valor ha disminuido y que en su cuenta corriente imaginaria tiene menos bienes de lo que él ha depositado. Parte de los bienes le han sido escamoteados por la inflación ya que los billetes sólo tienen valor nominal o facial pero no una paridad permanente y estable con los bienes reales. El curso legal sólo garantiza que el mercado está obligado a recibir billetes; pero no qué cantidad y calidad de bienes le va a entregar a cambio de ellos. Podrá ser una cantidad mayor o menor, según que en el tiempo transcurrido, la moneda nominal se haya valorizado (hipótesis casi académica) o desvalorizado. Esta situación explica el fenómeno del aumento de velocidad del dinero en épocas de alta inflación, porque los agentes económicos se apresuran a deshacerse de los billetes urgidos por convertirlos en cualquier cosa para protegerse de la hemorragia de la pérdida de poder adquisitivo. Esto potencia el proceso inflacionario en una espiral incontenible y cuando la demanda de dinero llega a cero, hemos arribado a la hiperinflación.

La moneda virtual introduce un factor de corrección –el coeficiente áureo- permitiendo a su titular exigir una cantidad de bienes constante en base a la canasta de referencia. Se corrigen así los efectos de la fluctuación de los precios.

---

[99] Ibid.

El sistema chileno ha demostrado que la UF es una institución muy eficiente para potenciar el crecimiento de los depósitos bancarios. Capitaliza el deseo del público de protegerse contra la desvalorización de la moneda, por la concurrencia de dos circunstancias:

- Como no tienen existencia física, no es susceptible de atesoramiento, como hacemos los argentinos con los dólares. No se pueden guardar en colchones, en cajas de seguridad ni transferir al exterior.
- La mejor alternativa para conservar la liquidez de corto plazo, es hacer un depósito a plazo fijo en UF, blindando de este modo el numerario contra la inflación.

Los argentinos no tenemos esa posibilidad, porque la indexación está prohibida por la ley de convertibilidad 23.928 y carecemos de moneda virtual. Esta situación nos obliga a atesorar dólares con la consiguiente fuga de capitales, dañina para la economía y para nosotros mismos. Entre enero de 2007 y diciembre de 2011 se fugaron de la economía 79.007 millones de dólares.

## 12.- Teoría de la relatividad monetaria

¿Qué es lo fijo y qué es lo que se mueve? Depende del punto de referencia del observador. Si el punto de partida es la moneda real –*currency*- parecería que ésta es fija y que lo que se mueve son los precios. En los procesos inflacionarios, el público dice: los precios suben porque debo entregar mayor cantidad de billetes para comprar lo mismo. Pero si el punto de referencia fueran los bienes -petróleo, acero, trigo- entonces, adoptaríamos como patrón fijo el índice de precio de los bienes y concluiríamos que lo que se mueve es la moneda corriente. En períodos de inflación en los cuales todos los precios suben, en realidad lo que ocurre es que es la moneda que baja. Para conservar constante la cantidad de bienes adquiribles es necesario variar la cantidad de unidades monetarias necesarias para integrar el mismo poder adquisitivo según la evolución de los precios.

Lo expresado podría representarse en esta fórmula:

$$MVp = MR . Cp$$

## La Moneda Virtual

Que se lee del siguiente modo: la moneda virtual (MV) en el período (p) es igual a la moneda real (MR) multiplicada por el coeficiente de variación del nivel de precios C en el mismo período p.

Para poder mantener la igualdad de la ecuación a lo largo del tiempo, necesitamos que en el segundo término de la ecuación, la moneda real, se multiplique por el coeficiente de variación de los precios en idéntico período. Cuando se presente el caso poco probable de una moneda que ha permanecido estable, el coeficiente será 1 y por ende no habrá cambios en el resultado.

La moneda virtual se mantendrá anclada en la canasta de bienes que traduce el poder adquisitivo. Para que verdaderamente pueda servir como patrón de medida perpetuo debe mantener esa relación con los bienes en forma permanente. Entretanto, los precios corrientes expresados en moneda real, son establecidos por un juez inapelable: el mercado libre. Hemos visto que está en la naturaleza de las cosas, que los precios fluctúen en forma permanente conforme a la ley de oferta y demanda, que sintetiza cosas tan distintas como las preferencias del público o la escasez causada por una sequía. Ante estas variaciones inevitables, la única forma de asegurar el poder adquisitivo constante, es considerar el primer término de la ecuación como variable independiente y fija y trasladar al segundo término la variable dependiente, que será siempre la cantidad necesaria de unidades de numerario, para integrar el poder adquisitivo definido en el primer término.

En realidad, esto es lo que hacemos inconscientemente en forma cotidiana. Adecuamos la cantidad de numerario al precio del bien que queremos comprar. En 1900 una botella pequeña de Coca-Cola costaba cinco centavos de dólar. En 2000 costaba un dólar: 20 veces más; curiosamente, coincide con la pérdida de poder adquisitivo del dólar ya que la inflación fue del 2006 por ciento en dicho lapso. La botella de Coca-Cola sigue siendo básicamente igual. Es el término independiente de la ecuación que está anclado en los bienes. Mientras el término dependiente es la cantidad de unidades de moneda real que necesitamos para adquirirla.

Llegamos así a una conclusión aparentemente paradojal: el billete que es fijo e invariable en su expresión facial, integra el término dependiente de la ecuación que tiene que ser modificada permanentemente. Entretanto, el patrón monetario de medida, que es una relación matemática con la canasta de bienes, es el término independiente de la ecuación, que permanece estable.

Simon Newcomb, cuya obra analizamos entre los precursores, plantea la cuestión con gran claridad:

> *Todos los hombres en este y otros países están habituados desde jóvenes a medir el incremento y la disminución de la riqueza utilizando dólares y otras monedas que se supone constituyen unidades de valor... Aun cuando los hechos sean comprendidos, la idea de que el cambio estriba en el valor de los commodities medidos, y no el dólar en sí mismo, es tan natural que hace falta una disciplina mental muy estricta para liberarse de esta forma de pensar. Es más, nos planteamos hasta qué punto los economistas más profundos pueden ser exitosos a este respecto.[100]*

La argumentación de Newcomb nos permite relacionarlo con la afirmación contenida en el punto siguiente.

### 13.- La moneda no determina el valor de los bienes; es el precio de los bienes el que determina el valor de la moneda

En coincidencia con Newcomb, también lo explica con claridad Adam Smith:

> *Cuando se abandona el trueque, y la moneda se transforma en el instrumento habitual del comercio, cada mercancía (commodity) es cambiada más asiduamente por dinero que por cualquier otro producto (commodity). El carnicero rara vez lleva carne al panadero o a la cervecería, para trocarlo por pan o cerveza; lo que el carnicero hace es llevar la carne al mercado, adonde la cambia por dinero que luego intercambia por pan o cerveza. La cantidad de numerario que obtiene por sus productos, determina la cantidad de pan y cerveza que finalmente él podrá adquirir. Es mucho más natural y obvio para él, por lo tanto, estimar el valor por la cantidad de numerario que es la mercancía (commodity) que obtiene directamente de su producto, que en el valor del pan o de la cerveza, los productos (commodities) que sólo puede comprar con la previa intervención*

---

[100] Newcomb, Simon, Op. cit. p.30.

*de otra mercancía (commodity); y por ello tiende a decir que la carne vendida vale tantos chelines la libra; y no decir que vale tres o cuatro libras de pan o tres o cuatro pintas de cerveza. De allí resulta que el valor de cambio de toda mercancía o producto (commodity) es más frecuentemente estimado por la cantidad de moneda, que por la cantidad de trabajo o de cualquier otra mercancía que pueda obtener a cambio de la propia.[101]*

Todos expresamos los valores de los bienes en términos de numerario, tanto las mercancías como nuestro salario. Insensiblemente esto nos lleva a considerar que es la moneda la que determina el valor de las cosas y no a la inversa. ¿Qué hacemos cuando nos interesamos por algún producto exhibido en la vidriera de un comercio? Preguntamos cuánto vale la prenda de vestir o el electrodoméstico exhibido. Resultaría absurdo preguntar ¿Cuánto vale la moneda? La moneda es el denominador común del valor de todos los bienes y así nuestros sentidos nos llevan a la convicción errónea de que es la moneda la que determina el valor de los bienes ya que todo se expresa en valores monetarios. Nadie dice que un televisor vale cuatro vacas y dos ovejas.

Sin embargo, el verdadero valor del dinero consiste en los bienes que con él podemos comprar. Adam Smith distingue así entre precio real y nominal de las mercancías y del trabajo. Precio real es el que tiene siempre el mismo valor; en cambio el valor nominal fluctúa según la variación del valor del oro y de la plata. Para Adam Smith el oro es un *commodity* más.

*La distinción entre el precio real o nominal de los commodities y del trabajo, no es una cuestión meramente especulativa, sino que a veces puede ser de considerable uso en la práctica. El mismo precio real siempre conserva el mismo valor; pero debido a las fluctuaciones del oro y de la plata, el mismo precio nominal tiene a veces valores totalmente diferentes. Cuando se vende una heredad con reserva de usufructo perpetuo, se procura que la renta sea siempre del mismo valor, siendo importante para la familia a cuyo favor se constituye el usufructo, que no esté constituida por una suma fija de dinero. El valor del dinero puede estar sujeto a variaciones de dos tipos: primero, lo que resulta de la cantidad de oro y plata que*

---

[101] Smith, Adam, Op. cit. cap. 5-7.

*contenga en distintas épocas en monedas de la misma denominación; y, segundo, la que surge de los diferentes valores de idéntica cantidad de oro y plata en distintas épocas... Las rentas expresadas en cereal han preservado mucho mejor el valor que las nominadas en dinero, aun cuando la moneda no haya sido alterada.[102]*

Creemos que la coincidencia de nuestra tesis con estos conceptos de Adam Smith es de relevancia. En ellos está contenida la idea del valor real expresado en bienes como el trigo o el carbón, por oposición al valor nominal de la moneda, aun cuando se trate de una moneda con valor intrínseco.

El primer concepto coincide con la moneda virtual o moneda índice que refleja el poder adquisitivo en bienes como el grano u otros *commodities*.

El segundo concepto corresponde a la moneda real –*currency*- en aquél entonces de oro, hoy de papel, que tiene un valor nominal que puede coincidir con el poder adquisitivo de origen o, por el contrario, puede desacoplarse siguiendo un camino divergente de los precios de los bienes, como ocurrió en época de la reina Isabel I cuando dispuso que parte de las rentas de las universidades se pactaran en granos en lugar de oro. El grano cuadruplicó su precio con relación al oro y conservó mejor el poder adquisitivo.

Adam Smith, al igual que todos los autores, coincide en que el valor del dinero depende siempre de su poder adquisitivo con relación a los demás bienes, aun cuando estén utilizando monedas acuñadas en oro y por lo tanto dotadas de valor intrínseco. El oro ha tenido fuertes fluctuaciones a lo largo de los siglos. Es simplemente un *commodity* y por lo tanto expuesto a bajar de precio cuando su oferta crece más rápido que la producción de bienes, como ocurrió después del descubrimiento de América.

Como enseña Adam Smith la abundancia de oro nada añadiría a la riqueza del globo ya que un producto que funda en su rareza su principal valor, queda depreciado cuando abunda. Esto ocurrió también más recientemente a fines del siglo XIX y comienzos del siglo XX.

*La oferta de oro creció en forma desmesurada por el descubrimiento de las minas de Alaska, Sudáfrica y Colorado y el desarrollo de métodos más eficientes*

---

[102] Ibid.

*de extracción y refinación del oro. Se estima que el stock de oro del mundo más que se duplicó entre 1890 y 1914, creciendo a una tasa del 3 ½ anual. Hacia 1914 era de $ 1.897 millones, es decir, más del triple que el nivel de 1987. En Estados Unidos los precios aumentaron entre el 40 y el 50 por ciento en ese lapso. Fue el incremento más alto registrado en época de paz, con la única excepción de lo ocurrido en la década de 1850, cuando el aumento de precios fue aún mayor como consecuencia del descubrimiento de oro en California, aunque por un período menor.*[103]

## 14. La inestabilidad del Patrón Oro

Las variaciones en el precio del oro no han reflejado las fluctuaciones del nivel general de precios. Sabida es la inflación de los precios en España con motivo del Descubrimiento de América que paulatinamente se extendió a toda Europa. El gráfico muestra las marcadas oscilaciones del poder adquisitivo del oro.

**Cuadro 4 - Poder Adquisitivo del Oro**
Expresado según Consumer Price Index-Urban de Estados Unidos
Base 1899=100

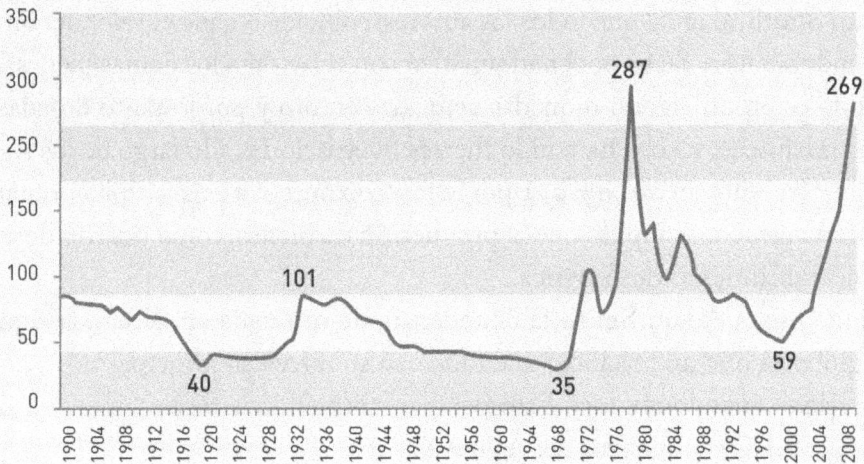

Fuente: Fundación Metas Siglo XXI en base a estadísticas del Bureau of Labor Statistics www.bis.gov y de www.kitco.com

---

[103] Friedman, Milton, A Monetary History of the United States, 1867-1960, pp.135-137.

1. Entre 1899 y 1920 perdió el 60% de su poder adquisitivo;
2. Entre 1920 y 1934 aumentó un 152%;
3. Entre 1934 y 1970 volvió a caer un 65%;
4. Entre 1970 y 1980, su poder adquisitivo alcanza el máximo valor del período incrementando su poder de compra un 720%;
5. Entre 1980 y 2001 vuelve a descender 79%;
6. Finalmente, entre 2001 y 2011, el poder adquisitivo del oro aumentó un 342%

En la tabla siguiente se resume lo acontecido desde 1899 hasta 2011, en 6 períodos:

Para ver si la variación en los precios de la canasta de bienes y servicios del CPI-U están correlacionados con la variación en el precio del Oro, haremos una regresión para el período 1899-1971 (de convertibilidad Dólar-Oro) y otra para el período 1971-2011, donde el precio del Oro fluctúa como cualquier otro *commodity*.

Los R2 cercanos a 0 nos indican que es muy poca la variación del CPI-U que

Cuadro 5 - Variación del Poder Adquisitivo del Oro
1899-2011

| Período | Años | Variación del Poder Adquisitivo del Oro | Variación Promedio Anual en el Período del Poder Adquisitivo del Oro |
|---|---|---|---|
| 1899-1920 | 21 | -60% | -4,27% |
| 1920-1934 | 14 | 152% | 6,84% |
| 1934-1970 | 36 | -65% | -2,90% |
| 1970-1980 | 10 | 720% | 23,42% |
| 1980-2001 | 21 | -79% | -7,26% |
| 2001-2011 | 10 | 342% | 16,38% |

Cuadro 6

| Período | $R^2$ |
|---|---|
| 1899-1970 | 0,0 |
| 1971-2011 | 0,2 |

se explica por la variación en el precio del Oro. En el período de convertibilidad 1899-1970, el R2 es casi 0 porque varió el nivel de precios mientras que el precio del Oro se mantuvo estable, salvo la devaluación de 1935. En el período 1971-2011 el R2 es 0,2 lo cual demuestra que aún en épocas de precio libre las variaciones del Oro guardan escasa relación con las del CPI-U.

Como conclusiones principales de esta escasa relación se pueden destacar las siguientes:

1. El precio del oro tiene fluctuaciones independientes del valor del CPI-U.
2. El Oro no es "ancla" de los precios ni en períodos de convertibilidad ni en períodos de precio libre.
3. La falta de correlación entre las variaciones de los precios del CPI-U y las variaciones del precio del oro, hace que éste no sea un patrón válido para medir el poder adquisitivo de la moneda.

## 15.- ¿Es posible elaborar un índice de precios perfecto?
### 15.1.- Las objeciones de la escuela austríaca

Tanto Von Mises como Hayek han cuestionado la utilización de la indexación como un método válido para obtener un estándar de valor estable.

En *La Acción Humana*, páginas 285 y ss., Von Mises plantea su discrepancia sobre las siguientes bases:

- Escasa precisión de las manipuladas estadísticas de precios.
- Imposibilidad -por su heterogeneidad- de comparar muchos de los precios entre sí.
- Carácter discrecional de los sistemas utilizados para la determinación de los promedios.
- Permanente variación de la canasta de productos y diferente cantidad de éstos.
- Variabilidad de la calidad de los bienes producidos y consumidos.
- Aparición de nuevas clases de bienes al tiempo que otros dejan de producirse.
- La ponderación de la distinta importancia de cada bien es necesariamente discrecional.
- Existencia de numerosos métodos para promediar: media aritmética,

geométrica, armónica y el cuasi promedio denominada mediana. La elección de uno u otro habrá de ser tachada de discrecional.

Von Mises reconoce que ni siquiera el oro es estable y que el problema se plantea con las obligaciones que no son de cumplimiento y pago simultáneo.[104] La solución que propone es diferir a los tribunales la forma en que deberán cumplirse las obligaciones a término para con *fundamento, poder dictaminar acerca de la trascendencia y efectos de los correspondientes términos contractuales.*

La solución de Von Mises es impracticable. Si cada obligación a plazo va a provocar un litigio, los costos de transacción harían inviable la economía e inclusive toda forma de cooperación social. Esto es lo que hoy está ocurriendo en nuestro país con las jubilaciones. Cientos de miles de jubilados se ven obligados a promover juicios individuales para obtener el reajuste de su haber frente a la prohibición de indexar, que es la solución automática que aplican nuestros vecinos de Chile, Uruguay y Brasil e inclusive los Estados Unidos.

Por otra parte, si se elimina la indexación por ser imperfecta ¿Cómo harán los jueces para establecer la forma justa de cumplimiento de las obligaciones cuando se ha producido variación en el poder adquisitivo del dinero? Sin este parámetro objetivo, la justicia se convertirá en puro subjetivismo. Por otra parte, la experiencia de nuestro país indica que la única solución práctica que han logrado los tribunales en períodos de fuerte inflación, ha sido justamente la indexación de las obligaciones. Sólo que la aplicaron treinta años después ya que la inflación comenzó en 1946, y la indexación recién fue aplicada por la Corte Suprema a partir de 1976. ¿No hubiera sido más lógico aplicarla desde el comienzo y evitar tantas injusticias y despojos como los ocurridos con el congelamiento de alquileres? Con una moneda indexada, el congelamiento de alquileres no hubiera tenido consecuencias tan graves, porque el gran problema que destruía la justicia conmutativa estaba provocado básicamente por el vaciamiento del poder adquisitivo de la moneda que convertía en irrisorios los alquileres pactados en moneda nominal.

Desde el punto de vista lógico cabe preguntarse cómo hacen los autores que defienden el patrón oro, para afirmar que ha perdido poder adquisitivo.

---

[104] Op. cit. p. 939.

¿Cómo hicieron los economistas clásicos para afirmar que como consecuencia del descubrimiento de América el oro perdió dos tercios del poder adquisitivo? ¿Cuál es el punto de referencia que permite afirmar que el oro se ha depreciado o se ha valorizado? Evidentemente, para saber cuál ha sido la fluctuación del oro en un cierto período, lo que se hace es compararlo con el nivel de precios de los restantes bienes. El "precio real" como lo denomina Adam Smith. Sería imposible afirmar que el oro disminuyó su valor si no lo comparamos con otra cosa. Y esta cosa no debe ser otra que el nivel de precios. Si éste es un parámetro de comparación aceptado para determinar si el oro se devaluó o revaluó, debemos concluir que también es un parámetro válido para determinar si ha permanecido estable. De tal modo, afirmaremos que una moneda se ha mantenido estable en un período determinado, cuando coincide exactamente con el nivel de precios.

Afirmar que existe inflación implica sostener que la moneda no es estable y la única forma de determinar la estabilidad es compararla con el nivel de precios.

Recordemos la enseñanza de Hayek:

> *En un sentido científico estricto, no hay nada a lo que podamos llamar valor perfectamente estable de la moneda o de ninguna otra cosa. El valor es una relación, una tasa de equivalencia o, como dijera W. S. Jevons: "una manera indirecta de expresar una razón", que sólo puede indicarse por medio de la cantidad de un objeto que se valora igual que la cantidad "equivalente" de otro objeto. Dos objetos pueden conservar un valor relativo constante en términos uno del otro pero, a menos que especifiquemos al otro, el hecho de afirmar que el valor de algo no ha cambiado, carece de un significado definido.* [105]

Sin patrón de comparación carece de sentido afirmar que existe inflación o deflación. Necesitamos un punto de referencia, un estándar o patrón, para apreciar si existió cambio en el poder adquisitivo de la moneda, en qué dirección (si a la baja o al alza) y en qué proporción este punto de referencia es el índice de precios.

---

[105] Hayek, Friedrich, Op. cit. p. 121.

El nivel de precios puede determinarse de dos maneras: instintivamente mediante una sensación en el bolsillo de que estamos comprando menos bienes con la misma cantidad de dinero. Esta forma intuitiva fue utilizada durante siglos hasta la creación de los índices de precios, que procuran hacer un estudio ordenado y sistemático utilizando todas las herramientas de encuestas y ponderaciones matemáticas. En el mundo moderno los índices han hecho progresos notables y su perfeccionamiento es constante. Basta observar las primeros tablas de precios elaboradas por Sir G. Shuckburgh y recogidas por Arthur Young en *Investigación acerca del Valor de la Moneda*, 1812 (ver Joseph Lowe en su libro *Situación Actual de Inglaterra con relación a la Agricultura, el Comercio y las Finanzas*). El apéndice al capítulo X de dicha obra, cuyo facsímil se reproduce en el punto 15.1 del capítulo primero de este libro, nos permite apreciar la precariedad de las series estadísticas. Contiene apenas cuatro columnas y quince *commodities*. Lowe cuestiona estos índices por no ponderar su peso relativo, además de inexactitudes de los datos estadísticos. Pero aún este índice primitivo e inexacto tuvo su utilidad, porque marcó una tendencia secular registrando una inflación del 562 por ciento entre 1550 y 1800. Pero desde 1812 hasta nuestros días, la metodología se perfeccionó notablemente. Hoy disponemos de una técnica depurada en la elaboración de índices aceptados por la comunidad en todos los países. En el caso chileno, el índice se ha convertido en un verdadero pilar de la economía con la institución de la Unidad de Fomento (UF). La tecnología informática nos permite procesar millones de datos en instantes y obtener así una radiografía mucho más representativa de la realidad de los precios. En economías avanzadas, con elevada bancarización y uso masivo de tarjetas de crédito, la mayor parte de las operaciones quedan registradas, permitiendo elaborar índices con una base cada vez más amplia y por ende con menor margen de error.

Si medimos la inflación y la deflación comparando la unidad monetaria con el nivel de precios, estamos reconociendo implícitamente que el estándar de valor estable es ese mismo nivel de precios. Por lo tanto, la moneda estable será aquélla que coincida en un período dado con el nivel de precios. Y si usamos ese mismo índice o coeficiente como unidad de cuenta para medir valores, habremos conseguido una moneda ontológicamente estable porque es idéntica al índice que se adopta como único parámetro de comparación válido.

Encontramos incoherencia en los autores que definen la inflación como la suba generalizada de precios y al propio tiempo niegan la validez de los mismos índices de precios que utilizan como referencia.

> *Sostiene Von Mises:...al producirse una subida general de precios (es decir, rebaja del poder adquisitivo de la moneda) para que el interés bruto de mercado pueda estimarse incambiado, es preciso que el mismo se incremente con la positiva compensación por variación de precios que precisa sea. En tal sentido ha de considerarse bajo –ridículamente bajo- el tipo de descuento del 90% aplicado en el otoño de 1923, por el Reichsbank, pues resultaba a todas luces insuficiente para cubrir la necesaria compensación por variación de precios, dejando, además, desatendidos los restantes componentes que entran en el interés bruto de mercado. Este mismo fenómeno sustancialmente se reproduce en toda prolongada expansión crediticia. El interés bruto del mercado sube durante el curso de toda expansión; sin embargo, siempre resulta bajo en comparación con la previsible ulterior alza de los precios.[106]*

¿Cómo podemos afirmar que una tasa de descuento del Banco Central de Alemania del 90 % anual es ridículamente baja si no contamos con información sobre la evolución de los precios que nos permita saber que la inflación es muy superior? ¿Cómo hará la autoridad monetaria para cubrir la necesaria compensación por variación de precios, si no existen los índices que cuantifiquen la variación?

### 15.2.- El sensato planteo de Irving Fisher

Fisher, X.6 ha planteado la cuestión con sensatez y pragmatismo. En lugar de buscar la quimera de la perfección, propone un sistema que funcione para mitigar las enormes injusticias que origina la fluctuación del poder adquisitivo de la moneda:

> *Hay innumerables métodos de medición y de promediar las mediciones realizadas. Ninguno de ellos es perfecto desde el punto de vista teórico. Nos vemos*

---

[106] Op. cit. p 677.

*obligados a elegir lo que parece mejor desde un punto de vista práctico. El efecto del cambio de la cantidad de moneda o, el cambio de la velocidad de circulación en toda la serie de precios es complejo, del mismo modo que no podemos construir una lente que logre hacer coincidir en un único foco todos los rayos de luz provenientes de un punto dado. Pero, del mismo modo que la ciencia óptica nos ha enseñado que una lente perfecta es teóricamente de imposible fabricación, sin embargo, y para fines prácticos las lentes pueden ser construidas tan cerca de la perfección que bien vale la pena diseñarlas y construirlas. Por tanto, y aunque parezca teóricamente imposible diseñar un índice de precios perfecto, que satisfaga todas las pruebas a las cuales lo quisiéramos someter, es no obstante posible construir números índice que satisfagan estas pruebas tan bien para fines prácticos que podemos prestar seria atención al estudio del diseño y construcción de los números índice.[107]*

Tanto el oro como el índice de precios constituyen, pues, patrones de medida imperfectos. Sin embargo, los autores, desde tiempos remotos han preferido guiarse por el patrón "valor de los bienes" antes que por el patrón oro. Invariablemente se ha ponderado la fluctuación del oro por comparación a los bienes, por ejemplo el trigo, (Adam Smith, Op. cit. cap. V-1.5.7 y 1.5.13.) y no a la inversa. Este criterio que ya fuera esbozado por Aristóteles fue mantenido sin modificación por todos los economistas desde Adam Smith hasta Milton Friedman. El hito de referencia para mensurar el valor de la moneda, aparece siempre definido por la canasta de bienes que se pueden adquirir con ella. Se verifica el principio de que si bien todos los precios están denominados en la moneda corriente, es el conjunto de los precios el que determina el valor de la moneda. O sea su poder adquisitivo.

### 15.3.- Los índices de precios son preferibles al patrón oro
W. S. Jevons considera que cualquiera fuere el método adoptado para la confección de los índices, los resultados serían mejores que si continuamos aceptando el estándar de un metal único —el oro- como se hacía en ese entonces. *Money and the Mechanism of Exchange* capítulo 25, párrafo XXV, punto 11.

---
[107] Fisher, Irving, Op. cit. cap. X.

Y nosotros podemos agregar que cualquier índice será mejor que no tener ningún parámetro de poder adquisitivo como ocurre con la moneda moderna. Los índices de corrección monetaria han sido convalidados por el mercado. Además de la experiencia chilena analizada in extenso la experiencia de Uruguay y de Estados Unidos muestra una notable reducción de la tasa de interés cuando el préstamo está sujeto a ajuste por índice de precios.

### 15.4.- El acertado criterio utilitario de Alfred Marshall

También Alfred Marshall reconoce que los índices no son perfectos. Pero ello no debería inhibir su uso como unidad de cuenta si aceptamos que es una institución útil para la sociedad. Existen muchas relaciones matemáticas que tampoco se pueden representar en forma perfecta como vimos en el caso de los números irracionales. Tal el caso del número $\pi$ que es la relación entre la circunferencia y el diámetro. Los esfuerzos de los matemáticos para representarlo en forma exacta han sido estériles. El matemático japonés Shigeru Kondo en 2010 extrajo cinco millones de millones de decimales sin alcanzar la ansiada exactitud. El número $\pi$ no tiene representación en la recta numérica porque cualquier punto de la misma es mayor o menor a $\pi$. Como relación abstracta $\pi$ es perfecta; pero su representación numérica no lo es. No obstante, es de invalorable utilidad desde cálculos elementales como el de superficie y volumen, hasta la determinación de la campana de Gauss. Y estamos hablando de algo conceptualmente tan simple como dividir la longitud de la circunferencia por el diámetro. Imaginemos lo que ocurre con la medición del poder adquisitivo de la moneda. Millones de operaciones realizadas a cada instante en lugares diversos. Es imposible aprehender en un índice perfecto esta pasmosa complejidad. Sin embargo, del mismo modo que utilizamos el número $\pi$ como una herramienta útil aun cuando resulte imposible representarlo con exactitud, la sociedad no debería privarse de utilizar los índices como una herramienta para el equilibrio de las prestaciones en el largo plazo.

Idéntica situación a la del número $\pi$ se plantea con todos los números irracionales como el número $e$ y el número $\phi$.

Pensamos que la cuestión debería plantearse en otros términos. ¿Pueden los índices de precio, aún imperfectos en su representación numérica como los números irracionales, permitir la creación de una institución útil a la sociedad como la unidad de cuenta o moneda virtual?

## 15.5.- El concepto de funcionalidad en la metrología industrial.

La tolerancia es una definición propia de la metrología industrial, que se aplica a la fabricación de piezas en serie. Dada una magnitud significativa y cuantificable propia de un producto industrial (sea alguna de sus dimensiones, resistencia, peso o cualquier otra), el margen de tolerancia es el intervalo de valores en el que debe encontrarse dicha magnitud para que se acepte como válida, lo que determina la aceptación o el rechazo de los componentes fabricados, según sus valores queden dentro o fuera de ese intervalo.

El propósito de los intervalos de tolerancia es el de admitir un margen para las imperfecciones en la manufactura de componente, ya que se considera imposible la precisión absoluta desde el punto de vista técnico, o bien no se recomienda por motivos de eficiencia: es una buena práctica de ingeniería el especificar el mayor valor posible de tolerancia mientras el componente en cuestión mantenga su funcionalidad, dado que cuanto menor sea el margen de tolerancia, la pieza será más difícil de producir y por lo tanto más costosa.

La tolerancia puede ser especificada por un rango explícito de valores permitidos, una máxima desviación de un valor nominal, o por un factor o porcentaje de un valor nominal.

Lo que prima en el criterio técnico es la funcionalidad del componente de acuerdo a su destino. Si pretendiéramos que las piezas fabricadas por la industria fueran perfectas, o cercanas a la perfección, la industria se volvería inviable porque los costos de fabricación subirían a las nubes. Este mismo criterio es el que debe aplicarse a los índices de precios. Que resulten funcionales de acuerdo a su destino.

La empresa Caterpillar de equipos pesados, líder en el mundo, tiene un lema que plantea una valiosa verdad con pragmatismo: el hombre nunca hace cosas perfectas; a veces hace cosas que funcionan. Tratemos que nuestra empresa haga cosas que funcionan. Y los hechos demuestran que siempre que exista buena fe en la confección de los índices los mismos son aceptador por los operadores del mercado. La moneda virtual UF ha demostrado ser una institución que funciona: promueve el ahorro, posibilita el crédito de largo plazo, reduce sustancialmente el costo financiero nominal, comprime los márgenes de los bancos reduciendo la brecha entre la tasa pasiva y la activa (*spread*) con beneficio para ahorristas y tomadores de crédito. A largo plazo mitiga el endeudamiento externo. En suma, promueve un desarrollo equilibrado y la lucha contra la pobreza. Es uno de los elementos centrales del *saving miracle* que potenció el ahorro, la inversión y el crecimiento de Chile en las últimas décadas.

### 15.6.-Tiro con arco (arquería)

La arquería es la práctica de arrojar flechas con el uso de un arco. Históricamente fue la primera arma utilizada para la caza y su uso se remonta a 9.000/10.000 años. Las armas de fuego lo desplazaron, hoy se utiliza como recreación y práctica de deportes. El tiro al arco es deporte olímpico en el que se utiliza un blanco de forma circular cuya área central es denominada diana.

También en este deporte se aplica el criterio de tolerancia análogo a la metrología industrial porque exigir la perfección absoluta implicaría hacerlo imposible. La cuestión a plantear es la siguiente: Quiénes dan en el centro y obtienen la máxima calificación ¿Realmente han dado en el centro geométrico es decir en el verdadero centro de la diana?

El centro geométrico de todo círculo es un punto y el punto es adimensional. Si tuviera alguna dimensión, por ínfima que fuera, dejaría de ser un punto para transformarse en una superficie que, como tal está compuesta por infinitos puntos. Ello obliga a marcar el centro del blanco como un área relativamente grande ubicada en el centro teórico del blanco. Si realmente fuera un punto en el sentido estricto de la geometría euclidiana sería invisible y los atletas no podrían verlo para poder dirigir sus disparos.

Por convención se acepta que todos los impactos que se verifiquen dentro de la superficie marcada como centro que es la diana, tendrán la máxima puntuación, a pesar de que habrá algunos muy próximos al centro geométrico, eventualmente alguno que realmente coincida con el mismo, otros que están bastante alejados y muy cerca del borde que marca el límite máximo de tolerancia. Sin embargo ninguna distinción se hace de las distintas situaciones.

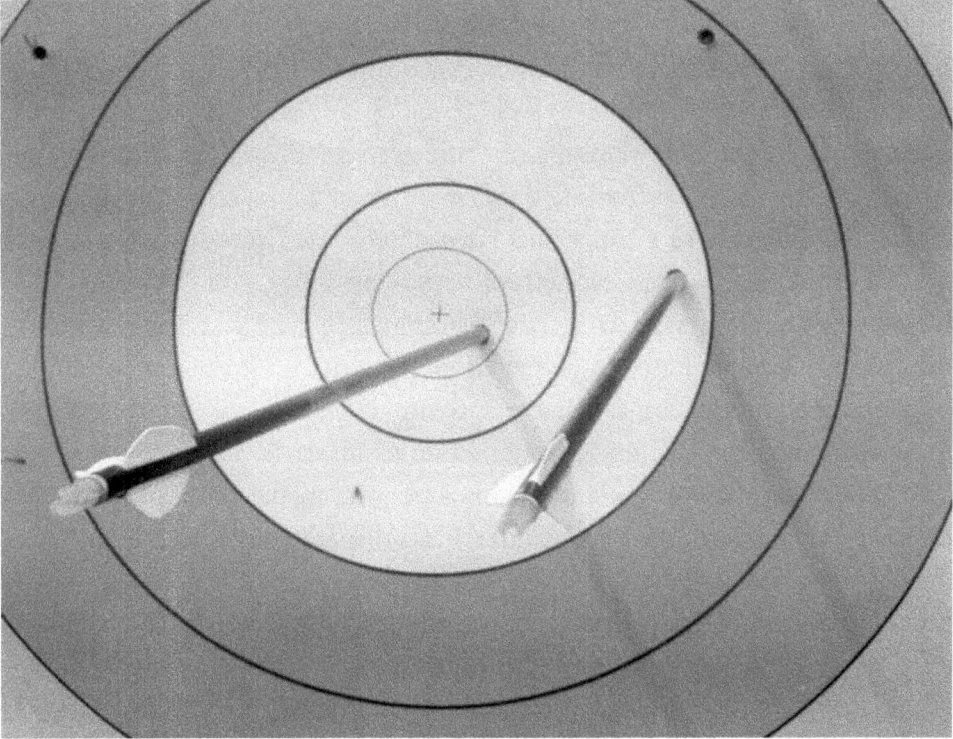

En el tiro al arco se aplica el criterio de tolerancia análogo a la metrología industrial. No se exige que las flechas impacten en el centro geométrico sino dentro de una superficie denominada diana, que en realidad tiene infinito número de puntos, uno solo de los cuales coincide con el verdadero centro. Si realmente se exigiera que el disparo impacte en el centro geométrico que es un punto y como tal es adimensional (y por lo tanto invisible) el deporte de la arquería sería de imposible práctica.

Todos tienen el mismo tratamiento en la puntuación aunque es evidente que algunos están más cerca y otros más lejos del centro geométrico teórico.

No obstante su imperfección, el sistema funciona satisfactoriamente porque de acuerdo con las convenciones establecidas en los reglamentos, todo tiro que impacta en la superficie de la diana recibe idéntica puntuación.

### 15.7.- Los índices se basan en hechos ya acaecidos y no en predicciones probabilísticas

De todos modos, conviene ser prudentes en la afirmación de la "imperfección de los índices" ya que los mismos se confeccionan en base a hechos ya ocurridos –transacciones realizadas con anterioridad en el mercado- y por lo tanto su medición se basa en datos ciertos porque no se funda en predicciones probabilísticas sino en hechos ya acaecidos. Por tanto no hay razón para que no reflejen esa realidad con razonable aproximación. La dificultad puede surgir de la gran cantidad de datos que hay que relevar y especialmente, del criterio con que se evalúan los datos obtenidos. De todos modos, sería ilusorio pretender la perfección absoluta que no se logra en los sistemas de medición ni en ninguna otra actividad humana. ¿Existe un reloj que sea absolutamente exacto? Pero sus pequeñas alteraciones no invalidan su utilidad para medir el tiempo con razonable aproximación.

Debemos tener en claro que el objetivo no es lograr la perfección absoluta, sino contar con una herramienta que nos permita medir valores económicos en períodos largos sin caer en las diferencias disparatadas a las que nos conduce la moneda corriente –*currency*-, que ha sido un notable progreso para la humanidad como herramienta de intercambio, superando el sistema primitivo del trueque, pero que ha sido un fracaso innegable como herramienta de medición de valores. Recordemos el caso del dólar que registra una inflación del 2006 % en el transcurso del siglo XX.

Cualquier índice de ajuste basado en una canasta de bienes, por imperfecto que fuera, jamás hubiera tenido este margen de error consistente en afirmar que un dólar de 1901 es igual a un dólar de 2000 como resulta del nominalismo monetario. Como dice Alejandro Bunge: Es la falacia de la moneda como unidad de valor constante.[108]

## 15.8.- Dos tipos de relaciones

Puede parecer al lector que existe una contradicción entre lo afirmado en el punto 5 de este mismo capítulo, sosteniendo que la moneda virtual es ontológicamente estable, y nuestra afirmación actual de que los índices no son perfectos. Debemos distinguir dos tipos de relaciones: una relación lógica entre el contenido del índice de precios y el de la moneda virtual basada en el principio de identidad que como concepto lógico es un absoluto. De allí proviene la estabilidad ontológica de la moneda virtual. Esta afirmación se limita a sos-

---

[108] Bunge, Alejandro, Op. cit. p. 235.

tener que, siendo la moneda virtual el índice de precios, no puede ser distinto a sí mismo. Esto no significa pronunciarse sobre la perfección del índice con relación al precio del universo de bienes. Esta es otra relación más compleja que no se apoya en un absoluto como el principio de identidad. Acá está en juego el relevamiento de millones de transacciones y el buen criterio de quien definió la metodología. Aun cuando el índice fuera defectuoso, el principio de identidad continuaría en pie. En tal hipótesis sería una moneda virtual ontológicamente estable con relación a un índice imperfecto.

Von Mises y Hayek cuestionan la indexación por la imperfección de los índices pero sostienen que la solución perfecta sería una moneda corriente estable. Pero, ¿es esto posible? Desde el punto de vista teórico es imposible por una razón lógica. Como se explica en el punto 3 de este capítulo, una cosa rígida e inmutable no puede acompañar fielmente en todo momento la variación de otra que está en movimiento perpetuo, aleatorio y por tanto, impredecible, conforme lo reconocen estos mismos autores.

Como dice Von Mises: En el mundo de la acción nada es permanente, a no ser precisamente el cambio.[109]

Ese perpetuo fluir de la marea de los precios impide también que el oro sea un perfecto patrón de medida según lo afirma el propio Von Mises.

*El dinero jamás puede ser de índole neutral ni gozar de plena estabilidad adquisitiva.[110]*

## 16.- Importancia relativa de ambas monedas.

La moneda virtual es adicional e interdependiente de la moneda corriente, pero tan esencial como ésta. Ambas tienen funciones claramente diferenciadas. La función de la moneda corriente es posibilitar las transacciones instantáneas, fijar los precios de contado, efectuar pagos y cancelar obligaciones. Además, los precios de contado son la base insoslayable de información para confeccionar el índice de precios que es la esencia de la moneda virtual.

Por su parte, la moneda virtual es la unidad de cuenta o patrón de medida

---

[109] Von Mises, Ludwig, Op. cit. p. 284.
[110] Ibid., p. 527.

estable para determinar la cantidad de numerario que integre el poder adquisitivo resultante de la indexación al tiempo del pago. Pero tiene otra función esencial: la de crear instrumentos financieros expresados en la unidad de cuenta. Por ejemplo los Bonos de Infraestructura y los depósitos a plazo fijo bancarios. De esta forma, la moneda virtual asume la función de reserva de valor. Podemos afirmar que de las tres funciones tradicionales de la moneda sólo una queda a cargo exclusivo de la moneda corriente: instrumento de cambio en reemplazo del trueque. En cambio, las otras dos funciones básicas –patrón de medida del valor y reserva de valor- pasan a ser absorbidas, al menos en las operaciones de largo plazo, por la moneda virtual.

## 17. Unidades Básicas y Unidades Derivadas

Si nos preguntan a qué temperatura hierve el agua, nuestra respuesta inmediata será a 100 grados Celsius. Sin embargo, si estamos en una montaña, el agua hierve a menos temperatura porque la presión atmosférica en la altura es menor que a nivel del mar.

Por lo tanto, la respuesta correcta sería: hierve a 100 grados cuando la presión atmosférica es igual a 1 atmósfera. Como la mayoría de las veces estamos con una presión atmosférica cercana a 1 atmósfera, descartamos mentalmente la variable presión atmosférica y decimos que el agua hierve a 100 grados Celsius. *Sin embargo, que descartemos esta variable no significa que no exista y que tenga relevancia cuando las condiciones cambian.*

Normalmente nos pesamos en dinamómetros y no en balanzas, aunque en el lenguaje coloquial le digamos balanzas. El dinamómetro establece el peso, que es una Fuerza, en base al estiramiento que se produce en un resorte al colgarle una Masa. El estiramiento del resorte se produce por la Gravedad que se ejerce sobre esa masa.

Si la gravedad fuera menor, el peso sería menor, aunque la masa fuera la misma. Esto se vio claramente cuando los astronautas caminaban por la Luna, donde la gravedad es 6 veces menor que en la Tierra. Al ser 6 veces más livianos, cuando hacían la fuerza necesaria para dar lo que en la tierra sería un paso, en la Luna daban un salto (pese a que tenían lastre en el equipo, para contrarrestar este efecto).

La masa de los astronautas no había cambiado; lo que había cambiado era su peso. Porque el peso, es una Fuerza, que es igual a Masa x Aceleración. La aceleración es la gravedad, que en la Tierra es de 9,81 m/s2 y en la Luna 1,6 m/s2. Si el astronauta tiene una Masa de 70 kilogramos x 9,81 m/s2 tendrá un peso de 70 kilogramos-fuerza (o kilopondios) en la Tierra y de 11,5 kilogramos-fuerza en la Luna.

Ahora bien, si utilizáramos una verdadera balanza, la de los platillos, y pusiéramos en un platillo al astronauta de 70 kilogramos-fuerza y en el otro una pesa de 70 kilogramos-fuerza, la balanza estaría equilibrada tanto en la Tierra como en la Luna. Esto se debe a que ambos platillos son tirados para abajo por la misma aceleración gravitatoria, sea que la balanza esté en la Tierra o en la Luna. Como la aceleración gravitatoria es la misma para ambos platillos, se puede simplificar (eliminar) a los efectos del cálculo. El platillo de la izquierda será impulsado para abajo con una Fuerza = Masa x Aceleración (Gravedad) y el de la derecha por la misma Fuerza. Dado que la aceleración gravitatoria es equivalente, porque la balanza está en un mismo lugar para ambos lados del platillo, el guarismo (no el concepto) hace que sea el mismo para la Fuerza que para la Masa pese a que son dos cosas distintas.

Nos pasa lo mismo con el punto de ebullición del agua, que, como generalmente estamos a 1 atmósfera de presión, decimos que hierve a 100 grados. Con el Peso pasa lo mismo, como siempre nos pesamos en la Tierra, donde la gravedad es más o menos igual en todo el planeta, hemos perdido la noción de si lo que estamos averiguando al pesarnos es el valor de una Fuerza o de una Masa.

Cuál es el objetivo de esta explicación: el hecho de que normalmente nos manejemos en el mismo ambiente (presión, gravedad, etc.) hace que creamos que son lo mismo, cosas que son muy diferentes como Masa y Fuerza. Pero si existiera comercio interplanetario, aprenderíamos rápidamente a distinguir entre Fuerza y Masa. En la Tierra con 6 manzanas tengo 1 kilogramo-fuerza, pero en la Luna, podría tener 1 kilogramo-fuerza con una sola manzana. Como todo el mundo sabe, no es lo mismo 6 manzanas que 1 manzana, aunque en kilogramos-fuerza sean equivalentes al pasar de la Tierra a la Luna. Pero si las Leyes consideraran que por ejemplo una obligación se salda con la entrega de 1 kilogramo-fuerza de manzanas, en lugar de con un kilogramo (masa), todos diríamos que esa Ley es injusta porque el obligado buscaría pagar su obligación en un lugar donde haya poca gravedad, para poder saldarla con menos manzanas.

Para ser justos, el obligado debe pagar en kilogramos (masa) para que dé lo mismo cancelar su obligación en la Tierra, en la Luna o en Júpiter.

En un ambiente estable, donde no hay cambios generalizados de precios, es justo que una deuda de 100 dólares sea cancelada con 100 dólares, porque el acreedor va a poder comprar lo mismo cuando se los devuelvan que cuando él los prestó. Intereses aparte. Vuelvo a insistir, si no hay cambios generalizados de precios, 100 dólares son siempre 100 dólares.

Sin embargo, como ya se ha demostrado, el poder adquisitivo de la moneda fluctúa y con 100 dólares hoy puedo comprar menor cantidad de bienes que hace 20 años, porque el nivel general de los precios ha subido.

Entonces, así como para determinar una Masa con un dinamómetro deberíamos medir la Fuerza y dividirla por la Gravedad, para saber el poder adquisitivo del Dólar deberíamos dividirlo por el coeficiente de variación general de precios. Si lo justo es intercambiar Masas y no Fuerzas, como se dijo antes, y tengo como instrumento de medición un dinamómetro que mide Fuerza, a la Fuerza que registre el dinamómetro la tengo que "ajustar" por la Gravedad del lugar. Si lo justo es intercambiar "poder adquisitivo" y no billetes, y tengo como instrumento de medición unidades monetarias, para que el intercambio sea justo, tengo que "ajustar" las unidades monetarias por el coeficiente de variación de precios.

Cuando se crea el Sistema Internacional de Unidades, se define cuáles son las Unidades Básicas y cuáles son las Unidades Derivadas. Las Unidades Básicas son las siguientes:

- Longitud (metro)
- Masa (kilogramo)
- Tiempo (segundo)
- Corriente Eléctrica (ampere)
- Temperatura termodinámica (kelvin)
- Intensidad luminosa (candela)
- Cantidad de Sustancia (mol)

Las Unidades Derivadas, como la Fuerza, se pueden establecer a partir a las Unidades Básicas. Fuerza es Masa x Aceleración. La Masa es una Unidad Básica. La Aceleración es una Unidad Derivada, que es Longitud/Tiempo2; siendo Longitud y Tiempo, Unidades Básicas.

Para la doctrina nominalista de nuestro derecho, existe una única unidad monetaria: la moneda corriente. Siguiendo las enseñanzas de Alfred Marshall, en nuestra propuesta se plantea desdoblar las funciones de la moneda creando una nueva institución que él denominó LA UNIDAD y que nosotros llamamos Moneda Virtual. En aquellas operaciones regidas por la Moneda Virtual, sea por voluntad de las partes o por imperio de la ley, la Moneda Virtual adquiere el carácter de Unidad Básica porque es la que determinará al momento del pago, la cantidad de unidades derivadas (numerario) que el deudor deberá entregar en pago para cancelar la obligación.

Si 6 manzanas costaban 2 dólares y ahora cuestan 3 dólares, la deuda por 6 manzanas hoy se cancela con 3 dólares.

Chile puso en práctica este sistema con la creación de la U.F. que adquirió carácter de Unidad Básica en las operaciones por ella regidas, asignando a la moneda de curso legal la irreemplazable función de Unidad Derivada. 1 UF siempre es 1 UF, pero la cantidad necesaria de pesos que se necesita para adquirirla, varía según el nivel general de precios. Una vivienda se vende por 100 UF mensuales durante 25 años. La cuota es constante y estable en poder adquisitivo. La cantidad de billetes que hay que entregar en cada mensualidad depende de la cotización de la UF.

## 18.- Distorsión de los mercados de crédito de largo plazo

La inflación afecta a los mercados de crédito especialmente de largo plazo.

Esto da lugar a dos situaciones claramente diferenciadas según la magnitud del desequilibrio. En los países con monedas relativamente estables como los Estados Unidos, que no han conocido hiperinflaciones, la inflación futura se presupuesta y el mercado la descuenta por medio de una tasa de interés nominal más alta, que cubre estimativamente la inflación prevista por las partes. El crédito de largo plazo no desaparece. Pero ambas partes están expuestas a que la inflación real difiera de la presupuestada y entonces deviene un perjuicio para alguno de los contratantes. Si la inflación resultó más alta que la estimada, se perjudica el acreedor porque la tasa real de interés es menor a la prevista. En cambio, cuando la inflación es más baja, se perjudica el deudor porque paga una tasa real de interés superior.

En cualquiera de las dos hipótesis se vulnera la justicia conmutativa, porque las partes reciben o pagan un valor distinto que el convenido al cerrar la operación. Pero el crédito de largo plazo sigue existiendo con lo cual el perjuicio para la comunidad no alcanza ribetes tan dramáticos como en la Argentina donde este crédito ha desaparecido.

Como consecuencia, el mercado de capitales languidece y es inhábil para financiar el desarrollo.

Al desaparecer el crédito de largo plazo para la vivienda, proliferan las villas miseria en proporciones alarmantes, afectando la seguridad pública, la salud y creando un ambiente propicio para el crecimiento de la droga, la delincuencia y la marginalidad. Al propio tiempo, este fenómeno agudiza las carencias de infraestructura tales como saneamiento y transporte.

Ante la imposibilidad de efectuar colocaciones en moneda estable amparadas por una mínima seguridad jurídica, los capitales emigran y el ahorro busca otros horizontes. Estimaciones responsables indican que en el caso de nuestro país, esta cifra ronda los US$ 200.000 millones en el exterior y US$ 50.000 millones en atesoramiento local. Mientras los capitales locales emigran, nuestro país recurre al endeudamiento externo que desemboca en crisis periódicas de la balanza de pagos. Por carecer de una institución tan fácil de crear y sin coste alguno como las de Chile y Uruguay, o mecanismos de indexación como los de Brasil, muchos países de América Latina incurren en el "pecado original" como lo ha calificado con ingenio el economista venezolano Ricardo Hausmann. Se expulsa el ahorro nativo, se renuncia a la creación de un mercado de capitales y se contrae deuda externa innecesaria.

Lógicamente, para que el sistema se consolide en una verdadera Política de Estado es necesario contar con administraciones que sean capaces de sostener firme el timón, sin apartarse del rumbo, generando credibilidad social.

## 19.- La moneda virtual no procura eliminar los riesgos propios de cada actividad, sino los derivados de la fluctuación de la moneda

La creación de la moneda virtual no intenta eliminar los riesgos inherentes a cada actividad. Quien opera en petróleo conoce su negocio y puede adoptar las medidas adecuadas para prever las alzas y bajas del producto. Lo mismo ocurrirá con el productor de granos o de acero. Con la moneda virtual los precios relativos de los distintos productos pueden y deben seguir fluctuando en el mercado libre para que éste pueda impartir las señales que necesitan los distintos actores para sus decisiones de inversión y consumo. Además, la moneda virtual necesita que los precios relativos sigan fluctuando libremente para que pueda confeccionarse el índice de precios, en base precisamente a las operaciones reales realizadas en cada momento. El funcionamiento del mercado libre es un supuesto necesario de la posibilidad de crear un índice representativo. La indexación no mide ni pretende medir el valor de los commodities considerados individualmente, sino el valor de la moneda confrontado al universo total de bienes. El objeto de la moneda virtual es eliminar el riesgo de variación monetaria, ajeno a la actividad específica de cada operador. Asegurar por ejemplo al acreedor, que recibirá siempre el mismo poder adquisitivo medido contra el universo completo de bienes y no en relación a un *commodity* en especial. Quien vende petróleo a término corre el riesgo de que el precio suba por encima de sus previsiones y tenga una pérdida en su expectativa de ganancia. Éste es un riesgo propio de su negocio. Lo que la moneda virtual le evita es que le paguen con una moneda que vale menos. No se trata de poner precios máximos a los *commodities* sino de brindar a los operadores una moneda estable basada precisamente en el poder adquisitivo resultante de la libre fluctuación de los precios de todos los *commodities*.

Como dice Fisher X.64:

*Nuestro problema actual, sin embargo, no es preservar los intereses de los deudores y acreedores contra cualquier elemento de cambio, sino preservarlos contra los cambios que son puramente monetarios. Los cambios en la industria constituyen una categoría distinta y separada, y las partes contratan-*

*tes deben trabajar por su propia salvación. Nuestra única preocupación es brindarles un estándar monetario estable y confiable. Un estándar monetario seguro no nos puede proteger de un terremoto ni tampoco garantiza una distribución igualitaria de la prosperidad. Pero puede, sin embargo, mitigar las pérdidas que ahora sufren acreedores y deudores por cambios en la relación de la moneda con otros bienes.[111]*

*También simplificará la comprensión de nuestro problema si recordamos que nuestro ideal no es en primera instancia la "constancia" del dólar sino más bien su "confiabilidad". Fluctuaciones que pueden ser anticipadas y han sido tenidas en cuenta no son dañinas. Cada persona presumiblemente puede tener por seguro que tendrá cambios en su propia fortuna, utilidad y trabajo, y quizás salir nivelado por los efectos generales de la invención y el progreso. En cualquier supuesto cada hombre no debe esperar que la unidad monetaria lo asegure contra cada viento que sople.[112]*

La tesis de Fisher es correcta y totalmente racional: cuando se elige comerciar en petróleo o en granos, se asume el riesgo propio del petróleo o de los granos; pero no el que se deriva del valor de la moneda que justamente es (o debería ser) el patrón de medida estable del valor del conjunto de los bienes.

Anticipándose al pensamiento de Fisher, en 1890 (veinte años antes) el Dr. Carlos Pellegrini afirmó ante el Senado de la Nación, con motivo de la gran crisis que arrastró a la banca inglesa *Baring Brothers:*

*… todas las operaciones comerciales e industriales están sujetas a cálculos fijos; pero, desde el momento que esa relación de valor es variable y no se puede sujetar a cálculo o escape a la previsión del comerciante o industrial, se introduce en todas las operaciones un elemento aleatorio, que suele ser de tal importancia que decide en definitiva el resultado final de la operación. La consecuencia es que el mercado industrial y comercial se convierte en un centro de especulación y de juego en que el azar y no el trabajo o la previsión, enriquece inesperadamente a*

---

[111] Fisher, Irving, Op. cit. cap. X.
[112] Ibid.

*unos y arruina a otros; al obligar a industriales y comerciantes a ser jugadores, les prepara de antemano el destino final de éstos: la ruina y la miseria.*[113]

En síntesis, lo que se procura es que a las vicisitudes normales de toda la actividad económica, el Estado, como proveedor monopólico de la moneda, no agregue una dificultad adicional derivada de una moneda volátil e imprevisible. Podemos recurrir a este ejemplo: el constructor de un edificio está expuesto a muchos riesgos: valor soporte del terreno, incumplimientos de los proveedores, accidentes laborales, huelgas, escasez de insumos, condiciones meteorológicas adversas o falta de demanda de los departamentos ofrecidos a la venta. Todos estos son los riesgos normales de su actividad con los cuales tiene que estar familiarizado para enfrentarlos. ¿Pero sería además razonable que tuviera que afrontar la incertidumbre de permanentes variaciones del sistema métrico? ¿Que cada mañana cuando inicia la jornada tenga que consultar el diario con ansiedad para saber a cuánto cotiza el metro? ¿Si estará por encima o por debajo de la par? ¿Que a veces el metro cotice a 95 cm. y otras a 105 cm. con el riesgo de que las ventanas no entren en los vanos o que queden huecos en la mampostería que hay que rellenar? ¿Que los cristales que conforman el frente no alcancen para cubrir el vacío o haya que recortarlos porque son excesivamente grandes?

Para evitar estos problemas que son ajenos a su actividad, el Estado ha aprobado el sistema métrico decimal que es absolutamente estable, porque es una relación abstracta y perpetua con el tamaño del globo terráqueo. En cumplimiento del inc. 11 del art. 75 el Congreso ha adoptado en forma permanente un sistema métrico estable brindando a la sociedad un metro que tiene siempre 100 cm. Este riesgo ha sido eliminado por el Estado, adoptando un sistema de medidas estable. Pues exactamente lo mismo es lo que nos plantea la creación de la moneda virtual. Contar con un estándar de valor estable a perpetuidad. Esto no ha sido hasta ahora asumido por el Congreso Nacional por lo que tenemos un vacío legislativo por falta de definición del valor de la moneda.

---

[113] Diario de Sesiones del Senado de la Nación, año 1890, p. 682.

## 20.- ¿Por qué la humanidad se aferra tan tenazmente al nominalismo?

El principio nominalista tradicional está grabado a sangre y fuego en la conciencia de la humanidad, porque cuando los gobiernos sellaron la moneda y le pusieron como cuño la cara del Emperador o del Soberano, establecieron que cada unidad monetaria revestía curso legal y debía ser aceptada compulsivamente con independencia de la calidad y cantidad del contenido metálico de la pieza, que le confería su valor intrínseco.

> *Durante más de 2000 años la prerrogativa oficial o derecho exclusivo del gobierno a suministrar dinero, se limitó, en la práctica, al monopolio de la acuñación de oro, plata o cobre. En este período llegó a aceptarse sin cuestionamientos esa prerrogativa monopólica, considerando que ella era un atributo esencial de la soberanía –envuelta en todo el misterio que solía inspirar el poder sagrado del príncipe- … La prerrogativa de acuñar que se reservaba al gobernante, se estableció de manera firme bajo los emperadores romanos.*[114]

Por ello, las leyes romanas decían: *In pecunia, non corpora quis cogitat, sed quantitatem* (L.99, Título 3, Libro 46, del Digesto). En materia de moneda, lo que vale es la cantidad y no la calidad. (Citado por Vélez Sarsfield en nota al artículo 619 del Código Civil). Las monedas ya acuñadas con la efigie del Soberano, se cuentan por cantidad. No está permitido pesarlas o analizar la calidad del metal porque justamente esa era responsabilidad exclusiva del Monarca quien al poner su sello estaba certificando una calidad que no admitía discusión alguna. Al comienzo de la edad moderna, el jurista francés Jean Bodin desarrolló el concepto de soberanía, considerando que el derecho de acuñación era un símbolo del poder y al igual que la bandera y el escudo de armas, servía para que el gobernante ejerciera su soberanía, comunicando al pueblo que el amo era aquél cuya imagen llegaba acuñada en ellas hasta las regiones más remotas del reino.

El monopolio de acuñación que detentaba el Soberano, sumado al curso legal que implicaba que nadie podía negarse a recibir el pago aduciendo que la moneda no tenía el peso y la ley del metal, fue fuente de permanentes abusos.

---

[114] Hayek, Friedrich, Op. cit. p. 37.

El Soberano no se conformaba con cargar un impuesto (*duty*) que excedía los gastos de acuñación, sino que además, una parte del metal era retenida por la autoridad en concepto de señoreaje (*seigniorage*). Y cuando esto no era suficiente, se recurría a la falsificación pura y simple de la moneda. La práctica general consistía en "rebajar" (*debase*) las monedas en forma clandestina o abierta, disminuyendo su ley (contenido de metal precioso) o su peso o ambos a la vez, mientras se mantenía inalterado su valor nominal (*face value*), procedimiento que se hizo aun más efectivo "rebajando" (*decrying*) las antiguas piezas amonedadas, que eran de mejor calidad. Estas últimas fueron no sólo despojadas de su condición de moneda de curso legal, sino que su circulación llegó a ser prohibida. A menudo debían entregarse obligatoriamente (*surrender*) a la autoridad, a cambio de las monedas rebajadas (*debased coins*).[115]

La negativa de los súbditos a recibir dicha moneda adulterada, era considerada una ofensa al Soberano cuya imagen estaba acuñada en la moneda, y castigada con penas corporales. Debía aceptarla sin posibilidad alguna de cuestionar su peso o la ley del metal.

Según Friedrich Hayek, si el sistema de dinero metálico en manos del Estado fue malo, pasó a ser una calamidad sin atenuantes cuando fue reemplazado por el papel moneda:

> *…la introducción del papel moneda proporcionó a los gobiernos un sistema más barato para estafar al pueblo. Los gobiernos no podían, claro está, obligar a la gente a aceptar moneda mala sin poner en práctica las medidas más crueles. Un tratado de derecho monetario resume de esta manera la historia del castigo por el simple hecho de negarse a aceptar el papel moneda de curso legal:*
> *Sabemos por Marco Polo que en el siglo XIII, las leyes chinas sancionaban con pena de muerte el rechazo del papel moneda imperial. En Francia, la pena impuesta a quienes rehusaban la aceptación de los asignados\* (assignants) franceses era de veinte años de prisión en cadenas y en algunos casos la muerte. Las antiguas leyes inglesas sancionaban el repudio de la moneda*

---

[115] Nusbaum, Arthur, Op. cit. p. 48.

\* Papel moneda de curso forzoso emitido por la Revolución Francesa por decisión de la Asamblea Nacional del 1 de abril de 1790.

*como crimen de lesa majestad. En tiempos de la Revolución norteamericana,*
*la no aceptación de los billetes conocidos con el nombre de "continentales", era*
*considerada como un acto del enemigo y algunas veces operaba la extinción de*
*la obligación (forfeiture of the debt).[116]*

Este origen autocrático, debería hacernos reflexionar sobre la irracionalidad del principio nominalista que se funda en una ficción jurídica probadamente falsa a lo largo de la historia: la estabilidad de la moneda corriente (*currency*). ¿Cómo podemos sostener seriamente que un dólar del 2000 es igual a un dólar de 1901 cuando su poder adquisitivo se ha reducido a la vigésima parte? El régimen nominalista obliga a los acreedores a recibir una moneda de menor valor a la que regía en el momento de la contratación. Si pretendiera cuestionarlo ante los Tribunales, sería compelido a recibirla por el poder cancelatorio de la moneda de curso legal. En nombre de la ficción nominalista se cometen los peores atropellos en las obligaciones a plazo. ¿Qué diferencia hay entre el régimen de los continentales que en una época de emergencia -la guerra de la independencia americana- obligaba a recibir moneda devaluada bajo la pena de quedarse sin cobrar nada y el régimen actual en que el acreedor sólo puede exigir el pago de la moneda de curso legal, sin poder demostrar que ha perdido poder adquisitivo? Como veremos en el punto siguiente, la moneda virtual permite aplicar la teoría nominalista tan arraigada en la sociedad, convirtiendo el procedimiento indexatorio tradicional en una nueva institución jurídica con un nombre propio que le confiere características de monedidad (*moneyness*), como lo definiera el economista Robert J. Schiller.

## 21.- La moneda virtual permite mantener la teoría nominalista con relación a dicha unidad de cuenta

La experiencia de Chile marca la diferencia esencial entre un procedimiento de ajuste como la indexación y un instrumento financiero con identidad propia como la UF. El mecanismo indexatorio reviste una cierta complejidad que encarece las operaciones, ya que cada transacción requiere ser perfeccionada por un contrato especial, lo cual conspira contra su utilización universal. La moneda

---

[116] Nusbaum, Arthur, Op. cit. p. 74.

virtual en cambio, al ser un verdadero metro-patrón monetario, es utilizada por el público con total espontaneidad, sin necesidad de cálculos complejos y sin costos transaccionales. Basta colocar dos letras: UF, para incorporar a la transacción todo el plexo legislativo contenido en las normas que la regulan. La UF cotiza diariamente en pesos chilenos. Dicha publicación se difunde por todos los medios para conocimiento del público.

Como señala Robert J. Schiller:

> *Sin embargo, la diferencia entre una unidad de cuenta indexada y un simple procedimiento de indexación es fundamental. Se vincula al modo en que la gente utiliza la moneda, o como diríamos la "monedidad" (moneyness) de la unidad de cuenta.*[117]

Lo que ha hecho Chile es crear una nueva institución con nombre e identidad propia. El nombre reviste importancia y es la primera condición de la existencia de toda institución jurídica que así adquiere individualidad.
Me permito recurrir a Jorge Luis Borges para enfatizar la importancia del nombre. Dice el poeta en "El Golem":

> *Si (como afirma el griego en el Cratilo)*
> *El nombre es arquetipo de la cosa,*
> *en las letras de "rosa" está la rosa*
> *y todo el Nilo en la palabra "Nilo"*

El nombre de UF (o cualquier otro) es el arquetipo de la cosa que la convierte en una verdadera institución. En una entidad con individualidad propia que permite referirse a ella en forma inequívoca y simple, utilizando apenas dos letras. Es una situación análoga a la sociedad anónima. Basta mencionarla con dos letras –S.A.- para abarcar toda una compleja serie de relaciones jurídicas que resumen y traccionan bibliotecas enteras, leyes y resoluciones, que quedan incorporadas en forma fácil e indubitable.

---

[117] Schiller, Robert, Op. cit. p. 115.

La Moneda Virtual

Lo mismo ocurre con las letras que identifican la unidad de cuenta. Esta situación es completamente distinta a la ocurrida en la Edad Media en la cual se hablaba de moneda imaginaria, moneda de cuenta, moneda ideal, moneda política o moneda fantasma. Eran monedas que no tenían existencia real porque habían desaparecido de la circulación pero se seguían usando durante siglos como patrón de medida en los contratos y en el comercio. Los comerciantes pactaban sus contratos en esta *moneta numeraria* que era habitualmente la libra o el sou, equivalente a doce denarios de plata, que habían dejado de existir pero continuaban siendo utilizados como unidad de cuenta o estándar de valor. Las operaciones se cancelaban en cualquier moneda corriente, que eran muchas y variadas: coronas, doblones, dólares, ducados, écus, florines, luises, peniques, etc. Los comerciantes conocían la equivalencia con la unidad de cuenta que servía de patrón de referencia para asegurar la equivalencia de las prestaciones (Schiller *Op. cit.*, pág. 109). La ausencia de una autoridad común hacía que hubiera multiplicidad de denominaciones para la misma cosa generando gran imprecisión. Faltaba "el nombre" unívoco que identificara la institución en forma indubitable, la mecánica de ajuste y también el *enforcement* u obligatoriedad de su aplicación por parte de los tribunales.

Llega un momento en que la moneda virtual se convierte en verdadera ancla de la economía como parámetro estable para medir valores. En suma, el Patrón Tabular de Valor que proponían desde hace casi dos siglos los precursores (Lowe, 1823) y Marshall (1886). Es lo que se ha logrado en Chile con la UF que demuestra la potencia de instituciones sabiamente concebidas e implementadas que se mantienen invariables a lo largo de lapsos prolongados, hasta convertirse en un hábito sólidamente arraigado que se incorpora a la forma mentis del ciudadano y es parte del acervo cultural de la población. Recordemos la anécdota acerca de la respuesta del mozo del Hotel Sheraton relatada en el punto 5 de este mismo capítulo: la UF no cambia de valor. Lo que cambia es el dólar.

Cuando el sistema se universaliza y las cuotas y pagos diferidos se denominan en la moneda virtual o unidad de cuenta, la gente se acostumbra a que debe

UF 100 y no los pesos equivalentes. Que lo fijo es la cuota de UF que no cambia nunca (Unidad Básica) y que lo variable es la cantidad de numerario (Unidad Derivada) que es necesario entregar para integrar el poder adquisitivo que marca la cotización de la UF.

Por esta vía, se puede llegar a crear una verdadera unidad de cuenta o moneda virtual de uso universal, en la cual están denominados todos los pagos diferidos. Y esta moneda virtual se puede contar y fraccionar y constituye una verdadera institución aunque carezca de materialidad física. De igual manera que aceptamos que las personas jurídicas existen realmente, aunque tampoco tengan materialidad física.

Llegados a este punto podemos decir que el principio nominalista bien puede aplicarse a esta moneda virtual. El Congreso, al instituir la moneda virtual y darle una denominación y un contenido de poder adquisitivo intrínseco, está creando por ley una nueva institución tal como lo hizo con las sociedades anónimas en la ley de sociedades o con el consorcio de propiedad horizontal en la ley 13.512. En el derecho, las creaciones abstractas son habituales y aceptamos su existencia aunque no podamos percibirlas con los sentidos. Las sociedades anónimas existen aunque no las podamos ver ni tocar. Son creaciones del derecho que tienen una existencia puramente virtual pero que conllevan importantes consecuencias jurídicas. Cuando el Congreso adopta el sistema métrico decimal, está creando la institución "metro" que es también una relación abstracta carente de existencia física. El metro de madera del constructor, la cinta metálica del agrimensor, o el centímetro de plástico del sastre son representaciones físicas imperfectas de ese concepto abstracto de medida que es el "metro".

No debemos confundir la herramienta que permite conocer las dimensiones de un objeto, con la unidad de medida que ella representa. Del mismo modo que nadie confunde la sociedad anónima, con el papel en el que se materializa el estatuto que la crea. Parece claro que mutatis mutandi el Congreso, al crear la moneda virtual o unidad de cuenta, está creando un concepto abstracto de valor que sirve para mensurar dimensiones económicas o valores, que luego se traducen en elementos físicos que son los billetes de banco que se utilizan para concretar los pagos, pero que en realidad el "valor" está definido por la unidad de cuenta que configura la Unidad Básica. Es una relación virtual o abstracta con el universo de bienes, de igual manera que el metro es una relación de la misma naturaleza con el planeta en el cual vivimos. Y que en ambos casos la relación abstracta tiene que convertirse en un objeto concreto para que sea operativo. En un caso el metro de madera del constructor y en otro el billete con el cual hacemos el pago.

A partir de la decisión política del Congreso se resuelve una prolongada y ardua cuestión que ha originado ríos de tinta en el debate entre los juristas y también en nuestros Tribunales: la discusión entre el principio nominalista y el reajuste de las obligaciones por medio de la indexación. Ambas cuestiones quedan compatibilizadas Se mantiene el principio nominalista utilizando una moneda virtual de valor constante. Se corta el nudo gordiano que ha desvelado durante casi dos milenios el debate entre los nominalistas y los defensores de la equivalencia de las prestaciones para garantizar la justicia conmutativa. Se llega a una solución final que no es ecléctica ni implica renunciar a ningún principio del nominalismo que se conserva en pie. Sólo que la moneda que se utiliza conserva un poder adquisitivo constante. Es un nominalismo que al propio tiempo custodia la justicia conmutativa. La forma y la sustancia se fusionan en una sola cosa. Moneda nominal con un contenido de estabilidad ontológica. Lo que se está logrando es verdaderamente trascendente: se mantiene el tradicional principio nominalista y al mismo tiempo se le da a la moneda un contenido de estabilidad que supera al oro, ya que la sustancia de la moneda virtual es el concepto mismo de estabilidad expresado en el índice de precios.

## 22.- La indexación de los salarios

Como veremos en el punto 25, en la realidad económica de nuestro país los salarios se ajustan anualmente en las convenciones colectivas de trabajo lo que constituye una especie de indexación. En períodos de alta inflación, la principal preocupación de los sindicatos es recuperar el poder adquisitivo perdido por la erosión inflacionaria. Los ajustes que se reclaman se basan principalmente en los índices de precios que, frente a la distorsión de los índices oficiales, elaboran ellos mismos considerando los "precios de la góndola". Estos justificados reclamos terminan finalmente reconociéndose, tras enfrentamientos innecesarios generados por la falta de una moneda estable.

## 22.1. El "efecto serrucho"

De todos modos, esta suerte de indexación, en épocas de alta inflación como la que hoy padece nuestro país, es sumamente imperfecta, porque los salarios acordados en las convenciones colectivas sufren una erosión permanente que resta poder adquisitivo al trabajador, generando lo que nosotros denominamos "efecto serrucho". Este fenómeno provoca que ante una inflación del 25% anual, el salario se reduzca un 18,5% en el último mes de vigencia del convenio.

Este "efecto serrucho" está siendo de alguna manera mitigado, porque en lugar de aplicar de golpe un aumento del 25%, se convienen ajustes escalona-

### Pérdida Neta en el Salario del Trabajador por el Efecto Serrucho

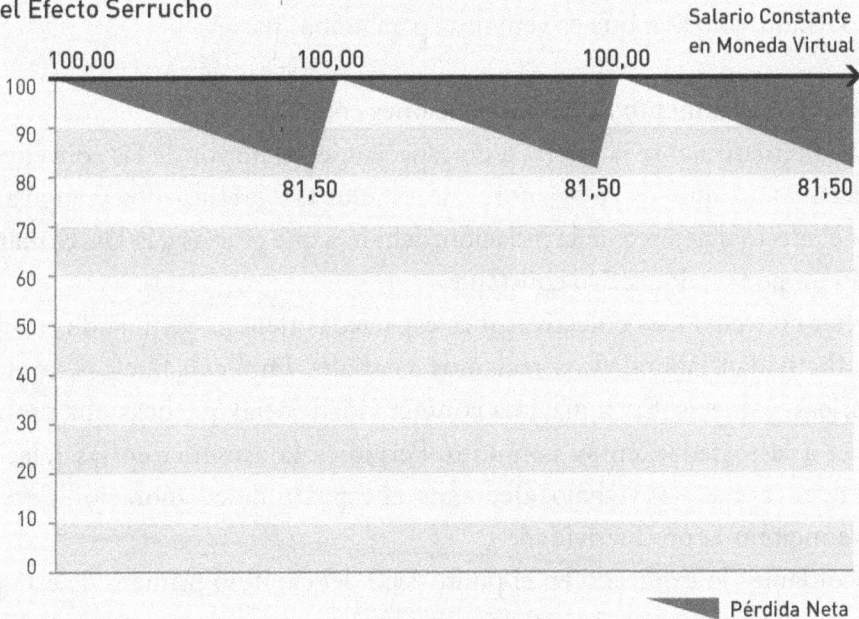

Salario Constante en Moneda Virtual

100,00    100,00    100,00

81,50     81,50     81,50

Pérdida Neta

El gráfico está realizado con una inflación mensual constante del 25% anual.
En un escenario de alta inflación, el ajuste anual de los salarios provoca una pérdida neta al trabajador durante el período intermedio entre las convenciones colectivas.

dos cada cuatro o seis meses, en base a una inflación proyectada, con lo que se logra reducir el tamaño de los escalones de ajuste. Al achicarse el "efecto serrucho" se protege al trabajador y se consigue hacer más asimilable el pago del incremento para la patronal.

## 22.2.- La verdadera solución es indexar el salario

El proyecto de ley para la creación de la Moneda Virtual UCE, incluido en la Parte tercera, capítulo tercero, autoriza a las partes a acordar libremente la utilización de este nuevo Patrón Monetario y hacer que los salarios se nominen en UCEs. Esto permitirá que el poder adquisitivo pactado en los convenios colectivos se mantenga incólume durante toda su vigencia, ya que los haberes se irán ajustando mensualmente por el índice de precios al consumidor.

La ley autoriza a las partes a pactarlo pero no lo hace obligatorio porque entiende que en el mundo moderno el poder de los sindicatos ha equilibrado la mesa de negociación y están en condiciones de acordar de igual a igual esta importante solución que es ventajosa para ambas partes.

## 22.3.- Espaciamiento de las convenciones colectivas

Esta alternativa abre la puerta a un espaciamiento mayor de las convenciones colectivas, ya que los trabajadores no estarán tan presionados y angustiados por el efecto deletéreo de la inflación, debido a que gracias a la UCE, mantendrán un poder adquisitivo constante.

Pactar convenciones colectivas más espaciadas tiene la ventaja de reducir la conflictividad laboral. Los reclamos salariales implican huelgas, tomas de fábricas, piquetes. En suma, una conflictividad social que ocasiona profundo daño a la sociedad en su conjunto. Perjudica la armonía en las relaciones entre el capital y el trabajo, afectando el espíritu de colaboración necesario para mejorar la productividad.

Recordamos lo explicado en el punto 14.2 del capítulo primero de esta parte primera sobre el efecto beneficioso de la aplicación de las escalas variables en Gran Bretaña y Estados Unidos. Desde 1841 hasta 1930 se utilizó en Gran Bretaña un mecanismo de indexación de los salarios que se ajustaban periódicamente en función de la fluctuación del producto elaborado específicamente en la industria considerada. El sistema alcanzó amplia difusión especialmente en la industria del hierro y del carbón y constituyó un valioso aporte para prevenir las huelgas y posibilitar un clima de colaboración entre capital y trabajo en dichas industrias. Posteriormente, su uso se extendió a los Estados Unidos.

Miton Friedman fue un entusiasta defensor de las indexaciones salariales en el período intermedio entre cada negociación salarial.

> *El modo de reducir los efectos colaterales de la inflación es hacer contratos en términos reales, no nominales. Ello puede realizarse con el uso difundido de clausulas de indexación. (Monetary Correction, op.cit., página 9)*

En Estados Unidos los acuerdos laborales rigen por períodos más prolongados, generalmente tres años. No dudamos que de aplicarse este sistema en nuestro país, con un índice correctamente elaborado podemos aspirar a reducir la conflictividad laboral otorgando a las convenciones colectivas una vigencia mayor.

### 22.4.- El caso de los jubilados

Distinto es el caso de jubilados y pensionados porque no existen "paritarias de los jubilados" adonde ellos puedan negociar condiciones más equitativas y por cierto no pueden ejercer el derecho constitucional de huelga. Es por ello que el proyecto de ley de creación de la UCE exige que las prestaciones previsionales sean nominadas en esta moneda virtual para proteger a la clase pasiva preservando el poder adquisitivo de sus haberes.

### 23.- La moneda virtual en épocas de deflación

Siendo la inflación el fenómeno más frecuente tendemos a pensar que la fluctuación de los precios es sólo una espiral ascendente. No siempre ha sido así. El dólar registra a lo largo del siglo XX quince años de deflación que adquirió proporciones catastróficas durante la gran depresión de 1930. Según Robert A. Mundell entre 1929 y 1933 los precios cayeron el 35 por ciento. Los deudores estaban imposibilitados de pagar sus deudas porque sus productos se habían desvalorizado. Un agricultor necesitaba producir el 35 por ciento más de grano para pagarle al banco la misma obligación pactada en dólares nominales que habían tenido una valorización inversa a la caída generalizada de los precios. Este fenómeno se propagó como un reguero de pólvora en la economía, provocando la concatenación de las quiebras. Entre 1930 y 1933 quebraron en Estados Unidos 5.096 bancos.

La deflación se propagó a todo el mundo. Dijo Robert A. Mundell al recibir el premio Nobel de Economía en 1999:

> *La deflación ya estaba en el aire hacia finales de la década del 20 con la caída de los precios de los productos agrícolas y de las materias primas. El crash de Wall Street en 1929 era otro síntoma, y la deflación generalizada se desató en 1930. Que la deflación fue generalizada, aunque despareja, puede verse por la pérdida porcentual registrada en los precios mayoristas en varios países a partir de 1929 hasta Septiembre de 1931 (el mes en que Gran Bretaña abandonó el patrón oro): Japón, 40,5; los países bajos, 38,1; Bélgica, 31,3; Italia, 31; Estados Unidos, 29,5; Gran Bretaña, 29,2; Canadá, 28,9; Francia, 28,3; Alemania, 22,0.[118] (En Estados Unidos) los precios mayoristas cayeron el 35% entre 1929 y 1933…El desempleo creció al 24,9% de la fuerza laboral en 1933, y el PBI cayó el 57% a precios corrientes y el 22% en términos reales…La crisis bancaria estaba en pleno apogeo y las quiebras bancarias aumentaron vertiginosamente desde alrededor de 500 por año en 1920, a 1350 en 1930, 2.293 en 1931 y 1.453 en 1932…Y concluye Mundell diciendo: Si el precio del oro se hubiera aumentado hacia el final de los 20s, o, alternativamente, si los bancos centrales hubieran perseguido una política de estabilización de precios en lugar de aferrarse al patrón oro, no hubiera habido Gran Depresión, ni la Revolución Nazi ni, por lo tanto, la Segunda Guerra Mundial.[119]*

Del mismo modo, si las deudas hubieran estado pactadas en moneda virtual, se hubiera producido una reducción de la deuda nominal facilitando a los deudores cancelar sus obligaciones. Si hubiera regido la moneda virtual como

---

[118] Mundell, Robert, Op. cit. p. 228.
[119] Ibid.

la UF chilena en esa época, cuando los precios de los bienes bajaban el 35%, la deuda nominal debía reducirse en idéntica proporción. Como señala Mundell, si la devaluación del dólar con relación al oro se hubiera producido cinco años antes, la depresión no hubiera alcanzado ribetes catastróficos. Esa devaluación que se produce tardíamente cuando el daño económico y social era irreversible, hubiera ocurrido en forma automática y sin necesidad de una decisión política. No hubiera causado una conmoción tan profunda. Simplemente, los deudores hubieran seguido pagando sus deudas en términos de poder adquisitivo real vinculado a los bienes, en lugar de afrontar una obligación que se había incrementado artificialmente en términos reales, como consecuencia de la caída abrupta y generalizada de los precios.

W. S. Jevons anticipó el problema medio siglo antes cuando sostuvo en su libro: Moneda y el Mecanismo de Intercambio publicado en 1876:

*Colapsos periódicos del crédito se producirían de tanto en tanto, pero la intensidad de la crisis sería mitigada, porque mientras los precios caen los pasivos de los deudores se reducirían aproximadamente al mismo ritmo.*

### 24.- La indexación no es inflacionaria

Frente al temor de que una moneda virtual pueda generar inflación o agravar la existente, la experiencia chilena con la UF demuestra que sus efectos son más bien contrarios.

- En lo inmediato, no impacta en la fórmula monetarista de Fisher, porque no modifica la masa monetaria ni acelera su velocidad de circulación.
- En el mediano plazo, la moneda virtual puede contribuir a reducir la velocidad de circulación y de este modo a la estabilización de la moneda corriente.
- En el largo plazo, puede acentuar este proceso actuando sobre el segundo término de la fórmula de Fisher por el incremento de la oferta de bienes que genera la canalización del ahorro a la inversión reproductiva.

En sentido coincidente Milton Friedman señala:

La Moneda Virtual

*La inflación es siempre y en todo lugar un fenómeno monetario en el sentido de que sólo es y puede ser producida por un aumento más rápido de la cantidad de dinero que de la producción.*[120]

La Moneda virtual es un espectador neutral de la evolución de los precios. El índice que contiene es una relación matemática producto de la sistematización de los datos de precios del universo de bienes que el mercado le suministra. Afirmar que la indexación es causa de la inflación es un error lógico y crono-lógico. Veamos este ejemplo: si una persona va a su sastre a ordenar un traje, éste, después de tomar sus medidas, deberá confeccionar la prenda adecuada a sus dimensiones. El sastre no es responsable del tamaño del abdomen de su cliente ni es su rol recomendarle dietas o gimnasias. La moneda virtual es como el sastre: recibe la información del mercado, la registra y la traduce a un índice. La fluctuación de los precios estará determinada por la política mo-netaria (*monetary policy*) del Banco Central, quien debe velar por suministrar una cantidad de moneda que no provoque aumento generalizado de precios (obesidad de los precios) ni deflación (anorexia de los precios). Sólo la moneda real –único medio de pago- puede incidir en forma inmediata en la fórmula de Fisher. Cronológicamente, los hechos se dan así: primero el mercado genera los precios en base a transacciones reales, luego el estadígrafo recolecta los datos resultantes para finalmente volcarlos al índice.

*La principal objeción a una indexación ampliamente difundida, es el argu-mento de su impacto inflacionario sobre la economía. Expresado de esta mane-ra simplista este juicio de valor es sencillamente falso. Como lo señalé antes en relación con el acuerdo de General Motors. La indexación se limita a reflejar el incremento de precios previamente ocurrido. Una indexación puede ir para abajo como para arriba. ¿Si la inflación disminuye, y como consecuencia tam-bién disminuyen los incrementos de salarios, diríamos acaso que la indexación tiene un impacto "deflacionario"?.*[121]

---

[120] The New Palgrave Dictionary of Economics, 1987.
[121] Friedman, Milton, Op. cit. p. 30.

Precisamente, en el año 2009 hubo deflación de precios en Chile ya que el índice registró una baja del 1,4 por ciento. Naturalmente, nadie dijo que la deflación era provocada por la indexación.

Por tanto, es un error lógico atribuir la inflación a la indexación. Vulnera un principio lógico fundamental: el principio de razón suficiente. Para que algo sea causa de otro fenómeno debe ser temporalmente anterior. La causa es un antecedente del efecto. ¿Acaso alguien afirma que el Índice Dow Jones provoca la suba o la baja de las acciones en Wall Street? ¿O que el termómetro es causa de la fiebre del paciente? De igual modo, la inflación no puede ser causada por la indexación que se limita a medirla. Cuando existe estabilidad de precios, la aplicación de la indexación no tiene efecto alguno porque el índice sería igual a la unidad y todo número multiplicado por uno es igual a si mismo. En una economía con indexación universal como la chilena, cuando no hay inflación, el ajuste a efectuar es nulo.

Debemos ver a la inflación como un desagradable siniestro, por ejemplo el incendio de nuestra casa. Nadie diría que la causa del incendio es el hecho de que la casa esté asegurada. Veamos la indexación como una póliza de seguros contra la inflación. Sólo se paga en caso de que el siniestro se produzca. Y el siniestro, como sostiene enfáticamente Friedman, es causado por la política monetaria expansiva del Banco Central. Este fenómeno ocurriría de todos modos aunque no hiciéramos ninguna medición del mismo. Si cerramos los ojos en un día de Sol no percibimos su luz pero el Sol continúa brillando. No desaparece aun cuando nos neguemos a verlo.

En el largo plazo, la experiencia chilena ha demostrado que la UF contribuye a la estabilización y es un factor antiinflacionario, por varias razones:

a)  Facilita la obtención de créditos de largo plazo para el financiamiento de vivienda y proyectos de infraestructura, que por su propia naturaleza son de lenta maduración. Transporte, energía, saneamiento y vivienda, configuran una base esencial para el verdadero desarrollo actuando positivamente sobre el segundo término de la fórmula de Fisher: el incremento de la oferta de bienes. Más oferta de bienes significa menos presión inflacionaria. ¿Cómo podríamos aumentar la producción, es decir la oferta de bienes, si carecemos de electricidad o de gas para las industrias como ocurre en nuestro país adonde cuando hace frío o calor se les corta el suministro para privilegiar el consumo doméstico?

Señala el profesor Juan Andrés Fontaine ex Ministro de Economía de Chile en su trabajo: Consecuencias de la nominalización de la política monetaria: La UF facilitó el fuerte desarrollo del mercado de capitales local, pieza importante de la estrategia de crecimiento.

b). Estimula el ahorro popular a mediano y largo plazo dentro del circuito financiero formal, evitando el estéril atesoramiento de divisas como ocurre en la Argentina. En Chile resulta más atractivo llevar los pesos al banco y depositarlos en plazos fijos, ya que el depósito se convierte automáticamente a UF quedando garantizada su estabilidad -poder adquisitivo- y generando además interés real. La UF ha influido decisivamente en el *saving miracle* (milagro del ahorro) que provocó un formidable crecimiento de la inversión como veremos al tratar la bancarización inducida. La posibilidad de contar con un ahorro blindado contra la alta inflación calma la ansiedad de la población por refugiarse en los bienes. Se reduce, de este modo, la velocidad de circulación lo que contribuye a aplacar la inflación.

c). La aceptación social creciente del uso de esta moneda logra también un significativo abatimiento de las tasas nominales de interés que en Chile rondan el 5 % anual, por ejemplo en los préstamos hipotecarios de largo plazo. En Argentina, las altas tasas nominales procuran cubrir el riesgo inflacionario por la falta de una moneda ajustable, generando una barrera artificial a muchos potenciales prestatarios quienes no pueden cumplir con la relación técnica ingreso-cuota. En estos casos, la alta tasa nominal de interés opera como una cancelación anticipada del capital medido en moneda constante.

d) La difusión de la indexación reduce el incentivo del Gobierno a seguir acelerando la emisión, porque tiene que devolver el capital ajustado. Por esta razón, Milton Friedman considera que la indexación debe ser voluntaria en las transacciones privadas y obligatoria por ley, únicamente para las deudas contraídas por el Gobierno. Éste debe limitarse a remover las dificultades que conspiran contra su aplicación. Tal sería el caso de la ley argentina de convertibilidad 23.928, que prohíbe toda forma de indexación y debe ser derogada.

---

**Cuadro 7 - Variación del IPC en Chile**
Variación Diciembre a Diciembre

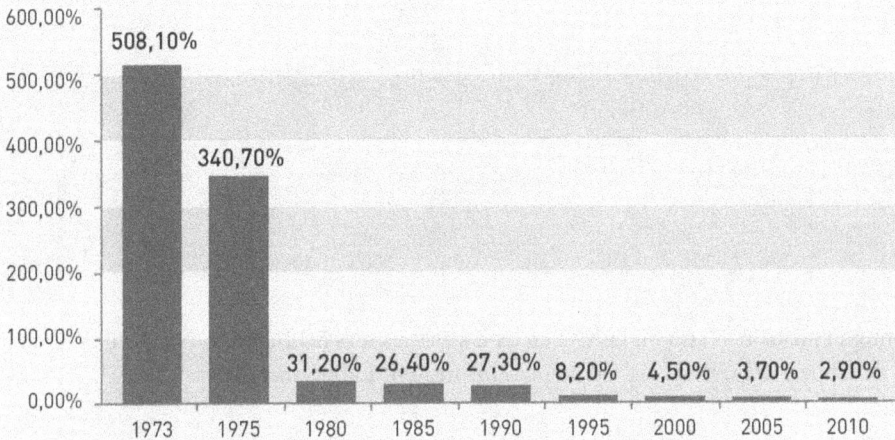

Fuente: Fundación Metas Siglo XXI en base a estadísticas del Banco Central de Chile www. bcentral.cl y de Indicadores Económicos y Sociales de Chile 1960-2000, Pág. 310.

El gráfico considera el período 1973 a 2010 con plena vigencia de la UF; es decir, en una economía con indexación universal. La inflación alcanzó un pico del 508,1% en 1973 y a partir de entonces mostró una disminución consistente con tasas de un dígito en los últimos 15 años hasta alcanzar un 2,9 por ciento en 2010.

La situación de la economía chilena no es accidental ni fruto de la casualidad. Es un proceso consolidado como puede apreciarse en el cuadro precedente. En la última década la inflación de Chile ha sido similar a la de Estados Unidos. En el largo plazo, la UF actúa consistentemente sobre ambos términos de la fórmula monetarista de Fisher: en el corto plazo, disminuye la velocidad de circulación al transformar el consumo compulsivo en ahorro y, en el largo plazo, aumenta la oferta de bienes al canalizar ahorro creciente a la inversión.

**Cuadro 8 - Inflación 2000-2009**
Chile vs. EE.UU.

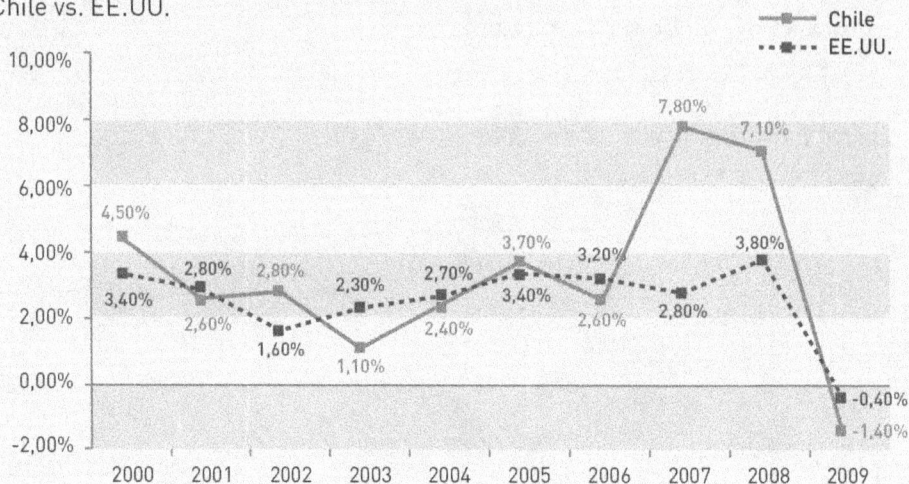

Fuente: Fundación Metas Siglo XXI en base a estadísticas del Instituto Nacional de Estadística de Chile y del CPI-U elaborado por el Bureau of Labor Statistics.

**25.- La prohibición legal de indexar no evita la inflación. Los precios están ajustados por el mercado, los salarios por los convenios colectivos y los principales impuestos por ser porcentajes de los precios o de los ingresos**

Argentina siguió el camino inverso a Chile: en vez de crear una moneda indexada como la UF, prohibió la indexación (ley 23.928, ratificada por ley 25.561). Veamos los resultados en la última década: Chile registra una inflación del 3,3 por ciento anual, mientras la Argentina está enfrentando una que ronda el 25 por ciento anual.

¿Cómo se genera este fenómeno? La prohibición de indexar tiene un alcance extremadamente limitado, ya que no abarca precios, salarios ni impuestos. Los precios están ajustados (indexados) por el mercado, los salarios por los convenios colectivos y los impuestos porque son alícuotas de los precios (IVA) y de los ingresos (ganancias). De donde se concluye que las principales variables de la economía son ajustables y siguen una constante espiral ascendente impulsada por la política monetaria expansiva del Banco Central. La prohibición de indexar se limita exclusivamente a los productos financieros y a las obligaciones a plazo. Por esta vía, el proceso de acumulación de capitales es víctima de una letal operación de pinzas: por un lado, la inflación que corroe el poder adquisitivo y desalienta el ahorro; y por otro, la prohibición de indexar, que impide crear productos financieros blindados contra la inflación.

En Argentina, la fuga de capitales se produce a la vertiginosa velocidad de 43 millones de dólares por día entre enero 2007 y diciembre de 2011. Totaliza 79.007 millones de dólares, que pudo haber sido una base de lanzamiento para un ambicioso plan de desarrollo.

Entre los años 2003 y 2008, el Estado argentino estuvo en el mejor de los mundos: sus ingresos estaban ajustados a la inflación (indexados). Mientras más alta era la tasa de inflación, mejor la performance fiscal, porque todavía se podía endeudar a tasa nominal fuertemente negativa, captando compulsivamente recursos del Banco Central y de la ANSES y utilizando los fondos de los jubilados de las AFJP, mientras los egresos previsionales se mantienen acotados debido a dos políticas concurrentes: la negativa de ANSES a reajustar los casos Badaro conforme a la jurisprudencia de la Corte Suprema

**Cuadro 9 - Fuga de Capitales en Argentina**
(millones de dólares)

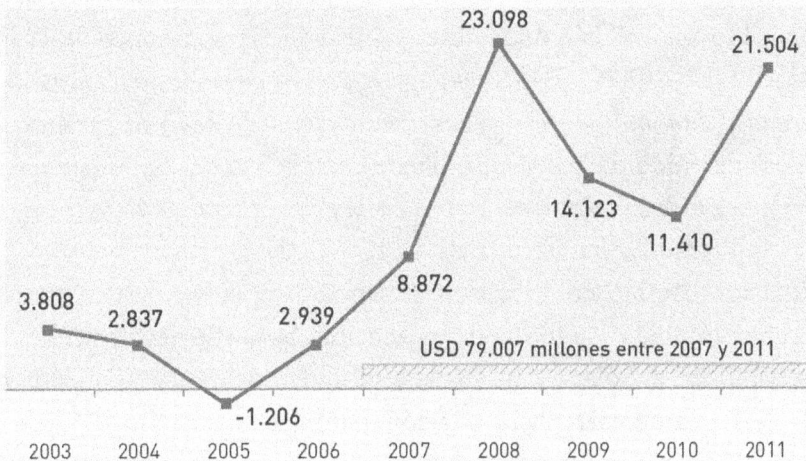

Fuente: Fundación Metas Siglo XXI en base a estadísticas del Banco Central de la República Argentina www.bcra.gov.ar

y la falta de una indexación mensual por el índice de precios al consumidor tal como se propone en este trabajo.

En definitiva, lo único que castiga la prohibición de indexar es justamente el recurso esencial para el desarrollo: el ahorro de largo plazo que permitiría incrementar la oferta de bienes esenciales para el despegue, como el transporte y la energía.

### 26.- La indexación en la jurisprudencia de la Corte Suprema

A partir de la década del 70, la Corte Suprema de la Nación y todos los Tribunales de Justicia del país en forma unánime, dejando de lado el principio nominalista, aplicaron en forma pretoriana la indexación basada en principios constitucionales como el derecho de propiedad (art. 17) y la movilidad de las jubilaciones (art. 14 bis). El criterio rector era hacer prevalecer el poder adquisitivo real de la moneda. Así en la causa: Apasa, Bonifacio c/Mur Pérez May del 2.5.78. Fallos 300;471 EL DERECHO, 78-725 estableció que: *no reajustar la cantidad adeudada condenando a pagar una suma en moneda cuyo poder adquisitivo es muy inferior al que tenía cuando nació el crédito, vulnera el derecho consagrado por el art. 17 de la Constitución Nacional.*

Idéntico criterio se aplicó a las jubilaciones y a los alimentos. Así en la causa: Pietranera Horacio c/Caja de Retiros, Jubilaciones y Pensiones de la Policía Federal, EL DERECHO 73-320: *la negativa a la indexación afecta la garantía de la propiedad al disminuir la real significación económica del beneficio que se cuestiona.* Un análisis detenido de la cuestión puede consultarse en: *Inconstitucionalidad de la Prohibición de Indexar como consecuencia de la derogación de la convertibilidad* por Guillermo Laura, EL DERECHO 9.3.09

Esta situación cambió en 1992 con la sanción de la ley de convertibilidad 23.928, que prohibió toda forma de indexación. Se partía de la premisa de que la convertibilidad al dólar aseguraba la estabilidad del poder adquisitivo de la moneda y hacía innecesaria la indexación. Pero la convertibilidad quedó derogada en 2002 lo que implicó un cambio en la esencia del sistema monetario. Se volvía a la etapa 1946-1991 con papel-moneda inconvertible, sin valor intrínseco alguno, lo que paulatinamente se tradujo en inflación creciente. Hoy, la segunda más alta del mundo. El Congreso derogó la convertibilidad pero mantuvo vigente la prohibición de indexar como norma de orden público.

Nos encontramos en el peor de los mundos: sin moneda estable y aplicando a rajatabla el principio nominalista tradicional, todo lo cual se traduce en graves distorsiones que afectan las obligaciones a plazo y restringen las facultades de la administración de Justicia para restaurar el equilibrio de las prestaciones.

La Corte Suprema, en su actual composición, niega la posibilidad de indexar aún en el caso de mora del deudor, con lo cual se inflige al acreedor un grave daño ya que por el envilecimiento de la moneda recibe un valor inferior al pactado. Así en el fallo del 20 de abril de 2010: Recurso de hecho deducido por Seguros Bernardino Rivadavia Cooperativa Limitada en la causa Massolo, Alberto José c/Transporte del Tejar S.A. s/daños y perjuicios (Expte M. 913 XXXIX) sostuvo que: la actualización por depreciación monetaria...causaría un daño profundo en la esfera de los derechos patrimoniales todos, al alimentar esa grave patología que tanto los afecta: la inflación. Esta afirmación apodíctica carece de todo fundamento lógico porque confunde la causa con el efecto como vimos en el punto 24. No es la indexación la causa del aumento de los precios, sino que es el aumento de éstos lo que provoca la variación del índice. Desde el punto de vista de la doctrina económica, está en contra de la tesis categórica del máximo referente mundial en aspectos monetarios: el premio Nobel Milton Friedman. Por otra parte, la experiencia histórica indica que países como Chile, que han aplicado la indexación con alcance universal durante más de cuatro décadas, han logrado acotar las fluctuaciones de la moneda a niveles de los de países desarrollados. La solución no pasa por prohibir la medición de la inflación sino por aplicar una política monetaria seria desde el Banco Central. La indexación no agrega ni quita medios de pago.

El error de la Corte aparece nítido cuando se refiere al efecto "inercial" de la indexación. Afirma el fallo:

*Permitir la vigencia de una cláusula de estabilización...significaría desconocer el objetivo antiinflacionario que se proponen las leyes federales mencionadas mediante la prohibición genérica de la indexación, medida de política econó-*

*mica que procura evitar que el alza de los precios relativos correspondientes
a cada uno de los sectores de la economía, al reflejarse de manera inmediata
en el índice general utilizado al mismo tiempo como referencia para reajustar
los precios y salarios de cada uno de los demás sectores, contribuya de manera
inercial a acelerar las alzas generalizadas de precios (conf. Fallos: 329:385) y
a crear desconfianza en la moneda nacional.*

En el caso juzgado por la Corte se trataba de una indemnización por accidente de tránsito contra una compañía de seguros. Es evidente que esta indemnización no puede trasladarse a precios ni influir en manera alguna sobre el
índice, ya que afecta únicamente a las reservas de la compañía de Seguros. La
cuestión central de la realimentación de la inflación, se produce por la carrera
de precios y salarios. Los trabajadores exigen aumentos para compensar el alza
de precios. Y los empresarios trasladan a los precios los mayores costos laborales, con lo cual se genera una causación circular de incremento potenciado de
precios y salarios, denominada espiral inflacionaria.

La Corte parece desconocer que las grandes variables de la economía son
justamente los precios y salarios. Y que ambos están indexados: el mercado indexa los precios y el Gobierno, por medio de la homologación de los convenios
colectivos, utiliza su *imperium* para hacer obligatorios los aumentos pactados a
toda la actividad alcanzada por ese convenio. La prohibición de indexar sólo se
aplica al ahorro y a los préstamos que, por efecto de la inflación, se han reducido a su mínima expresión. Tiene un efecto muy limitado que es irrelevante
en el proceso inflacionario actual. Por otra parte, si la moneda virtual consigue
incrementar sustancialmente el ahorro operará como un estabilizador de la
economía al promover la inversión e incrementa la oferta de bienes.

Argentina es el único país del mundo que prohíbe la indexación. Si éste fuera el mecanismo idóneo para impedir la inflación, debería tener una de las
monedas más estables. Sin embargo, tiene la inflación más alta del mundo,
sólo superada por Venezuela (ver cuadro: Los Top Ten en inflación mundial).
Entretanto, países como Chile, Uruguay y Brasil, que utilizan ampliamente la
indexación, tienen monedas razonablemente estables.

La doctrina de la Corte es preocupante porque con ella se cierra la puerta a la

**Cuadro 10 - Los Top Ten en Inflación mundial**
Año 2010

| País | Tasa de Inflación Anual |
|---|---|
| 1. Venezuela | 33,33% |
| 2. Argentina | 23,90% |
| 3. Guinea | 19,40% |
| 4. Eritrea | 16,80% |
| 5. Congo | 15,50% |
| 6. Sierra Leona | 14,00% |
| 7. Uzbekistán | 12,90% |
| 8. Pakistán | 12,70% |
| 9. Surinam | 12,40% |
| 10. Ucrania | 12,00% |

Fuente: Estudio Bein y Asociados en base al FMI

posibilidad de dar una solución de fondo al grave problema de los jubilados. Únicamente un mecanismo automático de indexación preservaría debidamente el derecho constitucional de la clase pasiva, que garantiza jubilaciones y pensiones móviles. ¿Qué otra forma puede haber de movilidad de las pasividades, que su indexación por algún mecanismo o índice automático?

El método actual de reajustar caso por caso, generando un litigio con cada uno de los jubilados, ha llevado a la Justicia de la Seguridad Social al colapso, no obstante que la cantidad de reclamos alcanza apenas al 8 por ciento de los jubilados (al 31 de julio de 2011). ¿Estamos provocando que seis millones de jubilados inicien acciones legales?

En declaraciones a la prensa el Presidente de la Corte Dr. Ricardo Lorenzetti sostuvo:

*Queremos que los jubilados no tengan juicios y acabar con su padecimiento. Tenemos que tratar que todos los poderes del Estado tengamos una visión enfocada en mejorar y facilitar la vida de los ciudadanos y no complicársela. La posición*

> *nuestra es determinar qué mecanismos concretos podemos implementar para que*
> *realmente no exista el verdadero padecimiento que tienen los jubilados.*

Instó a los poderes del Estado a implementar políticas que sirvan para *"mejorar y facilitar la vida"* de los jubilados y acabar con los juicios por los reclamos de haberes. La Nación, 14 de junio de 2012.

Justamente, el único mecanismo idóneo concreto a implementar en épocas de fuerte inflación es la indexación de los haberes para que el ajuste se realice en forma automática sin necesidad de juicio o reclamo alguno, como ocurre en Chile, Uruguay y Brasil. Pero la Corte rechaza la indexación y entonces se destruye el único mecanismo que resuelve el problema sin litigios.

En el caso Badaro, la Corte se vio obligada a aplicar una indexación reajustando el haber del actor en base al índice salarial del INDEC denominado Coeficiente de Variación Salarial. ¿Acaso esto no es indexar? Indexar quiere decir precisamente lo que hizo la Corte: aplicar un índice para reajustar una obligación, en este caso, la jubilación del demandante.

Se imponía por razones elementales de congruencia jurídica declarar la inconstitucionalidad de las leyes 23.928 y 25.561 que prohíben la indexación con carácter de orden público. Si la Corte resolvió aplicar la indexación debió declarar simultáneamente la inconstitucionalidad de estas leyes. La indexación del caso Badaro es incongruente y contradictoria con ambas leyes que prohíben lo que la Corte hizo: indexar. Es irrelevante que se haya elegido el índice salarial o el de costo de vida. Ambos son índices y por lo tanto cualquier reajuste basado en ellos está fulminado de nulidad por las leyes mencionadas. Si dichas leyes son constitucionales, la Corte no podía indexar. Y si resolvió aplicar la indexación tenía que nulificar las leyes por contrarias a la Constitución.

Que la decisión de la Corte implicó indexar por el índice de salarios resulta del propio fallo. El argumento básico sigue siendo la pérdida del poder adquisitivo de la moneda. Dice el fallo:

*... en los últimos cinco años, frente a la suba del nivel de precios del 91,26 % y una modificación de los salarios del 88 %, la prestación de Badaro sólo se incrementó el 11 %, dispuesto por el decreto 746/06.*

Es este incremento del nivel de precios –que es lo mismo que una disminución del poder adquisitivo de la moneda- lo que justifica la intervención de la Corte. ¿O acaso es función de la Corte aumentar las jubilaciones? En manera alguna. Si lo hiciera estaría vulnerando la separación de poderes.

Lo que la Corte hace acertadamente es devolver al jubilado el mismo poder adquisitivo para que pueda comprar igual cantidad de bienes. Para ello debe dejar de lado el principio nominalista que dice que los $ 1.144,95 que Badaro cobraba en 2002 son iguales a los $ 1.144,95 que cobra en 2006 y, como consecuencia, volver a la teoría de la indexación que dice que para mantener la igualdad de las prestaciones, debemos olvidarnos del valor facial impreso en los billetes y atender, exclusivamente, a la canasta de bienes que puede adquirirse, aunque para lograrlo debamos recurrir a un importe nominal nuevo y distinto del original. Lo que interesa es cuántos kilos de yerba o azúcar puede comprar el jubilado y no cuántos billetes recibe. La Corte "no modificó" el haber jubilatorio. Ni lo aumentó ni lo redujo. Eso hubiera sido ilegal. Lo que sí hizo es mantener constante el poder adquisitivo, incrementando la cantidad de unidades monetarias que debería recibir Badaro para comprar hoy "lo mismo" que compraba en 2002. Lo ha dicho la propia Corte con gran claridad: *No existe modificación de la obligación, sino determinación del "quantum" en que ella se traduce cuando ha existido variación en el valor de la moneda.* Camusso de Marino, Amalia c/ Perkins S.A. Corte Suprema 21.5.76. Fallos 294:434, EL DERECHO 67-411.-

Es físicamente imposible tramitar seis millones de procesos por reajustes de jubilación. Debemos tomar ejemplo de nuestros vecinos –Uruguay, Chile o Brasil- que resuelven el problema con practicidad mediante un programa de computación que reajusta todos los haberes.

La Corte ha establecido reiteradamente que la jubilación tiene carácter alimentario y ello trae aparejada la consideración de la cuarta dimensión: el tiempo. Cuando de alimentos se trata, el factor temporal deviene esencial, porque para el que necesita alimentarse no es lo mismo comer hoy o acumular un crédito para comer todo junto dentro de diez años. El jubilado es una persona que se está ahogando arrastrado por la corriente caudalosa de la inflación. Necesita que le arrojen un salvavidas ahora y no dentro de diez años, cuando ya esté muerto. Lo admite la propia Corte: Las demoras de la ANSES no sólo afectan la propiedad sino el derecho a la vida de los jubilados. Causa Izcovich, Mabel c/ANSES del 29 .12. 05.

La Corte parece no tener en cuenta que la indexación se inventó hace casi 200 años, justamente para proteger a los vulnerables, ancianos y viudas, para preservar el poder adquisitivo de rentas vitalicias. Para que los más débiles pudieran comprar las cosas esenciales para su supervivencia. Economistas como Adam Smith, Robert Lowe, Alfred Marshall e Irving Fisher desarrollaron estas teorías preocupados por la situación lastimosa a que se veían reducidos los ancianos y las viudas por la erosión que provocaba la inflación en el poder adquisitivo de las rentas vitalicias, aún en épocas del patrón oro. Estos economistas, más que predicar la solidaridad social, la practicaban.

La prohibición de indexar –verdadero residuo tóxico de la ley de convertibilidad– es inconstitucional porque impide a los jueces restablecer la estricta igualdad de las prestaciones recíprocas que es la esencia misma de la justicia. En tiempos de inflación como los actuales, si el acreedor recibe la misma cantidad nominal, se empobrece. Consagrar esta solución por ley de orden público es inconstitucional porque implica impedir a los jueces ejercer cabalmente su sagrado ministerio: administrar justicia. Cuando el poder adquisitivo es corroído por la inflación, aferrarse ciegamente a la teoría nominalista de la moneda rompe la igualdad de las prestaciones reciprocas. Sin ley de orden público, o contra la ley de orden público, la Constitución debe prevalecer siempre en su pauta clarísima y riquísima de garantía de la propiedad, como sostuvo con acierto Germán Bidart Campos. En el caso de las prestaciones previsionales, se suma el desmedro del principio de movilidad de las pasividades consagrado por el art. 14 bis.

La situación de colapso que hoy vive la Justicia de la Seguridad Social, implica además la violación del Debido Proceso y el acceso a la Justicia, que en un sentido amplio comprende la posibilidad de acudir a magistrados que puedan fallar en Justicia, conforme a su recto criterio, sin cortapisas ilegales impuestas por otros poderes del Estado que les impiden asegurar en plenitud la vigencia de las garantías constitucionales. La prohibición de indexar, es una barrera inconstitucional para restablecer la igualdad de las prestaciones, presupuesto básico de la justicia conmutativa.

## 27.- Escasa difusión de las unidades de cuenta indexadas

La difusión de las unidades de cuenta indexadas o monedas virtuales ha sido escasa, no obstante las sólidas propuestas de los economistas precursores. Desde el desarrollo de las primeras teorías a comienzos del Siglo XIX, se ha recorrido un largo camino, con estos importantes hitos:

- Las exitosas experiencias de Gran Bretaña con la indexación de los diezmos a partir de 1837.
- El resultado alentador obtenido por Gran Bretaña y Estados Unidos en la indexación de los salarios como un modo de mitigar las huelgas y los conflictos laborales a partir de 1841.
- A notable performance de la economía chilena con casi medio siglo de indexación general de su economía.

Únicamente cuatro países en el mundo (todos ellos latinoamericanos) han adoptado esta solución: Chile, Colombia, México y Uruguay. También la adoptó Ecuador en 1993 pero su vigencia fue suspendida a raíz de la dolarización de la economía decretada el 9 de enero de 2000.

En el cuadro siguiente se indica el nombre de cada moneda virtual, la fecha de vigencia y el código de la Organización Internacional de Normalización - ISO 4217 asignado a cada una de ellas.

Cuadro 11 - Países que han creado unidades de cuenta estables

| País | Nombre de la moneda virtual | Fecha de vigencia | Norma legal | Código ISO 4217 | Moneda número |
|---|---|---|---|---|---|
| Chile | UF Unidad de Fomento | 20 ene 1967 | Decreto 40 | CLF | 990 |
| Colombia | Unidad de Valor Real | 1999 | Ley 546 | COU | 970 |
| México | Unidad de Inversión | 1 abr 1995 | Decreto s/n | MXV | 979 |
| Uruguay | Unidad Indexada | 19 may 2004 | Ley 17.761 | UYI | 940 |
| Ecuador* | Unidad de Valor Constante | 28 may 1993 | Ley | UVC | 983 |

* Suspendida su vigencia

## 28. Causas probables de la demora en la implantación del Patrón Tabular de Valor o Moneda Virtual

Cabe preguntarse: si la institución de la Moneda Virtual es tan beneficiosa para la comunidad, tan fácil de implementar y carente de costo para el Estado, ¿Por qué se tarda tanto en adoptarla en todas las economías? ¿Cómo puede ser que hayan transcurrido 189 años desde la propuesta de Joseph Lowe y la institución haya quedado limitada a un puñado de países? ¿Quiénes son los que resisten el cambio?

Varias son las causas de esta demora.

En primer lugar, el hombre es reacio a los cambios. En general, se aferra a lo que conoce porque teme las innovaciones por falta de experiencia positiva. En el caso de las nuevas instituciones que implican siempre algún tipo de límite a su accionar, rehúye la disciplina y prefiere tener menos cortapisas.

Maquiavelo explica magistralmente las dificultades que enfrentan los reformadores sociales:

> *Nada es más difícil de realizar ni de éxito más dudoso, ni más difícil de manejar que iniciar un nuevo orden de cosas, ya que el reformador tiene como enemigos a todos quienes lucran con el viejo orden y tan sólo defensores tibios en quienes derivarán provecho del nuevo orden. Esta reticencia se debe tanto al temor de sus adversarios, quienes tienen las leyes de su parte, como a la incredulidad del género humano quien no cree ciertamente en nada nuevo hasta haber tenido larga experiencia fáctica con ello.*[122]

El primero que lucra con la inflación es el propio Estado, el más grande de los deudores en todos los tiempos. El Estado tiene dos fuentes importantes de beneficio: por un lado, la emisión de moneda, que, en el mundo moderno, por la supresión del patrón oro, se crea de la nada mediante el simple recurso de imprimirla; y por el otro, por la desvalorización del stock de deuda ya emitida. Pagar los bonos públicos con moneda devaluada implica pagar menos.

Lo adelantó Joseph Lowe en 1823:

---

[122] Maquiavelo, Nicolás, Op. cit., p. 24.

*...la regla, de que los compromisos futuros deberían ser encuadrados de modo de mantener su valor de bona fide, cualquiera sea el valor de la moneda es tan equitativo, y aparentemente tan fácil de aplicar, que resulta difícil explicar por qué no logra encontrar el camino para su aplicación práctica. A nuestro juicio, esto ocurre por dos causas: la desafortunada negligencia de la enseñanza de la economía política de nuestros hombres públicos, y el interés del Gobierno, el más grande de todos los deudores, para permitir que el dinero sufra una gradual depreciación.*[123]

Otro de los sectores que ve con disfavor esta institución, es el sector financiero. La moneda virtual pone orden y transparencia que evitan muchos de los abusos más habituales del sistema bancario, como la tasa de spread excesiva. En épocas de fuerte inestabilidad, los bancos pueden cobrarlas sin que las mismas sean evidentes para los clientes, por el velo que se oculta detrás de la volatilidad monetaria.

Esta renuencia del sector financiero, se hizo evidente desde los albores de la iniciativa formulada en 1876 por W. S. Jevons para implantar el Patrón Tabular de Valor. Su objetor fue Walter Bagehot, abogado y economista, director de la prestigiosa revista The Economist. Bagehot pertenecía a familia de banqueros y desde joven trabajó con su padre Thomas Walter Bagehot, quien era director ejecutivo y vicepresidente del *Stuckey's Banking Company*. En un artículo publicado en la revista The Economist del 20 de noviembre de 1875, sostiene que la propuesta de Jevons haría imposible la actividad bancaria:

*La actividad bancaria se tornaría imposible porque el banquero nunca sabría cuánto debe, porque cada deuda contraída en distintos momentos, tendría un valor incierto.*[124]

La experiencia chilena demuestra lo infundado de los argumentos de W. Bagehot. Su sistema financiero alcanza una bancarización del 79 % del PBI en el año 2011, la más alta de América Latina según veremos en la Segunda parte, capítulo primero, punto 2.

---

[123] Lowe, Joseph, Op. cit. pp. 290-291.
[124] En Friedman, Milton, Op. cit. p. 42.

## La Moneda Virtual

Hasta aquí quedan expuestos los intereses que conspiran contra la adopción de la moneda virtual.

La segunda cuestión que plantea Maquiavelo es la incredulidad del género humano en todo lo nuevo, hasta no haber experimentado su viabilidad y conveniencia. Y naturalmente, resulta imposible demostrarlo, sin implantar primero el sistema. La otra alternativa es el benchmarking; es decir, utilizar la experiencia ajena –en este caso la UF chilena. Para ello en la Segunda Parte desarrollaremos en detalle los logros alcanzados por Chile en casi medio siglo de vigencia de esta institución.

La resistencia del hombre a la innovación ha existido en todos los tiempos y en todas las latitudes. El sistema métrico decimal tardó un siglo y medio en aplicarse. El calendario Gregoriano necesito cuatro siglos para extenderse urbi et orbe. Y en estos casos, no había intereses en contrario a la nueva institución, como existen en el caso de la moneda virtual.

Inclusive, esta resistencia al cambio se da en otros campos ajenos al dinero y a la actividad financiera. Thomas Alva Edison, luego de efectuar un esfuerzo titánico para inventar la bombilla eléctrica tuvo que enfrentar otro difícil desafío. Los americanos no veían la necesidad de estar iluminados de noche sosteniendo con cierta lógica primitiva: ¿Para qué queremos iluminar nuestras casas de noche, si de noche dormimos y lo que necesitamos es oscuridad? Edison se vio obligado a iluminar un barrio de Manhattan para convencer a los remisos sobre la conveniencia de la luz eléctrica. Y tuvo que hacerlo a su costo, hasta que logró demostrar con hechos incontrastables la bondad de su invento.

La renuencia a cambiar el statu quo o los graves errores de apreciación sobre las posibilidades futuras del nuevo invento, incluye no sólo a los neófitos que carecen de conocimiento suficiente del tema, sino también a quienes están obligados por su profesión y *expertise* a estar imbuidos de la cuestión.

Veamos algunos casos más recientes en la historia:
1. Creo que, en el mundo habrá, a lo sumo, un mercado para cinco computadoras" (Thomas Watson, presidente del directorio de IBM, 1943).
2. Esto que llaman teléfono tiene demasiadas restricciones como para ser considerado un verdadero medio de comunicación. Este invento no tiene

valor para nosotros". (Respuesta de la *Western Union* a Alexander Graham Bell cuando ofreció venderles los derechos del teléfono).

3. Esta caja de música no tiene valor comercial imaginable para nosotros. ¿Quién pagaría para mandar un mensaje para nadie en particular? (De la oficina del presidente de NBC, David Sarnoff, respondiendo en 1920 a un pedido de inversión para el desarrollo de la radio).

4. No nos gusta la forma en que suena la banda y además la música hecha con guitarra está empezando a languidecer (*Decca Record Company*, en 1962, cuando rechazó la edición del primer disco de Los Beatles).

5. Son inconcebibles máquinas voladoras más pesadas que el aire (Lord Kelvin, presidente de la *Royal Society* de Londres en 1895, poco tiempo antes que los hermanos Wright hicieran su primer vuelo tripulado en 1903).

6. La teoría sobre los gérmenes de Louis Pasteur es una ficción ridícula (Pierre Pachet, profesor de Fisiología de Toulouse, 1872).

7. Una memoria de 640 k. tendría que ser más que suficiente para todos (Bill Gates, 1981).

Como se deduce de estos ejemplos, la mayor resistencia a las innovaciones surge de los especialistas renuentes a aceptarlas cuando no provienen de su propia creación o de su núcleo de afinidad.

Lo predijo con enorme sagacidad el astrónomo y economista Simon Newcomb cuando afirmó:

> *Todos los hombres en éste y otros países, están habituados desde jóvenes a medir el incremento y la disminución de la riqueza, utilizando dólares y otras monedas que se supone constituyen unidades de valor... Aun cuando los hechos sean comprendidos, la idea de que el cambio estriba en el valor de los commodities medidos, y no en el dólar en sí mismo, es tan natural que hace falta una disciplina mental muy estricta para liberarse de esta forma de pensar. Es más, nos planteamos hasta qué punto los economistas más profundos pueden ser exitosos a este respecto.*[125]

---

[125] Newcomb, Simon, Op. cit. p. 230.

# Apéndice

La trascendencia que asignamos al pensamiento de Alfred Marshall, nos impulsa a incluir como apéndice del libro I estas dos publicaciones de su autoría. Marshall compendia las ideas centrales de los precursores y encuentra la solución operativa desdoblando las funciones de la moneda con la creación de LA UNIDAD. Esta propuesta, que es la adoptada por nuestro trabajo, fue el basamento de la creación de la única experiencia exitosa de una unidad de cuenta estable: la Unidad de Fomento (UF) chilena.

MEMORIAS DE ALFRED MARSHALL
Editado por
A.C.PIGOU, M.A.
Profesor de Economía Política
Universidad de Cambridge
MACMILLAN AND CO., LIMITED
ST MARTINS STREET, LONDON
1925

## III.- UN ESTÁNDAR DE VALOR INDEPENDIENTE DEL ORO Y DE LA PLATA.

Dejando de lado algunas dificultades de detalle que serán discutidas al final del artículo, supongamos que (en la forma sugerida hace mucho tiempo por Joseph Lowe, Poulett Scrope y otros) un Departamento del Gobierno extiende a todos los commodities la acción desempeñada por los Comisionados de los Diezmos con relación al trigo, la cebada y la avena. Del mismo modo en que ellos, habiendo establecido el precio promedio del grano en todo tiempo, manifiestan cuánto dinero se requiere para comprar tanto trigo, cebada y avena como hubiera costado cien libras a cierto precio estándar, en la misma forma el Departamento habiendo determinado los precios de todos los commodities importantes, publicaría en forma periódica la cantidad de dinero que otorga el mismo poder adquisitivo general, digamos, de una libra de comienzos de 1887. Los precios utilizados serían los últimos disponibles en el lugar, y no como ocurre en el caso de los diezmos, en que se adopta el promedio de los últimos siete años. Esta unidad estándar de poder adquisitivo podría ser denominada en mérito a la brevedad simplemente LA UNIDAD.

En forma periódica, al comienzo de cada año o en forma más frecuente, el Departamento del Gobierno deberá publicar qué cantidad de moneda corriente hace falta para integrar el mismo poder adquisitivo que tenía 1 libra al comienzo de 1887. Si por ejemplo declara en 1890 que 18 chelines tienen ese mismo poder adquisitivo, un contrato que establece el pago de una unidad se cancela con 18 chelines. Si declaran en 1892 que 23 chelines tienen el mismo poder adquisitivo que tenía 1 libra en 1887, o los 18 chelines de 1890 harán falta pagar 23 chelines para cumplir lo pactado.

Cuando se efectúa un préstamo, puede hacerse tanto en moneda corriente como en unidades, según la preferencia de los interesados. En el último caso el acreedor tiene la certeza de que, cualquiera sea la variación que experimente el valor de la moneda, va a recibir al vencimiento la misma cantidad de riqueza real, es decir, el mismo poder de compra para cubrir sus necesidades, su confort y sus lujos de los cuales se había desprendido al efectuar el préstamo. Si él contrató un 5% de interés, recibiría cada año una cantidad de dinero igual en valor a la vigésima parte de lo entregado en origen, y cualquiera haya sido la fluctuación de los precios, este pago contribuirá en una suma inequívoca en relación a sus reales necesidades de gasto. El tomador del préstamo no estará impaciente por iniciar emprendimientos mal concebidos por la expectativa de una suba especulativa de precios, y, por otro lado, no tendrá el temor de realizar negocios justificados por el temor de ser afectado por una caída generalizada de precios.

Desde luego cada actividad comercial afronta sus propios riesgos originados en causas específicas de la misma, pero mediante el uso de la unidad se podrían evitar los graves riesgos causados por el alza o la caída del nivel general de precios. Los sueldos y salarios, cuando no estuvieran fijados en base a escalas móviles, podrían ser fijados en unidades, para evitar que su poder adquisitivo real no fluctúe constantemente en la dirección equivocada, tendiendo al alza cuando, si algún cambio debiera producirse, deberían caer, y por otra parte, tendiendo a la baja cuando el cambio debería producirse al alza.

Las escalas salariales móviles (sliding scales)[126] que son admirables en su efecto general, quizás sean demasiado simples. Por ejemplo, una escala salarial móvil en la industria del acero, debería, a mi juicio, tomar en cuenta no sólo el precio del acero elaborado sino también, por un lado, el precio del mineral de hierro, del carbón y de otros costos del empleador; y, por otro lado, de los precios de los bienes principales que consume el trabajador. Aquellas actividades en las cuales las escalas móviles son factibles, podrían utilizar unidades específicas, con la ayuda de las estadísticas elaboradas por el Gobierno para la unidad general.

Las rentas de la tierra también deberían ser fijadas en unidades generales, aunque para las rentas de la agricultura sería mejor contar con una unidad especial basada especialmente en la producción de la granja. La denominación de hipotecas y arreglos matrimoniales en términos de unidades de poder adquisitivo constante, en lugar del oro, evitaría una gran fuente de incertidumbre de los negocios de la vida privada, mientras que un cambio similar en los debentures y bonos del Gobierno, le otorgaría a los tenedores lo que ellos quieren, es decir, una renta realmente constante. Los accionistas ordinarios en una compañía pública no serían llevados a realizar una previsión excesivamente optimista de sus posibilidades en épocas de prosperidad, lo cual, además de enriquecerlos directamente, disminuye los pagos en valor real que deben hacerse a los tenedores de los debentures y quizás también a los tenedores de acciones preferidas. Y, por el otro lado, no estarán oprimidos por el peso adicional de tener

---

[126] Las escalas salariales móviles (sliding scales) que son admirables en su efecto general, quizás sean demasiado simples. Por ejemplo, una escala salarial móvil en la industria del acero, debería, a mi juicio, tomar en cuenta no sólo el precio del acero elaborado sino también, por un lado, el precio del mineral de hierro, del carbón y de otros costos del empleador; y, por otro lado, de los precios de los bienes principales que consume el trabajador. Aquellas actividades en las cuales las escalas móviles son factibles, podrían utilizar unidades específicas, con la ayuda de las estadísticas elaboradas por el Gobierno para la unidad general.

que pagar más que el valor real fijado en montos fijos cuando los precios han caído y los negocios están decaídos.

Pienso que una vez publicada la unidad estándar de poder adquisitivo, los Tribunales de Justicia deberían otorgar todo tipo de facilidades a los contratos, testamentos, y otros documentos celebrados en términos de la unidad; y el Gobierno mismo debería hacer su camino para calcular las tasas de interés y los impuestos (excepto, naturalmente, aquellas cosas como las estampillas de correo) en términos de la unidad, y además, calcular los salarios, pensiones, y cuando resulte posible los sueldos de sus empleados a una cierta cantidad de unidades en lugar de una cantidad de dinero. Tan pronto como la unidad se encuentre vigente pienso que el Gobierno debería comenzar por ofrecer pagar por la deuda pública consolidada un interés verdaderamente uniforme de tres unidades por cada 100 libras, en lugar de un interés del 3% meramente nominal pero que en realidad es fluctuante. Al principio, el público, observaría el nuevo sistema con extrañeza, pero luego lo aceptaría tan pronto tomara conciencia de sus ventajas sustanciales. Su desagrado por él sería aun al principio menor que lo que fue su desagrado por las chimeneas de carbón, los ferrocarriles y el gas. De ahora en adelante, creo que la moneda corriente (currency) debería ser restringida a la función para cuyo cumplimiento está bien capacitada, es decir, medir y realizar transacciones que son canceladas al poco tiempo de pactadas. La unidad de poder adquisitivo constante sería aplicable, sujeta a la libre elección de ambas partes interesadas, para casi todos los contratos que implican pago de intereses, y la cancelación de préstamos; y para muchos contratos de alquiler, así como sueldos y salarios. Pienso que sin más dilaciones deberíamos comenzar a instituir una unidad acreditada que será de uso voluntario y por tanto se introducirá en forma tentativa, y constituirá un poderoso remedio para un gran mal. Este plan no ocasionará ninguna perturbación de los contratos existentes, como resultarían de un cambio de moneda. Constituiría un patrón de medida o estándar de valor mejor para los pagos diferidos que lo que podría lograrse con una moneda corriente (tal como se la entiende habitualmente), y por lo tanto disminuiría la tentación de acelerar un cambio de moneda precipitado con el objeto de hacer su valor algo más estable; y que podría ser utilizada igualmente con cualquier moneda. Alfred Marshall, Memorias de Alfred Marshall, páginas 197- 199.

DOCUMENTOS OFICIALES

por

ALFRED MARSHALL

Anteriormente Profesor de Economía Política de la
Universidad de Cambridge

PUBLICADO PARA THE ROYAL ECONOMIC SOCIETY

Por

MACMILLAN AND CO., LIMITED
ST. MARTIN'S STREET, LONDON

1926

Derechos de Autor

IMPRESO EN GRAN BRETAÑA

## PREFACIO DEL EDITOR

Este volumen comprende los Memorandos escritos y la Evidencia Oral preparada por Alfred Marshall en distintos momentos para Departamentos del Gobierno e investigaciones oficiales. El Controller of H.M. Stationery Office (Controlador de la Imprenta Nacional) ha otorgado autorización para la reimpresión de los pasajes en cuestión de los distintos Documentos Parlamentarios, a los cuales se agregan referencias particulares al inicio de cada extracto. Hablando en términos generales, los Memorandos y las Minutas de Evidencia han sido impresos in extenso y sin modificaciones. Unos pocos errores de impresión han sido corregidos. Igualmente, algunos pasajes que estaban repetidos han sido omitidos, y el cambio de un término ha sido introducido a pedido de Marshall.

Este volumen contiene la totalidad de la contribución de Marshall a la investigación oficial en cuestiones económicas con la única excepción de su labor en la Comisión de Trabajo. Como él era miembro de dicha Comisión, y no un testigo, ha sido imposible en este caso identificar o separar su aporte del resto de los Comisionados como un todo.

*J. M. KEYNES*
*Cambridge, July 1926*

COMISIÓN REAL
Sobre
LA DEPRESIÓN DEL COMERCIO Y LA INDUSTRIA
(1886)
RESPUESTAS DEL PROFESOR ALFRED MARSHALL A PRE-
GUNTAS SOBRE LA CUESTIÓN DE LA MONEDA CORRIENTE
Y LOS PRECIOS CIRCULARIZADA POR LA COMISIÓN
(Tercer Informe, Apéndice C, pp. 31-34, O. 22035-App. 2)

8.-¿En qué forma el comercio es afectado por alteraciones sufridas por (i) el valor del metal utilizado como estándar, y (ii) en el valor de los metales preciosos entre sí, especialmente en el caso de comercio internacional entre países que utilizan el estándar oro y los países que utilizan el estándar de la plata?

**Respuesta del Profesor Alfred Marshall**

*Cambridge,*
*May 27, 1886.*

*MI LORD,*

*Permítaseme someter a su consideración unos pocos comentarios en respuesta a algunas de las preguntas de su circular del 20 de abril que me fuera remitida por el Profesor Price. Yo he evitado volver sobre la cuestión sometida a Usted por el Sr. Palgrave, cuyo primer borrador me ha sido permitido consultar, y con el cual estoy de acuerdo en términos generales.*

**Respuestas sobre moneda corriente y precios - Pregunta 8 (i)**
Le pido me excuse por utilizar algunos pasajes de mis propios escritos al responder a la cuestión planteada. Primero, realizaré una cita del libro III, de La Economía de la Industria, capítulos I, secciones 5,6.
"La relación entre una caída de los precios y una parálisis de la industria requiere ser resuelta".
"No hay razón para que la depresión del comercio y una caída de los precios tenga que paralizar el trabajo de quienes pueden producir sin tener que hacer desembolsos de dinero para cubrir los costos de la producción. Por ejemplo,

un hombre que no paga salarios, que trabaja con sus propias manos, y produce la materia prima que necesita no puede perder nada por continuar trabajando. No le interesa a él cuanto hayan bajado los precios, siempre que los precios de sus bienes no hayan caído en mayor proporción que los otros. Cuando los precios están bajos él obtendrá unas pocas monedas por su producción, pero si él puede comprar la misma cantidad de bienes que adquiría con una cantidad mayor de monedas cuando los precios estaban altos, no tendrá perjuicio alguno por la caída de los precios. Se sentirá algo descorazonado si piensa que el precio de sus bienes podría bajar más que los precios de los bienes producidos por otros, pero aun así no es probable que deje de trabajar".

"Y de la misma manera un industrial, aunque tenga que pagar por salarios y materia prima, no pondrá freno a su producción por una caída de precios, si la caída es homogénea y afecta a todos los precios por igual, y no es probable que la baja de precios avance aún más. Si el precio que él obtuvo por sus bienes ha caído un cuarto, y los precios que debe abonar por jornales y materia prima han caído en la misma medida, su negocio será tan rentable como antes de la caída. Tres soberanos harán ahora el mismo trabajo que cuatro, y por lo tanto él usará menor cantidad de monedas para medir sus ingresos y sus egresos, pero su recaudación conservará la misma proporción que sus pagos. Su beneficio neto conservaría el mismo porcentaje de su negocio total. La cantidad de monedas que él contabiliza será inferior en una cuarta parte, pero aun así podrá adquirir los mismos bienes para satisfacer sus necesidades, comodidades y lujos de la vida como lo hacía con anterioridad".

"Sin embargo, rara vez ocurre que los gastos que el industrial debe afrontar caen en la misma proporción que el precio que obtiene por sus bienes. Porque, cuando los precios están subiendo, el incremento del producto final es generalmente más rápido que el precio de la materia prima, siempre más rápido que el nivel de los salarios; y, cuando los precios están cayendo, la caída en los precios de los productos terminados es generalmente más rápida que el precio de la materia prima, y siempre más rápida que los salarios. Y es por eso que cuando los precios están cayendo los ingresos del industrial son escasamente suficientes aún para pagar por su suministro de materia prima, salarios, y otras formas de capital en giro, y rara vez le suministran un adicional suficiente para afrontar el servicio de intereses por su capital fijo y su retribución como administrador".

"Aún en el caso en que los precios de salarios y materia prima cayeran tan rápido como el de los productos terminados, el Industrial puede experimentar pérdidas por continuar su producción si la caída no ha llegado a su término. Él puede pagar por materia prima y salarios en un momento cuando los precios estaban cayendo por un sexto, pero si cuando llega el momento de vender, los precios han caído otro sexto, sus ingresos pueden ser inferiores de lo que es necesario para cubrir sus desembolsos".

"Podemos concluir, por lo tanto, que la producción industrial no puede continuar, excepto a una tasa muy baja de ganancia o a pérdida, cuando los precios de los productos terminados son bajos con relación al salario y a la materia prima; o, cuando los precios siguen bajando, aun cuando los precios de todos los bienes caigan en la misma proporción".

"De tal modo que una caída en los precios deprime los beneficios y empobrece al industrial, al mismo tiempo que incrementa el poder de compra de aquéllos que tienen ingresos fijos. Así, nuevamente, esto enriquece a los acreedores a expensas de los deudores, porque si el dinero que se les adeuda es pagado, este dinero les otorgará un mayor poder de compra, y si han prestado a una tasa fija de interés, cada pago vale más para ellos que si los precios estuvieran altos. Pero por idénticas razones que esto enriquece a los acreedores y todos los que reciben ingresos fijos, empobrece a los hombres de negocio que han tomado prestado capital, y también a quienes deben efectuar pagos de sumas fijas de considerable monto por alquileres, salarios y otros rubros, como ocurre con todos los hombres de negocio. Cuando los precios están en ascenso el progreso es visto como si fuera mayor que el real, porque la opinión general es fuertemente influenciada por la autoridad de los industriales y comerciantes en lo que respecta a la prosperidad del país. Industriales y comerciantes juzgan según que sus fortunas estén creciendo en forma rápida en una época de precios ascendentes, mientras que en una época de precios declinantes sus patrimonios permanecen estacionarios o tienden a menguar. Pero las estadísticas prueban que el ingreso real del país no es mucho menor en la actualidad con bajos precios que lo que era antes, con precios altos. La suma total de los bienes, y lujos que hoy disfrutan los hombres de Inglaterra per cápita es apenas inferior en 1879 que lo que era en 1872".

Y yo diría prácticamente el mismo en 1886 que lo que era en 1879.

Coincido con la opinión generalizada que una tendencia alcista sostenida de los precios conduce algo más al bienestar general que una tendencia a la baja, porque mantiene a la industria más activa. Pero, del otro lado, la gente de todas las clases sociales, y especialmente de la clase trabajadora, gastan su ingreso más sabiamente cuando los precios y los salarios nominales están cayendo y ellos piensan que están peor que lo que realmente están, que cuando existe un incremento de precios y salarios que los hacen exagerar su ingreso real y los vuelve desaprensivos con sus gastos. De tal modo, que en el conjunto, existe mucha menos diferencia de lo que se supone generalmente de los beneficios netos de un período de aumento o disminución de precios. Cabe poner en duda si la última década que es catalogada como años de depresión, pero en los cuales no se han registrado movimientos violentos de precios, no han conducido, en su conjunto a un progreso más sólido y a verdadera felicidad que en los momentos de actividad febril y doloroso retroceso que ha caracterizado cada una de las décadas precedentes de este siglo. En realidad, yo visualizo las fluctuaciones violentas de precios como un mal mucho mayor que una caída gradual aunque suave de los mismos. Me permito citar un pasaje de un documento acerca de los remedios para prevenir la discontinuidad de la industria, que leí el año pasado en la Conferencia sobre Remuneración de la Industria: Una de las causas principales de la discontinuidad de la industria es la necesidad de tener alguna idea acerca de lo que una libra va a valer en el futuro inmediato. Con cada expansión y contracción del crédito los precios suben y bajan. Este cambio de los precios presiona gravemente aún a quienes se mantienen totalmente apartados de las incertidumbres del comercio, incrementando de varias formas la intensidad de las fluctuaciones comerciales. Porque justamente cuando los comerciantes privados y las corporaciones públicas están más predispuestas a asumir riesgosas aventuras, el interés que deben pagar sobre el monto del crédito representa una porción ínfima de poder adquisitivo, porque los precios están altos. En la fase opuesta, cuando sus ingresos son estrangulados por el estancamiento de la actividad económica la caída de los precios los obligan a sacrificar una porción mucho mayor de riqueza real para poder pagar los intereses. Cuando los comerciantes se están regocijando por los precios elevados, los tenedores de debentures y los acreedores hipotecarios así como el resto de los acreedores están deprimidos, y cuando el péndulo se desplaza en el otro sentido, los comerciantes, ahora deprimidos, quedan sumergidos por no poder afrontar sus deudas. Este grave daño puede ser mitigado por un plan por el cual los economistas vienen bregando desde hace largo tiempo. Al proponer este remedio deseo que el Gobierno ayude los negocios, pero no que haga negocios. El Gobierno debería publicar tablas mostrando tan fielmente como sea posible los cambios registrados en el poder adquisitivo del oro, facilitando que los contratos de préstamos puedan ser hechos en términos de una unidad de poder adquisitivo fijo.

El Gobierno ya está llevando a cabo un trabajo análogo al propuesto con relación a las tablas de conversión de los diezmos. Pero en lugar de ocuparse del trigo, la cebada y la avena, debería incluir a todos los commodities importantes. Publicaría sus precios una vez al mes o una vez al año, y ponderaría la importancia de cada commodity en proporción a la suma total gastada en cada uno de ellos, y luego por un simple cálculo aritmético deduciría el cambio en el poder adquisitivo del oro. Los préstamos podrían calcularse en las unidades publicadas por el Gobierno, a opción de los contratantes. En esta forma, si A le prestó a B 1.000 libras esterlinas al 4 ½ por ciento de interés, y luego de varios años el poder adquisitivo de la moneda ha aumentado en un octavo, B debería pagar un interés que no sería 45 libras sino un importe que refleje el mismo poder adquisitivo recibido al momento del préstamo, es decir, 40 libras, y así sucesivamente. El plan tiene que hacer su propio camino para alcanzar su uso general, pero una vez que se haya hecho familiar nadie, excepto los jugadores profesionales, prestarían o tomarían prestado en cualquier otra condición, en períodos largos. El esquema propuesto no tiene pretensiones de perfección teórica, sino únicamente constituir un notable progreso en nuestros métodos presentes, y obtenido sin grandes dificultades. Una medición exacta del poder adquisitivo no solo es inalcanzable, sino impensable. El mismo cambio de precios afecta el poder adquisitivo de la moneda de diversas maneras a distintas personas. Para aquél que rara vez se permite comprar carne, la caída del precio por un cuarto del precio de la carne acompañado por un incremento igual en el precio del pan implica una caída del poder adquisitivo de la moneda porque su salario no le permitirá comprar lo mismo que antes. Mientras que a su vecino más rico, que gasta el doble en carne con respecto al pan, el cambio de precios actúa en forma inversa. El Gobierno, naturalmente, deberá tomar en cuenta únicamente el total del consumo de la nación; pero aun así tendrá que afrontar la dificultad de los permanentes cambios en la forma como la nación gasta su ingreso. La estimación de la importancia de los diferentes commodities deberá ser revaluada de tiempo en tiempo. La única cuestión que subsiste sería los commodities que deberían tomarse en cuenta: Sería preferible seguir el método ordinario de basarse preferentemente en las materias primas. Bienes manufacturados y servicios personales siempre están cambiando su carácter, y no admiten un justiprecio fácil. Las manufacturas tienden a caer en valor con relación a las materias primas, y actualmente, en cualquier caso, los servicios personales tienden a subir, de tal modo que los errores derivados de excluir a ambos estarían próximos a neutralizarse unos con otros. La simplicidad y lo concluyente del resultado son en este caso mucho más importantes que la exactitud teórica. Los funcionarios que tengan a su cargo la tarea deberán trabajar abiertos a la luz del público, de modo que no puedan, aunque lo deseen, estar condicionados por otras influencias. Este plan, aunque pueda parecer extraño a primera vista, sería mucho más simple que el bimetalismo, mientras que su influencia en estabilizar la industria sería incomparablemente superior.

La tarea de publicar periódicamente el valor de la unidad de poder adquisitivo constante no puede, en mi opinión ser realizada sino por un departamento permanente del Gobierno. Tal como ocurre con la exportación y la importación, la información para ello ha sido suministrada por el Board of Trade. Su trabajo es un modelo de método perfecto, que no puede dejar de ser de utilidad para nosotros, aunque no sea aplicable directamente para el objetivo actual. En el memorándum de Mr. Palgrave un ejemplo por demás interesante se muestra del tipo de número índice que se requiere. Pero únicamente el Gobierno puede comandar la maquinaria que es necesaria para asegurar estadísticas debidamente probadas para este objetivo.

## La Moneda Virtual

La unidad de poder adquisitivo constante de carácter general será aplicable, según la libre elección de ambas partes interesadas, para casi todos los contratos que incluyan el pago de intereses, y para el repago de los préstamos; y además para muchos contratos de alquiler, y para sueldos y salarios. Pero a medida que la gente se familiarice con este plan, ciertas modificaciones podrían hacerse gradualmente para casos especiales, naturalmente con el consentimiento de los interesados. Por ejemplo, podría haber una unidad para la agricultura, que podría estar sugerida por el Gobierno. Esta unidad se obtendría de la unidad general incrementando el peso de la producción de origen agrícola. Se podría acordar que mientras la cantidad total gastada en otras cosas se tomarían tal cual son, cada millón de libras gastado en la agricultura se ponderaría para este objetivo exclusivo como si fuera, digamos, cuatro millones de libras. Pienso que este planteo sería más equitativo y que una vez completamente comprendido se haría más popular, que el plan que ha sido propuesto que fijar el precio del alquiler agrícola como el precio de cierta cantidad de producción de las granjas. Nuevamente, con una modificación análoga, una unidad para la producción de las minas podría obtenerse que superara las útiles pero no totalmente satisfactorias escalas móviles (sliding scales) que se utilizan actualmente; y lo mismo podría extenderse a otras actividades comerciales.

Quiero enfatizar el hecho de que esta propuesta es independiente de la forma que adopte nuestra moneda corriente, y no exige ningún cambio en ella. Admito que el plan rara vez estará disponible para el comercio internacional Pero su trascendencia como factor de estabilización de nuestro comercio doméstico sería tan grande, y su implementación sería tan fácil y exenta de los males que generalmente rodean la intervención del Gobierno en los negocios, que me aventuro a demandar la urgente adopción del sistema solicitando se le preste inmediata atención.

Pasando a otra cuestión. Cualquiera sea la opinión que podamos sostener acerca del alcance que ha tenido en la reciente caída de precios el freno al suministro de oro disponible, está fuera de la cuestión que los cambios en el suministro de oro sólo son responsables de una mínima parte de la fluctuación total en el poder adquisitivo general de la moneda. El agregado de la fluctuación anual del número-índice del Economist (sobre una base de

2.200) ha sido considerablemente mayor que 6.000 desde el año 1850, y de ellos no más de 2.000 como máximo puede ser atribuida a la influencia, directa y especulativa, de cambios en el suministro de oro. Y por ello, aun dejando de lado las dificultades prácticas acerca de la forma de modificar el respaldo metálico de nuestra moneda corriente, yo espero mucho menos beneficio de ello que de la adopción con carácter general de una unidad de poder adquisitivo fija para todos los contratos importantes. Pero yo deseo fundamentar brevemente que el así llamado sistema bimetálico, del cual mucho se ha hablado recientemente, no responde propiamente a su denominación, y si fuera aconsejable alterar nuestra moneda con el objeto de basarla en dos metales en lugar de uno, hay otra alternativa que debería ser considerada; un plan que considero tiene un título más justo para ser llamado bimetalismo, y que, aunque aparezca algo extraño a primera vista, es, en realidad más simple porque no requiere nuevos tratados con otros Gobiernos.

El sistema bimetálico ordinario propone que los Gobiernos líderes deberían acordar permitir la libre acuñación de oro y plata a la tasa fija. No creo que este plan sea impracticable; admito la validez general de los argumentos esgrimidos en apoyo de este plan por sus competentes abogados. Creo que tendrá los resultados beneficiosos que se le asignan, pero en una proporción mucho menor que la que se sostiene. Sin entrar a discutir estos puntos en detalle, quiero señalar que buena parte de los argumentos parte de la premisa de que el costo de la minería de la plata va a bajar con relación a la extracción del oro. Si este fuera el caso, el resultado es que fijando una tasa fija de conversión entre ambos metales va a tener como consecuencia paralizar la explotación del oro, aunque, naturalmente, siempre algún contenido de oro acompañaría a la extracción de la plata. Las existencias de oro serían absorbidas casi totalmente en reserva de esfuerzos bélicos -que puede ser visto como una forma de atesoramiento público- y para atesoramiento privado así como para fines de arte y ornato. Nada podrá inducir a los Ingleses ni a otros pueblos civilizados para utilizar mucha más plata de la que usan actualmente. Si no les resulta posible obtener oro, van a recurrir a tener billetes (convertibles), y si la existencia de oro es escasa tendrán que hacerlo principalmente en billetes convertibles en plata. De tal manera que el así llamado bimetalismo en mi opinión prácticamente terminaría degenerando en un monometalismo regido por la plata, con monedas de plata utilizadas para cambio pequeño, y billetes convertibles en plata para transacciones importantes. El valor de la moneda fluctuaría con cada variación del valor de la plata. Sin las ventajas especiales de nuestra moneda actual tendríamos las desventajas de ser dependientes de un único metal para la estabilización de los precios. Me permito sugerir que, si vamos a introducir un cambio trascendente de nuestra moneda por la causa del bimetalismo, deberíamos estar seguros de que lo vamos a conseguir. El esquema alternativo sobre el cual pido atención está basado en la Propuesta de Ricardo por una Moneda Segura y Económica. Él sugiere que deberíamos ir directamente al papel moneda −salvo para cambio menudo- que considero será el resultado final de la adopción de una tasa fija de convertibilidad entre la plata y el oro. Propone basarse directamente en el oro; pero no en monedas de oro, sino en lingotes de oro sellado de peso considerable. Plantea asegurar una amplia reserva, y que los lingotes de oro deben estar siempre disponibles para ser comprados o vendidos a una paridad fija de la moneda. De este modo el valor de la moneda sería absolutamente fijo con relación al valor del oro que representa, mientras los lingotes de oro constituyen el mejor modo de ajustar el balance de pagos internacional que el genio del hombre haya proyectado.

Mi esquema alternativo se desprende del anterior simplemente casando (wedding) un lingote de plata de, digamos, 2.000 gramos a un lingote de oro de, digamos por ejemplo, 100 gramos; la misión del Gobierno es estar siempre dispuesto a comprar o vender un par de lingotes casados por una cantidad fija de dinero (sería algo así como 29 libras). Esto sería verdadero bimetalismo. El valor de la moneda sería absolutamente fijo por medio del valor de un gramo de oro equivalente a 20 gramos de plata. Este esquema no tendría el riesgo de deteriorarse y convertirse en un monometalismo de plata.

Es más, este plan podría ser iniciado por cualquier nación sin esperar que otras lo hagan. No requeriría tratados internacionales; pero, si es adoptado por varias naciones, constituiría por sí mismo una divisa internacional para grandes operaciones. Llevaría a la adopción de una moneda de denominación uniforme en todos estos países, lo cual en adelante facilitaría los negocios. No tendría la posibilidad de ejercer ninguna influencia en el valor relativo de ambos metales.

Desearía que se me entienda cabalmente. Cuando pienso que el Gobierno debería ya mismo proceder a publicar una unidad fija de poder adquisitivo, no pretendo urgir esta segunda propuesta para su inmediata implementación. Por el contrario, pienso que el momento oportuno para cambiar nuestra moneda aún no ha llegado. Observando tanto los efectos inmediatos de ese cambio como los efectos en un futuro distante pienso que envuelve serios males. Y no creo que valga la pena pasar por estos males aun cuando se defienda un verdadero bimetalismo. Mi argumentación se limita a señalar que si se entiende que estamos embarcados en la búsqueda de una moneda mejor y más estable que la que poseemos actualmente, deberíamos mirar bien alrededor nuestro para ver si no existe un plan que en forma inmediata haría más bien y menos daño que el así llamado sistema bimetalista para fijar el valor relativo del oro y de la plata.

## Preguntas 8 (ii) y 9

Admitiendo que las tasas de cambio entre países que utilizan patrón oro y otros que emplean la plata son más variables de lo que deberían ser si las monedas de ambos países se basaran en el mismo metal, considero que la diferencia entre ambos casos es menor de lo que se supone generalmente. En primer lugar, haciendo abstracción de los años del Motín en India, encuentro que los cambios en el intercambio con India fueron en su conjunto tan grandes antes de 1870, cuando los precios del oro y de la plata mantuvieron una relación constante, que en los últimos años, durante los cuales el precio del oro y de la plata han cambiado mucho.

En segundo lugar, pienso que las perturbaciones en las finanzas de la India aparecen mucho mayores de lo que realmente son, por la innecesaria, y, me atrevo a decirlo no muy generosa práctica de llevar las cuentas en libras esterlinas en lugar de rupias. Si se llevaran en rupias se descubriría en forma evidente que la modificación de la relación entre el oro y la plata afecta al Gobierno de India únicamente en la medida en que mantiene obligaciones, que lo obligan a efectuar pagos en oro, directa o indirectamente. Sostengo que es un error afirmar, como se dice recurrentemente, que el aumento del precio del oro perjudica al Gobierno Indio en la misma medida que adquiere en Inglaterra equipos, ferrocarriles, plantas industriales, etc., cuando en realidad el verdadero poder adquisitivo de una letra por. 1.000 Rupias es tan grande ahora como no lo ha sido nunca con anterioridad. En lo que respecta al comercio exterior de India, no cuestiono que una caída del precio de la plata en relación al oro tiende a beneficiar a los exportadores Indios y a incrementar las exportaciones de mercaderías Indias con relación a sus importaciones; pero hay muchas razones que pueden sostener estas tendencias bajo control evitando que generen grandes alteraciones en el comercio.

Y en realidad, pienso que hay una evidencia estadística concluyente de que la caída no ha actuado como para dar un gran premio a los exportadores Indios, porque si así hubiera sido, los commodities Indios se hubieran exportado en una cantidad tan extraordinaria como para generar un superávit mucho mayor en la balanza comercial con otros países, y dicho superávit se hubiera convertido en plata y oro para la importación en la India, el oro recibido como consecuencia del creciente deseo de acumular oro en la India. Sin embargo, las importaciones netas de oro y plata en los quince años (1860-1864 )han sido menores de lo que eran en los quince años anteriores 1844-59, antes de la gran caída del valor de la plata en términos de oro, habiendo sido 223 millones en el período anterior y sólo 147 millones el último.

Tengo, etc.

*(Firmado) Alfred Marshall*
*Al Honorable EARL OF IDDESLEIGH.*
*Presidente de la Comisión Real sobre la Depresión*
*del Comercio y de la Industria*

# SEGUNDA PARTE

## UF: Unidad de Fomento de Chile
## Un Patrón Monetario Estable

# Resumen Ejecutivo

**1.- La primera experiencia exitosa de una unidad de cuenta de poder adquisitivo constante.**

El 20 de enero de 1967, durante la presidencia de Eduardo Frei Montalva, Chile creó la Unidad de Fomento (UF) que es una unidad de cuenta indexada a la fluctuación de la moneda corriente (peso chileno) según la variación de su poder adquisitivo medida por el Índice de Precios al Consumidor (IPC) lo cual permite mantener la equivalencia real de las prestaciones recíprocas, a lo largo del tiempo.

Casi cinco décadas de aplicación de la UF en Chile, han logrado resultados ampliamente positivos:
1. Disponer de un patrón monetario de aceptación universal. Al año 2010, el 63% de las colocaciones del sistema bancario estaban indexadas.
2. Lograr una moneda virtual probadamente estable. Entre 1975 y 2011 la inflación del dólar fue del 427% y la valorización de la UF en dólares fue del 461%.
3. Desencadenar el milagro del ahorro (*saving miracle*), generado por su estabilidad. Quien en 1975 colocó US$ 100 en plazo fijo al 3% anual, en 2011 tiene US$ 1362.
4. Alcanzar el mayor crecimiento per cápita de América Latina en el período 1974-2009; siete veces más que Argentina y tres veces más que Brasil.
5. Reducir el spread bancario en 7,7 puntos optimizando la competitividad.
6. Crear un mercado de capitales de significativa dimensión.
7. Reducir la deuda externa a menos de la mitad entre 1985 y 2000, medida como porcentaje del PBI. Hoy, a Chile lo financia el ahorro chileno.

8. Financiar grandes inversiones de infraestructura.
9. Ejercer una influencia estabilizadora, contribuyendo al abatimiento de la inflación, que bajó del 508,1% anual en 1973 a tasa promedio del 3,3% en la última década.
10. Contribuir decisivamente a solucionar el problema de la vivienda con créditos hipotecarios al alcance de todos, a 25 años de plazo y 5% de interés anual. Chile es el único país de América Latina que ha superado el problema de las villas miseria.
11. Alcanzar la bancarización más alta de América Latina: 79% del PBI.

Argentina puede lograr en cuatro años la misma bancarización de Chile, como se explica en la Tercera Parte. Ello posibilitará inyectar gradualmente al sistema productivo el equivalente a US$ 260 mil millones de crédito genuino, suficiente para financiar un vasto plan de desarrollo que corrija sus graves falencias estructurales.

# Capítulo Primero

# Creación de la Institución

*Hasta lo que he podido determinar, la UF es la primera unidad de cuenta in-*
*dexada que ha resultado exitosa en el mundo. Este es el primer caso en que la*
*indexación ha sido implementada referenciando los precios en base a una uni-*
*dad análoga a la moneda, en lugar de basarla en una fórmula de indexación.*[127]

## 1.- La primera experiencia exitosa de una unidad de cuenta de poder adquisitivo constante

El 20 de enero de 1967, durante la presidencia de Eduardo Frei Montalva,
Chile creó la Unidad de Fomento (UF) que es una unidad de cuenta indexada
a la fluctuación de la moneda corriente (peso chileno) según la variación de
su poder adquisitivo medida por el Índice de Precios al Consumidor (IPC).
Originariamente se creó como unidad de denominación y reajuste de las operaciones de financiamiento de la vivienda. En 1974, junto con el inicio de la
liberación de las tasas de interés, se le dio su forma actual: un mecanismo casi
perfecto de indexación al IPC, por ser de ajuste continuo y rezago breve.
Tiene 45 años de vigencia ininterrumpida. Casi medio siglo. No obstante los
profundos cambios políticos experimentados en dicho período, se ha consolidado como una verdadera política de Estado sostenida sin desmayos aún en
las circunstancias más difíciles.
La UF es una institución que tiene existencia virtual. Por ello la hemos
caracterizado como moneda virtual, por oposición a la moneda real que es

---

[127] Schiller, Robert, Op. cit. p. 106.

el billete impreso, peso chileno. Opera como un Patrón Tabular de Valor estableciendo un vínculo con el nivel general de precios, cosa que asegura la estabilidad de su poder adquisitivo conforme a la medición que resulta del índice de precios utilizado como patrón de referencia. La UF es estable por razones lógicas y no depende de los avatares de la economía. Está basada en el principio lógico de identidad –toda cosa es idéntica a sí misma- y, como la UF tiene como único contenido el índice de precios, no puede ser distinta a ese mismo índice, cualquiera fuere la fluctuación del poder adquisitivo de la moneda real (peso chileno).

Permite mantener la equivalencia real de las prestaciones recíprocas a lo largo del tiempo. El acreedor tiene la certeza de que podrá comprar la misma cantidad de bienes que tuvo en cuenta al realizar la operación. Y el deudor también sabe que deberá devolver lo mismo que recibió. Ni más ni menos. Metafóricamente, podemos decir que, quien recibió 5.000 ladrillos prestados para construir su casa, debe devolver esa misma cantidad. Sería injusto para el acreedor que cancelara la obligación entregando 5 ladrillos. Y sería lesivo para el deudor si tuviera que devolver 50.000 ladrillos.

Como señala Juan Andrés Fontaine, ex Ministro de Economía de Chile y Profesor Asociado de la Universidad Católica de Chile:

> *La UF fue introducida mediante una fórmula de cálculo transparente, con un tratamiento tributario adecuado y la debida protección jurídica. Ganó paulatina confianza cuando probó ser invulnerable ante crisis financieras y presiones políticas. De hecho, su uso tomó mayor fuerza tras la crisis financiera de 1982-83, cuando fue utilizada profusamente en los programas de reestructuración de pasivos apoyados por el Banco Central. Por cierto, la inviolabilidad de su fórmula de cálculo es la base de la confianza con que cuenta, lo que hizo posible su difusión y su aceptación social.*[128]

---

[128]  Fontaine, Juan A., Cuadernos de economía, Agosto 2002, "Consecuencias de la nominalización de la política monetaria. http://www.scielo.cl/scielo.php?pid=S0717-68212002011700007&script=sci_arttext

Una primera conclusión es, que si respetamos los supuestos lógicos que constituyen la médula de la moneda virtual UF, no existe variación del peso que pueda afectar su estabilidad. Cualquiera sea la tasa de inflación o deflación, siempre habrá un número índice que podrá ser trasladado a la moneda virtual –unidad de cuenta indexada- conservando en consecuencia una exacta correspondencia con la fluctuación experimentada por la moneda corriente.

## 2.- Teorías confirmadas por la experiencia

Las teorías expuestas en la Primera Parte serían solamente "teorías", más o menos atractivas o ventajosas, según la apreciación de cada uno. Pero se necesita una experiencia que demuestre en forma convincente su factibilidad y rentabilidad social, medida por la aceptación mayoritaria de la comunidad:

> *El mero hecho de que el esquema sea sano y que las ventajas de su adopción sean incuestionables, no bastan por sí mismos para asegurar una aplicación de este estándar a la operación actual del comercio. Tomó cientos de años lograr que los números arábigos desplazaran del uso comercial el abominable y torpe método de los números romanos. El lento progreso del sistema métrico decimal, aún en una época de grandes innovaciones y velocidad de comunicación, permite avizorar la magnitud de las dificultades de reemplazar un hábito del comercio por otro, aun cuando sea muy superior.[129]*

Ninguno de los economistas precursores que defendieron esta institución tuvo éxito en lograr su implementación no obstante la solidez de los argumentos expuestos. Es por ello que la experiencia realizada por Chile durante casi medio siglo creando en 1967 la UF, adquiere el valor de una experiencia en gran escala mantenida con pulso firme por las autoridades, confirmando la sabiduría de las teorías desarrolladas por estos precursores. Todas sus predicciones positivas se han cumplido a pie juntillas y lo más valioso es que las expectativas han sido superadas por la realidad.

---

[129] Amasa Walker, Francis, El estándar tabular múltiple de los pagos diferidos. A Project of Liberty Fund. Inc. en: http://app.libraryofliberty.org/

La Moneda Virtual

En efecto, hay tres logros centrales de la economía chilena que no fueron advertidos por los precursores:

1. El notable crecimiento del ahorro popular conocido por los economistas como el *"saving miracle"*;
2. La reducción de la deuda externa nominada en dólares convirtiéndola a la moneda indexada pagadera en moneda doméstica;
3. La sustancial reducción de los costos de transacción en la intermediación bancaria (*spread*), que implica un aporte valioso a la competitividad de la economía.

La eliminación de la incertidumbre sobre el valor futuro de la moneda, es un aporte tan positivo como inesperado que ha posibilitado el crecimiento del sistema bancario sobre bases sanas. Un crecimiento del ahorro genuino que ha incrementado la oferta de fondos disponibles para préstamos y la correlativa aceptación del mercado a tomar los préstamos a tasas reales de interés. El calce de ambos extremos de la operatoria bancaria en la misma moneda anclada firmemente en la realidad del mercado, ha beneficiado a ambas partes sin resentir el crecimiento y la rentabilidad de la operatoria bancaria. Ello se refleja en la cuantía alcanzada por la bancarización, que es la más alta de América Latina.

La experiencia chilena despejó muchas dudas sobre la viabilidad del sistema y demostró sus beneficios para la sociedad. Nos parece de gran utilidad explorar y analizar en profundidad este proceso, para sacar una conclusión certera de su factibilidad y conveniencia. Lo analizaremos en los dos capítulos siguientes.

# Capítulo Segundo

## Las teorías de los precursores a la luz de la experiencia chilena

En términos generales, podemos adelantar que todos los pronósticos efectuados por Joseph Lowe en 1823, y sus continuadores, han sido confirmados por la realidad de la economía chilena.

**1.- Factibilidad de crear una unidad de cuenta estable basada en los índices de precios**

La primera cuestión es común a todos los precursores y es la piedra basal del sistema. Todos partían de la premisa de que la moneda corriente –aún acuñada en oro- no era una unidad de medida estable en plazos largos. Todos sostenían que la alternativa para corregir esta anomalía era recurrir a un índice de precios que conformara un Patrón Tabular de Valor, que sería utilizado para reajustar los pagos nominales. Este primer objetivo fue cumplido en forma exitosa por la UF que demostró su eficacia en la preservación del poder adquisitivo en el largo plazo, constituyéndose en un ancla fundamental de la economía. Se consolidó como una institución que es parámetro fijo de medida, superando en este aspecto a las divisas internacionales, en especial al dólar americano.

Entre abril de 1975 y diciembre de 2011, la inflación del dólar, medida por el Consumer´s Price Index de Estados Unidos, fue del 427% (ver cuadro 1). En ese lapso, el dólar perdió el 76,55 por ciento de su poder adquisitivo: un dólar de 2011 tiene el mismo poder de compra que 23,45 centavos de 1975.

La UF mantuvo invariable su poder adquisitivo. Como consecuencia de la

## Cuadro 1 - Inflación en EE.UU.
### 1975 - 2011 - Consumer Price Index All Urban Consumer

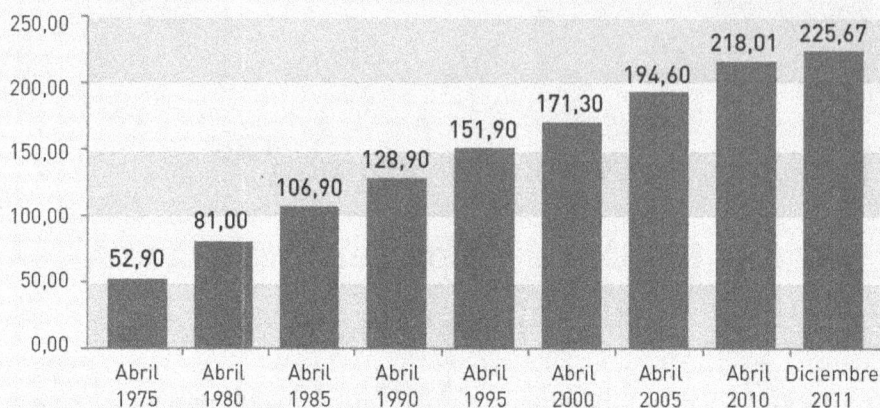

Entre 1975 y 2011 el dólar perdió el 76,55 por ciento de su poder adquisitivo.Un dólar de 2011 tiene el mismo poder de compra que 23,45 centavos de 1975.

*Fuente: Fundación Metas Siglo XXI en base a estadísticas del Bureau of Labor Statistics. www.bis.gov*

## Cuadro 2 - Valor de la U.F. en Dólares

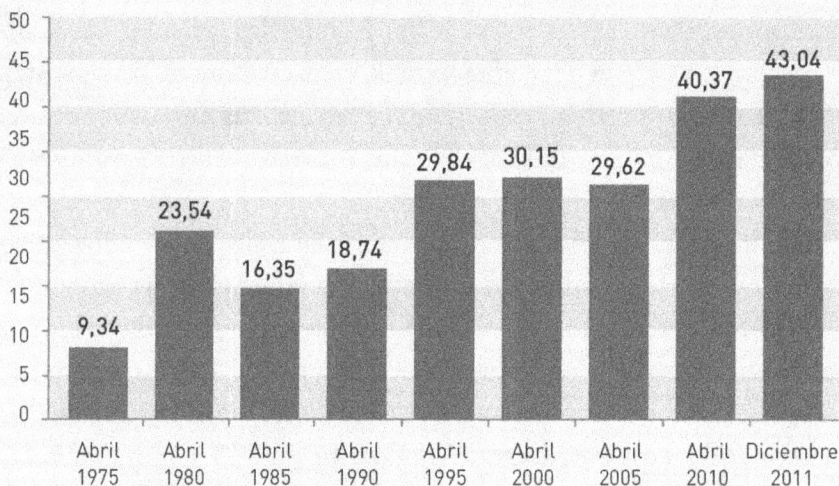

Entre 1975 y 2011 la paridad de la UF en dólares se incrementó el 461 por ciento conservando su poder adquisitivo de origen.

*Fuente: Fundación Metas Siglo XXI en base a estadísticas del Banco Central de Chile www.bcentral.cl*

inflación del dólar, el precio de cada UF expresado en dólares se cuadruplicó, pasando de US$ 9.34 por UF en 1975 a US$ 43,04 en diciembre de 2011.

El cuadro 3, refleja el paralelismo que existe entre la inflación del dólar en EE.UU. y el valor de la UF

Cuadro 3 - Evolución de la Inflación del Dólar en EE.UU. y del Valor de la U.F. en Dólares
Base Abr 1975 =100

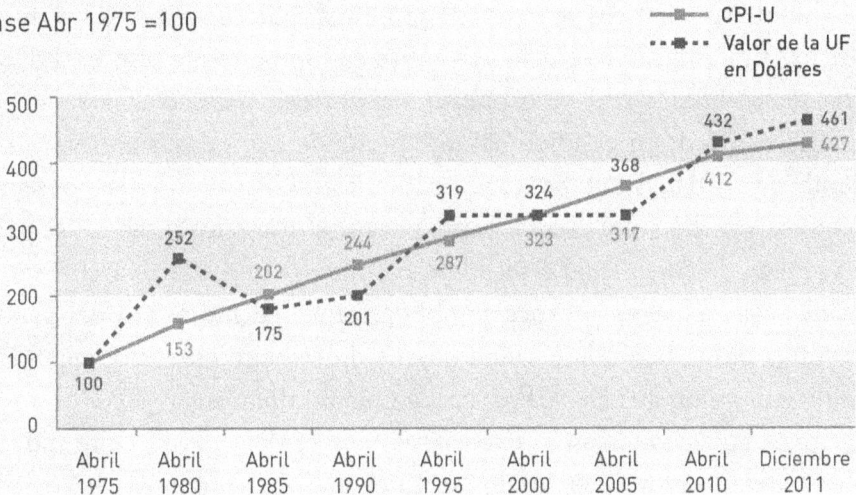

Entre abril 75 y 2011, la inflación del dólar fue del 427% y el ajuste por inflación de Chile implícito en la UF fue del 461%.

*Fuente: Fundación Metas Siglo XXI en base a estadísticas del Bureau of Labor Statistics www.blis.gov y del Banco Central de Chile www.bcentral.cl*

No obstante que ambas series utilizan números índices distintos, existe un paralelismo aceptable que en el largo plazo converge en una diferencia escasamente significativa. Entre abril de 1975 y diciembre de 2011 la inflación del dólar fue del 427 % y cada UF se valorizó el 461% en dólares.

Es fácil imaginar la importancia que tiene este fenómeno como factor de protección y potenciamiento del ahorro interno chileno. Si una persona hubiera guardado dólares en su caja de seguridad –tal como hacemos los argentinos– hoy se encontraría con idéntica cantidad de dólares pero con la desagradable sorpresa de que podría comprar menos que la cuarta parte de bienes. Habría perdido el 76 por ciento del poder adquisitivo.

La Moneda Virtual

En cambio, si en abril de 1974 hubiera convertido US$ 100 en UF, colocándolos en plazo fijo al 3% anual, en diciembre de 2011 tendría USD 1.362.

## 2.- Uso de la UF en las obligaciones a largo plazo

Los precursores –Lowe, Jevons, Marshall y Fisher entre otros- idearon el Patrón Tabular de Valor para ser utilizado especialmente en operaciones de largo plazo. Así se empleó en Chile, permitiendo pactar plazos fijos, préstamos bancarios, hipotecas, prendas o emisión de bonos, nominados en esta unidad de cuenta. Los intereses se calculan sobre el capital expresado en UF y, al tratarse de un interés real no expuesto a la corrosión inflacionaria, las tasas son reales, es decir sin el adicional que pretende compensar la inflación. A septiembre de 2010, la tasa bancaria ordinaria en UF, para operaciones a más de tres años, era del 5 por ciento. Tanto el capital como los intereses se pagan en la moneda de curso legal o sea el peso chileno –moneda corriente- única capaz de realizar pagos y cancelar obligaciones. Al momento del pago se convertirá a pesos según la paridad del día del vencimiento. Por ejemplo, al 30 de diciembre de 2011 la UF cotizaba a 43,04 dólares.

Jubilaciones y pensiones están expresadas también en UF. De este modo se hace operativa la protección de los sectores más vulnerables de la sociedad, como la clase pasiva, que no puede recurrir a medidas de acción directa para el reclamo de sus derechos.

Esta preocupación está presente en autores clásicos como Adam Smith y constituye uno de los puntales de argumentación de los precursores como Lowe, Jevons, Marshall y Fisher, por la situación de desamparo a que se veían sometidos quienes dependían para su subsistencia, de rentas fijas expuestas a la erosión inflacionaria.

## 3 - Aceptabilidad social de la institución

Los precursores anticiparon que la institución lograría el consenso de la comunidad y ello posibilitaría su uso universal.

Decía en tal sentido Alfred Marshall:

*El plan tiene que hacer su propio camino para alcanzar su uso general, pero una vez que se haya hecho familiar nadie, excepto los jugadores profesionales, prestarían o tomarían prestado en cualquier otra condición, en períodos largos.*[130]

Marshall sostenía que esta institución evitaba la necesidad de un cambio del signo monetario que siempre implica algún grado de conmoción social. Al crear la institución, el gobierno dota a la sociedad de una herramienta para que las partes contratantes obtengan seguridad jurídica en la equivalencia de las prestaciones.

Por estas razones Marshall afirma en 1886: Me aventuro a demandar enfáticamente se le preste a la cuestión la debida atención.[131] Pese a la urgencia del reclamo de Marshall, la valiosa iniciativa habría de aguardar ochenta años hasta ser adoptada por la República de Chile en 1967. La nueva institución que Marshall denominaba LA UNIDAD, se ha convertido en la UNIDAD de FOMENT0 (UF). El sistema chileno demostró el acierto y la factibilidad de su creación y la extraordinaria clarividencia en la descripción que Marshall hace de los efectos económicos de la nueva institución.

## 4.- Difusión universal de la UF en Chile
Afirma Eduardo Walker:

*La amplia aceptación de la UF como unidad monetaria de facto en la mayor parte de las transacciones financieras, es, probablemente, atribuible a cuatro factores: Primero: la unidad tiene credibilidad, en el sentido de que no será manipulada por las autoridades y se basa en el índice de precios al consumidor (CPI), que es confeccionado por una entidad independiente, el Instituto Nacional de Estadísticas (INE).*
*Segundo: las leyes por sí mismas aceptan la UF como una alternativa válida de unidad monetaria. Por ejemplo, la mayor parte de los préstamos y plazos fijos requieren ser indexados por imperio de la ley; en el caso de las compañías de seguro de vida, los activos y pasivos son medidos en UFs.*

---

[130] Marshall, Alfred, Official Papers, p. 10.
[131] Ibid., p. 12.

La Moneda Virtual

*Tercero: existe un mercado profundo y de gran liquidez para los bonos indexa-dos emitidos por el Banco Central. Ello permite brindar una tasa de inte-rés real sin riesgo de inflación para muchas obligaciones diferentes, que sirven como referencia para transacciones privadas.*

*Finalmente: las normas impositivas de Chile son compatibles con una indexa-ción generalizada de la economía. Un beneficio adicional es que la UF reduce significativamente el costo de renovación de los contratos y permite que el ajuste de precios se produzca casi simultáneamente con la inflación vigente[132].*

En sentido coincidente, expresa Robert J. Schiller:

*La UF es utilizada ampliamente en Chile. La mayor parte de los plazos fijos bancarios son a treinta días no indexados o indexados a noventa días con tasas de interés expresadas en UF. Al vencimiento, estos depósitos son convertidos a pesos a la paridad de la UF. Debido a la coexistencia de depósitos indexados y no indexados, cabe afirmar que el sistema Bancario chileno está parcialmente indexado utilizando la UF. Los depósitos en dólares también están autorizados para obligaciones a más de treinta días. La UF se usa en Chile para casi todas las hipotecas, créditos para automóviles y obligaciones de largo plazo del Go-bierno. Todos los impuestos están expresados en UF. Las jubilaciones están ata-das automáticamente a la UF. La UF es usada ampliamente para el pago de alquileres. Alimentos y ayuda a los niños son expresados en UF. … Las oficinas en venta son ofrecidas en UFs. Lo mismo que las viviendas, aunque también se usan los pesos. La UF no se utiliza comúnmente para las listas de venta de los automóviles. Tampoco se utiliza directamente para fijar los salarios. Sueldos y salarios se expresan en pesos y sólo están influenciados indirectamente por la UF, en el sentido de que la fluctuación del valor del peso es tomada en cuenta en las negociaciones de precios y salarios.[133]*

Por su parte Eduardo Walker en las conclusiones de este mismo trabajo, expresa:

---

[132] Walker, Eduardo, Indexación, inflación y política monetaria, Fernando Lefort y Klaus Schmidt-Hebbel eds., Banco Central de Chile, p. 262.

[133] Schiller, Robert, Op. cit. pp. 107-108.

*El documento describe como exitoso el Mercado chileno de renta fija, con su indexación generalizada. Se estima que el 63 % (US$ 82.000 millones) de los activos de los inversores institucionales, incluidos bancos, fondos de pensión, compañías de seguro de vida y fondos de inversión, están indexados. Si excluimos los bancos, la muestra crece hasta alcanzar el 80 por ciento. Y si, además, excluimos las inversiones en capital (equity investment) el porcentaje se eleva al 99 por ciento.[134]*

En el caso del sistema bancario chileno las colocaciones financieras son, en su mayor parte, indexadas:

**Cuadro 4 - Chile: Proporción del Monto de Colocaciones:**
Reajustable y No Reajustable

No Reajustables
Reajustables

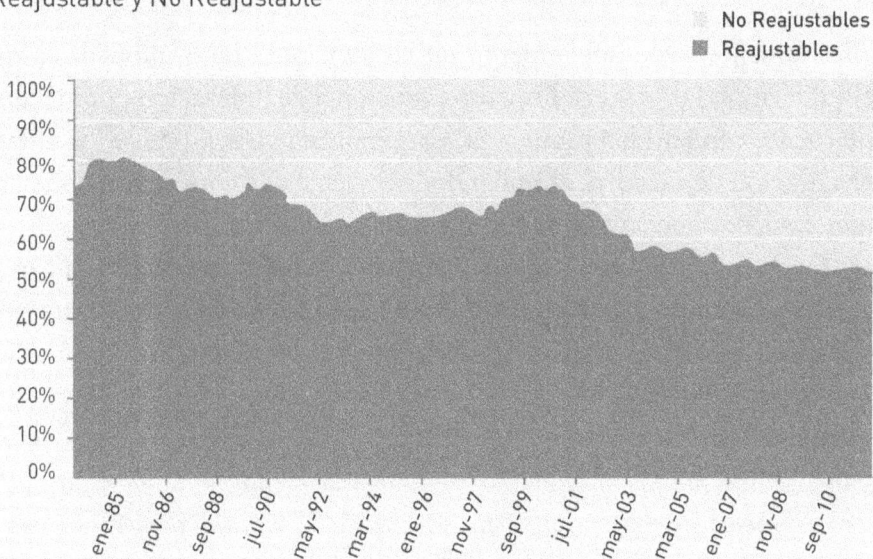

En enero de 1985 el 75% de las colocaciones ser había efectuado en forma indexada; las colocadas a más de un año totalizaban el 96%. En octubre de 2010, las colocaciones indexadas a más de un año alcanzaban al 63,42%.

*Fuente: Fundación Metas Siglo XXI en base a estadísticas del Banco Central de Chile www.bcentral.cl*

---

[134] Walker, Eduardo, Op. cit. p. 289 .

## 5.- El desdoblamiento de las funciones de la moneda

El gran aporte chileno a esta nueva institución ha sido desdoblar las funciones de la moneda siguiendo las enseñanzas de Alfred Marshall. Por un lado, mantener el peso chileno de curso legal para el pago de las obligaciones y por otro lado crear una unidad de cuenta de existencia puramente virtual, para las obligaciones a plazo.

> *La moneda corriente (currency) debería ser restringida a la función que puede cumplir adecuadamente, es decir, medir y realizar transacciones que son canceladas al poco tiempo de pactadas. La unidad de poder adquisitivo constante sería aplicable, sujeta a la libre elección de ambas partes interesadas, para casi todos los contratos que implican pago de intereses, y cancelación de préstamos; y para muchos contratos de alquiler, así como sueldos y salarios.*[135]

Fue precisamente el desdoblamiento de las funciones de la moneda lo que posibilitó reemplazar el procedimiento tradicional de indexación por una unidad de cuenta con entidad monetaria. Esta moneda virtual (la UF) facilita la universalización del sistema, eliminando los cálculos de corrección monetaria caso por caso, que generan mayores costos de transacción.

Robert J. Schiller sintetiza el resultado de este desdoblamiento con la expresión *moneyness* ("monedidad") que describe el fenómeno de convertir un proceso (la indexación), en un ente con individualidad y denominación propias: la moneda virtual UF.

> *Sin embargo, la diferencia entre una unidad de cuenta indexada y un simple procedimiento de indexación es fundamental. Se vincula al modo en que la gente utiliza la moneda, o como diríamos la "monedidad" (moneyness) de la unidad de cuenta. Schiller, Robert J., Op. cit., página 115.*

## 6.- La moneda no determina el valor de los bienes. Es el precio de los bienes el que determina el valor de la moneda

---

[135] Alfred Marshall, Remedies for Fluctuations of General Prices (1887). Memorial of Alfred Marshall, edition A. C. Pigou, Macmillan, 1925, pp. 197-199.

Luego de casi medio siglo de vigencia de la UF, el pueblo chileno ha asumido que esta unidad de cuenta es el patrón de referencia, el mojón o hito que implica una Unidad de Poder Adquisitivo Fijo. (*Unit of Fixed Purchasing Power*), según la definición de Alfred Marshall en, *Official Papers*, p. 12). Le da previsibilidad a su sistema económico, que viene comprobando mediante el acceso universal a la vivienda, las jubilaciones reajustables, el crecimiento del ahorro y su influencia en el desarrollo.

El pueblo chileno ha incorporado a *su forma mentis*, de manera práctica, que es el precio de los bienes el que determina el valor de la *moneda*. Por eso, prefiere operar en UFs que le garantizan mayor estabilidad, inclusive que la divisa internacional por excelencia: el dólar

Recordamos la enseñanza de Simon Newcomb:

> *Todos los hombres en este y otros países están habituados desde jóvenes a medir el incremento y la disminución de la riqueza utilizando dólares y otras monedas que se supone constituyen unidades de valor... Aun cuando los hechos sean comprendidos, la idea de que el cambio estriba en el valor de los commodities medidos, y no en el dólar en sí mismo, es tan natural que hace falta una disciplina mental muy estricta para liberarse de esta forma de pensar. Es más, nos planteamos hasta qué punto los economistas más profundos pueden ser exitosos a este respecto.*[136]

Estableciendo un paralelo con el sistema solar, no es de extrañar que fuera un economista astrónomo quien advirtiera que en la relación entre la moneda y el nivel de precios, lo central o variable fija es el poder adquisitivo y lo accesorio o variable dependiente es la moneda. Así como Copérnico descubrió que la sucesión del día y de la noche no es causada por el Sol girando alrededor de la Tierra, sino por el giro de ésta sobre sí misma, Newcomb advirtió que no es la moneda la que fija el valor de los bienes, sino que es el precio del universo bienes es el que determina el valor de la moneda.

---

[136] Newcomb, Simon, Op. cit. p. 230.

## 7.- Elaboración del índice de precios

Jevons, Marshall y Fisher coincidieron en que la elaboración del índice de precios debe encomendarse a una oficina de estadísticas del Estado. Así se hizo en Chile asignando la tarea al Instituto Nacional de Estadísticas quien viene realizándola sin objeciones.

W. S. Jevons sintetiza la cuestión en los siguientes términos:

> *Estos proyectos para crear un estándar de valor promedio aparecen como perfectamente sensatos y altamente valiosos desde un punto de vista teórico, y las dificultades prácticas no revisten gravedad. Para llevar adelante las propuestas de Lowe y Scrope, sería necesaria una comisión permanente del gobierno investida con facultades similares a las del poder judicial. Los funcionarios del departamento deberían recolectar los precios corrientes de los commodities en todos los mercados principales del reino y, con un sistema de cálculo preciso, inferir de tales datos la variación promedio del poder adquisitivo del oro. La decisión de esta comisión sería publicada cada mes, y los pagos deberían ser ajustados de acuerdo con ellos. De este modo, suponiendo que una deuda de 100 libras fue contraída el primero de julio de 1875, y debe ser reembolsada el primero de julio de 1878, si la comisión hubiera anunciado que el valor del oro ha caído el 6% en los años transcurridos, el acreedor tendrá el derecho a exigir un incremento del 6 por ciento sobre el monto nominal de la deuda.*[137]

Fisher, por su parte, distingue dos cuestiones: la elección del índice y luego su elaboración. Para Fisher una vez definido el índice a utilizar, su elaboración posterior es una tarea puramente administrativa. *(purely clerical matter)*

> *Hay varios sistemas de números índices, pero prácticamente todos coinciden entre sí. Una vez que un sistema de números índices es adoptado, su determinación numérica deviene una cuestión puramente administrativa. Una oficina de estadísticas (como por ejemplo el actual Bureau of Labor o una oficina de estadísticas internacional) estaría encargada de compilar y publicar estas*

---

[137] Jevons, W. S. Op. cit. cap. XXV.

*estadísticas periódicamente y los precios reales en los cuales de basan. Si en cualquier momento el índice de precios oficial muestra que el nivel de precios ha aumentado el 1 por ciento por encima de la par, ésta será la señal para un incremento del 1 por ciento en el dólar virtual.*[138]

En el caso de nuestro país, la mejor solución es encomendar la responsabilidad integral al Congreso de la Nación para que fije el método de elaboración del índice y sea además quien otorgue a dicho índice validez legal como unidad de cuenta o moneda virtual, publicando sus resultados para que sean utilizados por la población. De este modo se da cumplimiento a lo dispuesto por el inciso 11 del artículo 75 de la CN que establece su facultad de fijar el valor de la moneda.

Por su parte, Marshall afirma:

*La tarea de publicar periódicamente el valor de la unidad de poder adquisitivo constante no puede, en mi opinión, ser realizada sino por un departamento permanente del Gobierno.*[139]

Es oportuno recordar que, como vimos en el punto 15.4.2 Capítulo Primero de la Primera Parte, cuando Marshall escribe esta recomendación en 1887 se basa en la experiencia exitosa de la creación de un departamento de la Corona denominado Comisionados de Diezmos (*Commissioners of Tithes*) que tenía la responsabilidad de publicar tablas de conversión, para que los contribuyentes pagaran en moneda corriente los diezmos que históricamente se habían fijado en especie. Estos índices se referían a la producción agrícola fundamentalmente trigo, cebada y avena. La ley de conmutación de diezmos (*Tithe Conmutation Act*) había sido dictada en 1836 y modificada en 1837, y ya tenía varias décadas de vigencia habiéndose transformado en una institución consolidada y prestigiosa. Lo único que faltaba para tener un Estándar Tabular de Valor era ampliar la base de cálculo extendiéndola a los restantes *commodities*.

---

[138] Fisher, Irving, Op. cit. apéndice 8.173.
[139] Marshall, Alfred, Op. cit. p. 35.

## 8.- La confección de los índices debe ponderar la importancia relativa de los distintos bienes en la economía nacional

A partir de los trabajos de Lowe publicados en 1823, el peso relativo de los distintos elementos que componen la cesta de bienes para la elaboración del índice, debe ser adecuadamente ponderado y actualizado periódicamente. Así se ha hecho en la experiencia chilena siguiendo, por otra parte, la metodología aplicada en el resto mundo de conformidad con la recomendación del F.M.I.

> *El Gobierno, naturalmente, deberá tomar en cuenta únicamente el total del consumo de la nación; pero aun así tendrá que afrontar la dificultad del permanente cambio que se registra en la forma en que la nación gasta su ingreso. La estimación de la importancia de los diferentes commodities deberá ser revaluada de tiempo en tiempo.*[140]

## 9.- Influencia estabilizadora de la UF en la economía

En 1886 Alfred Marshall sostuvo que la creación de LA UNIDAD, tendría un efecto estabilizador más eficaz que el cambio de moneda corriente que suponía la adopción del bimetalismo.

> *El plan puede parecer extraño a simple vista, pero en realidad sería mucho más simple que la adopción del bimetalismo, mientras que su influencia estabilizadora en la industria sería incomparablemente mayor.*[141]

En sentido coincidente Joseph Lowe afirmó que:

> *La remoción de la incertidumbre en los contratos a plazo contribuiría más eficazmente al desarrollo de nuestra industria. (Lowe, Op. cit. p. 290).*

Por su parte, W. S. Jevons realiza una descripción de los resultados que pueden alcanzarse con el Patrón Tabular de Valor.

---

[140] Marshall, Alfred, Official Pappers, p. 11.
[141] Ibid.

*El espacio disponible no me permitirá describir adecuadamente las ventajas que surgirán del establecimiento de un estándar tabular de valor a nivel nacional. Tal decisión brindará un grado de estabilidad totalmente nuevo a las relaciones sociales, asegurando los ingresos fijos de los individuos y de las instituciones públicas, de la depreciación que a menudo han sufrido. La especulación basada en la frecuente oscilación de los precios que hoy tiene lugar en el estado actual del comercio, sería hasta cierto punto desalentada. Las previsiones de los comerciantes estarían menos expuestas a frecuentes frustraciones por causas ajenas a su control, y muchas quiebras serían evitadas. Colapsos periódicos del crédito se producirían de tanto en tanto, pero la intensidad de la crisis sería mitigada, porque mientras los precios caen, los pasivos de los deudores se reducirían aproximadamente al mismo ritmo.[142]*

Reviste trascendental importancia el último párrafo que plantea la situación de valorización de la moneda como ocurrió en la crisis del 30. Si adoptamos como patrón de medida estable el precio de los bienes, las deudas también deberían ser ajustadas a la baja cuando la moneda se valoriza.

Algunos economistas han planteado sus objeciones al efecto inflacionario de la indexación. Milton Friedman responde a esta postura:

*La principal objeción a una indexación ampliamente difundida es el argumento de su impacto inflacionario sobre la economía. Expresado de esta manera simplista este juicio de valor es sencillamente falso.[143]*

La difusión universal de la UF y la indexación que ello implica, no ha sido óbice para una estabilización gradual y sostenida de la economía. Puede observarse en el cuadro siguiente que la inflación alcanzó un pico del 508,1 % anual en 1973. A partir de ese momento, comienza un proceso paulatino de descenso, hasta alcanzar tasas de un dígito comparables con las de países desarrollados. La UF ha soportado pruebas extremas como la elevada inflación de las déca-

---

[142] Jevons, W. S. Op. cit. cap. XXV.
[143] Friedman, Milton, Op. cit. p. 30.

La Moneda Virtual

das del 70 y del 80 por la decisión política de mantener su vigencia aún frente a crisis de tanta gravedad.

Este gráfico (ver 6) no pretende demostrar que la UF fue la "causa" de la estabilidad de la moneda corriente, ya que como hemos explicado, la estabilidad depende fundamentalmente de la política monetaria del Banco Central. Pero sí nos parece demostración definitiva de que la indexación universal de la economía no es un impedimento para lograr la estabilización monetaria.

---

### Cuadro 5 - Inflación de Chile 1960-2000
Índice de precios al consumidor
Variación de diciembre a diciembre de cada año

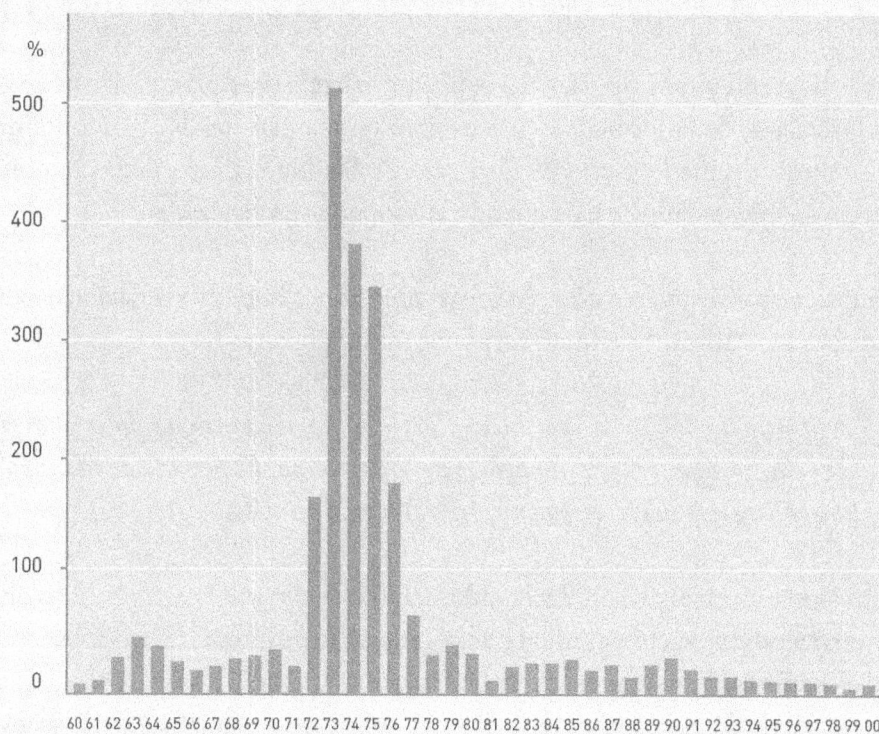

La utilización universal de la UF no fue obstáculo para una reducción consistente de la inflación que bajó del 508,1% anual en 1973 a 3,3% promedio anual en la década 2000-2009.
*Fuente: Indicadores Económicos y Sociales de Chile 1960-2000. Banco Central de Chile, www. bcentral.cl*

## Cuadro 6 - Promedio Anual de Inflación en Chile según década

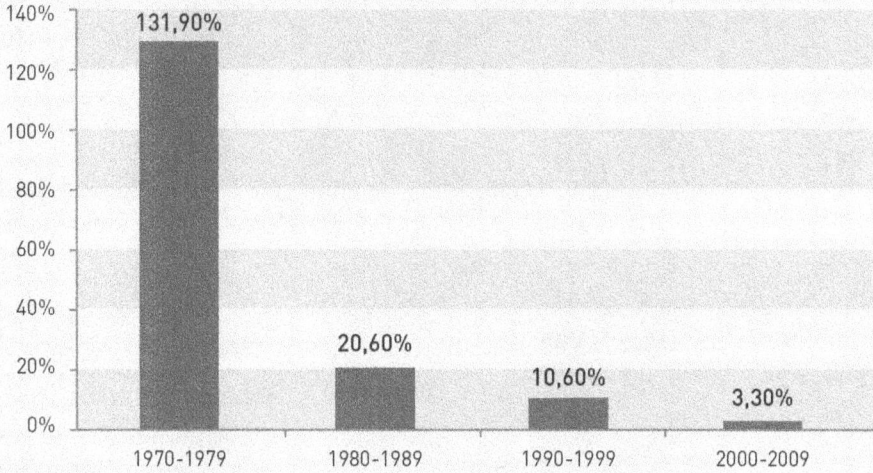

En la década de 1970 la inflación promedia anualmente el 131,9%. La década siguiente se reduce a la sexta parte: 20,6% anual. En la década del 1990 se vuelve a reducir a la mitad: 10,6% anual. En la década del 2000 queda reducida a menos de la tercera parte (3,3%). Entre puntas, desde la década de 1970 a la década del 2000 la inflación promedio medida por década se redujo el 97,5%.

*Fuente: Fundación Metas Siglo XXI en base a estadísticas del Banco Central de Chile www.bcentral.cl*

# Capítulo Tercero

## Consecuencias positivas de la UF
## no anticipadas por los precursores

Además de las consecuencias positivas anticipadas por los economistas precursores que defendieron desde hace casi 200 años la creación del Patrón Tabular de Valor, es útil analizar otras externalidades positivas que por diversas circunstancias no fueron advertidas entonces, pero que hoy constituyen un aporte fundamental para la sociedad, analizadas a la luz del desarrollo actual de la ciencia económica.

**1.- El *"saving miracle"* y el crecimiento del Producto Bruto Interno per cápita**
Se habla en los Congresos internacionales del "milagro" del crecimiento del ahorro chileno (*saving miracle*) que potenció el crecimiento del PBI al posibilitar la expansión de la inversión bruta. En el período 1975-1985, el PBI creció el 2 % anual promedio, mientras que en el período siguiente 1986-1997 se triplicó, alcanzando al 7,7 % anual promedio. ¿Cuál fue la causa de esta expansión? El ahorro pasó del 9,6 al 20,8 % anual y la inversión bruta del 16 al 24%. En realidad no hubo un milagro sino la invención de una nueva institución que removió el gran obstáculo que frena el ahorro: la inflación. Mediante la UF, el ahorro popular quedó blindado contra la inflación cualquiera fuera su nivel. Los efectos de este proceso pueden evaluarse según la evolución de Producto Bruto Interno per cápita que registra el mayor crecimiento de América Latina en el período 1974- 2009: siete veces más que Argentina y tres veces más que Brasil.

## Cuadro 7 - Crecimiento del PBI per Cápita en América Latina
Período 1974-2009

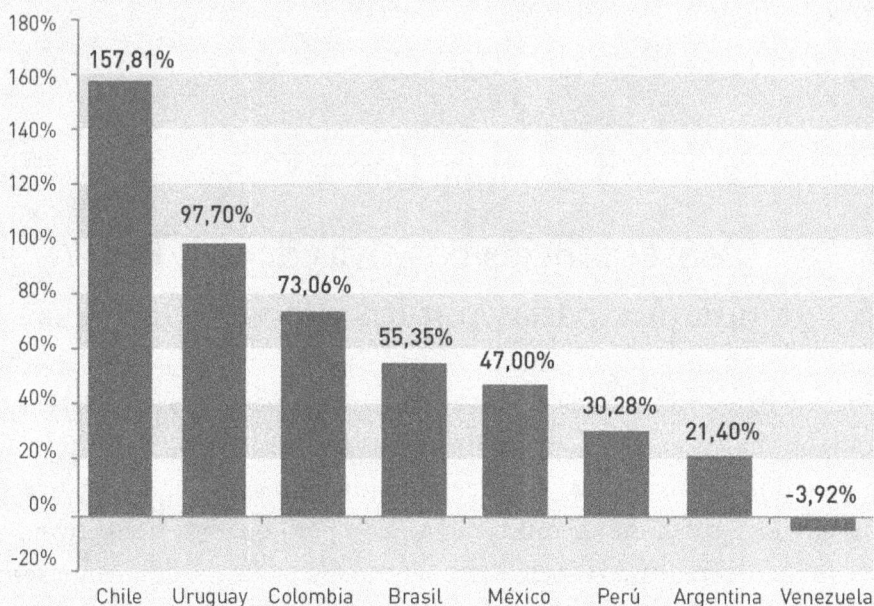

Fuente: *Fundación Metas Siglo XXI a base de estadísticas de: Dos siglos de economía argentina. Edicion Bicentenario. Director Orlando Ferreres. Fundación Norte y Sur.*

Entre 1974 y 2009 Chile fue el país de América Latina de mayor crecimiento en PBI per cápita: 157,81%. Siete veces más que Argentina y casi tres veces más que Brasil.

## 2.- Desarrollo del Mercado de Capitales
Sostiene Eduardo Walker:

> *Para un participante del Mercado de Capitales chileno, sería difícil imaginar un mundo sin la unidad de indexación, la Unidad de Fomento (UF). La mayor parte de los participantes del mercado estarían de acuerdo en que la UF jugó un rol central en la creación del mercado de capitales local y también que ha tenido un impacto positivo en el crecimiento y el bienestar.*[144]

---

[144] Walker, Eduardo, Op. cit. p. 259.

*Sostengo que la indexación en Chile (junto con varias reformas estructurales que han sido implementadas) ha contribuido a completar y desarrollar el mercado financiero al menos en los siguientes sentidos: ha posibilitado la existencia de bonos de mediano y largo plazo (además de préstamos) que de otra manera no existirían; bonos indexados en UF a largo plazo crean pautas de retornos que no están disponibles ni en el mercado internacional ni en el en el local vía bonos de corto plazo sean nominales o indexados o bonos denominados en dólares; los bonos de largo plazo indexados en UF generan pautas relevantes por su utilidad para protegerse (hedge against) de cambios adversos en los precios de los bienes de capital. Agrego a mi argumentación que, de no ser por las normas que hicieron obligatorio el uso de la indexación para muchas transacciones financieras, así como por la deuda nominada en UF del Banco Central, el mercado de renta fija se hubiera orientado hacia productos financieros de plazos más cortos, y securities denominadas en dólares, como la evidencia de otros países en desarrollo lo sugiere. Esto, a su turno, hubiera tenido impacto significativo en los costos de potenciales quiebras en la economía chilena.[145]*

*La experiencia chilena con la liberalización del mercado financiero lleva a la conclusión que, además de la liberación de las tasas de interés y las restricciones al crédito y a la implantación de un sistema impositivo neutral a la inflación, la UF constituye una pieza central de la tecnología desarrollada para proteger de la inflación a los participantes del mercado de capitales. Esto incluye la credibilidad de la unidad, leyes compatibles, y el precedente establecido por las autoridades centrales emitiendo bonos indexados.[146]*

## 2.1.-Consecuencias de carecer de una unidad de cuenta indexada

Las afirmaciones del economista Eduardo Walker son claramente aplicables a la experiencia de la economía argentina a partir de 1990:

*En el caso de otros países con un historial de altas tasas volátiles de inflación, planteo como hipótesis que la carencia de una unidad monetaria indexada tendría dos consecuencias. Primero, el mercado de capitales se inclinaría a recurrir*

---

[145] Ibid., p. 260.
[146] Ibid., p. 289.

*a una protección distinta de la inflación como una moneda extranjera, proba-*
*blemente el US dólar, dado su aceptación difundida. Segundo, la maduración*
*de la mayoría de los instrumentos financieros (ya sea en moneda local o deno-*
*minada en dólares) sería relativamente corta.*

El siguiente párrafo de Walker parece anticipar el gran default argentino de
2001:

*Estos dos efectos tomados en conjunto implican que un mercado de renta fija*
*de largo plazo probablemente sea menos desarrollado que un mercado indexa-*
*do. Por la misma razón, con altas tasas de inflación, si una divisa extranjera*
*reemplaza la moneda local como la moneda predilecta para instrumentos de*
*crédito locales, la economía estará más expuesta a enfrentar costos de quiebra*
*potencial que en la hipótesis del uso universal de deuda indexada. Empresas*
*que están en el sector de bienes transables estarían en situación similar en el*
*caso de uso generalizado de deuda indexada. Mientras firmas que están en*
*el sector de bienes no transables incrementarán su riesgo de quiebra si emiten*
*deuda nominada en dólares en lugar de hacerlo en deuda indexada.*

A diferencia de lo ocurrido en Chile, la ausencia de una unidad de cuenta
indexada blindada contra la inflación confiable para los mercados, ha sido y
continúa siendo, uno de los grandes obstáculos que Argentina enfrenta para el
financiamiento de largo plazo en los mercados locales.

*Sin una unidad que proteja contra la inflación, altas tasas de inflación e ins-*
*trumentos financieros nominales implican que la maduración efectiva de un*
*título nominal es corta. La consecuencia de carecer de una unidad indexada es*
*que la deuda de largo plazo será emitida en moneda extranjera (como el dólar)*
*y que tanto el tamaño del mercado de renta fija y la maduración de las obliga-*
*ciones se verían reducidos. Ello, además, implica un alto grado de descalce en*
*la estructura de activos y pasivos, que incrementa los costos de bancarrota.[147]*

Cuando una unidad de cuenta indexada se torna confiable, su difusión ad-

---

[147] Walker, Eduardo, Op. cit. p. 289.

quiere carácter universal y alcanza proporciones sorprendentemente elevadas como registra la experiencia chilena.

*El documento describe el Mercado de renta fija chileno con su indexación generalizada como exitoso. Se estima que el 63 % (US$ 82.000 millones) de los activos de los inversores institucionales, incluidos bancos, fondos de pensión, compañías de seguro de vida y fondos de inversión, están indexados. Si excluimos los bancos la muestra crece hasta alcanzar el 80 por ciento. Y si, además, excluimos las inversiones en capital (equity investment) el porcentaje se eleva al 99 por ciento.[148]*

**Cuadro 8 - Transacciones de la bolsa de Santiago, año 1996**
(Estimaciones de volumen desagregadas)
Miles de millones de dólares

| Tipo de instrumento | Corto plazo | Largo plazo | Total |
|---|---|---|---|
| Deuda nominada en pesos | 28,0 | 0,00 | 28,0 |
| *Sector Privado* | 28,0 | 0,00 | 28,0 |
| *Sector Público* | 0,00 | 0,00 | 0,00 |
| Deuda nominada en dólares | 12,48 | 3,54 | 16,02 |
| *Sector Privado* | 12,48 | 0,30 | 12,78 |
| *Sector Público* | --- | 3,24 | 3,24 |
| Deuda indexada | 83,32 | 75,84 | 159,16 |
| *Sector Privado* | 83,32 | 20,18 | 103,50 |
| *Sector Público* | 0,00 | 55,66 | 55,66 |
| Total | 123,81 | 79,38 | 203,19 |

*Fuente: Eduardo Walker, op. cit., page 271, Superintendencia de Valores y Seguros.*

La tabla precedente desagrega los volúmenes transados en 1996. La UF (y otras unidades indexadas muy similares) es la denominación más importante tanto para obligaciones a corto o largo plazo. Las obligaciones de corto plazo denominadas en dólares que también se negocian, no son realmente instru-

---

[148] Ibid., p. 289.

La Moneda Virtual

mentos financieros ya que corresponden más propiamente al mercado cambiario externo. La inmensa mayoría de las obligaciones emitidas tanto por el sector público como por el privado están denominadas en unidades indexadas.

En síntesis, el volumen total transado en 1996 se desagrega de la siguiente forma:

| Tipo de instrumento | |
|---|---|
| Deuda indexada | 78% |
| Deuda nominada en pesos | 14% |
| Deuda nominada en dólares | 8% |

*Fuente: Eduardo Walker, op. cit., page 271, Superintendencia de Valores y Seguros.*

### 3.- Vivienda

El efecto de la UF no se limita a los mercados financieros sino que, gracias a su desarrollo, permite encarar problemas crónicos de enorme trascendencia social, como la vivienda, primera aplicación práctica de la UF.

El documento también identifica la influencia de la indexación en otros mercados, especialmente el mercado de capitales, llegando a la conclusión de que el desarrollo de un mercado de renta fija indexado fue un primer paso indispensable para el crecimiento de dicho mercado de capitales. La misma reflexión puede extenderse al desarrollo de hipotecas, fondos de pensión y compañías de seguro en riesgo de vida. En el sector de la economía real, el desarrollo de la construcción merced al mercado de hipotecas fue probablemente uno de los mayores beneficios de la indexación.[149]

### 4.- La hipótesis del "pecado original" enunciada por Hausmann y Eichengreen

La creación de la UF ha sido uno de los pilares de una política consistente de defensa del ahorro interno, posibilitando el desarrollo paulatino de un mercado de capitales de significativa importancia, que se tradujo en una reducción de la deuda externa medida como porcentaje del PBI. Y posibilitó

[149] Ibid., p 289-290.

una eficaz pesificación de la economía. Contrasta esta situación con la registrada en nuestro país, que entre enero/2007 y diciembre/2011 ha expatriado 79.007 millones de dólares, en buena medida por la carencia de vehículos financieros idóneos para seducir al ahorro con alternativas más atractivas que el estéril atesoramiento del dólar.

La UF ha demostrado ser un eficaz antídoto contra la hipótesis del "pecado original" de América Latina como lo denominan Ricardo Hausmann y Barry Eichengreen:

> *La hipótesis del "pecado original" es definida como un mercado financiero incompleto. La moneda local no puede ser utilizada para pedir préstamos en el exterior o para préstamos domésticos cuando se trata de largo plazo. Ante esta situación, la fragilidad financiera es inevitable porque todos las inversiones locales van a tener un descalce (proyectos que generan pesos estarán financiados en dólares) o un descalce en los plazos (proyectos de largo plazo serán financiados con créditos de corto plazo). Lo más crítico, es que este descalce no existe porque los bancos y las empresas sean remisas a cubrir su exposición. El problema más bien es que el país cuyas obligaciones están nominadas en divisas extranjeras es, por definición, inhábil para obtener cobertura. Si asumiéramos que del otro lado del mercado existe alguien dispuesto a cubrir el riesgo de cambio sería lo mismo que decir que el país está en condiciones de fondearse en su propia moneda. De tal modo que el problema no radica en que las empresas no tienen la previsión de cubrir su riesgo de cambio, sino que encuentran imposible hacerlo. Lo incompleto del mercado financiero, por lo tanto, está en la raíz de la fragilidad financiera.[150]*

La inflación crónica hace que la moneda local no pueda ser utilizada como patrón de medida confiable y ello obliga a recurrir a un sucedáneo en divisas extranjeras, habitualmente el dólar.

---

[150] Eichengreen, Barry y Ricardo Hausmann, Tipos de cambio y fragilidad financiera, 1999, p. 330.

**Cuadro 9 - Chile: Evolución de la Deuda Externa Total**

Deuda externa total vs. PIB, 1985-2000

(Porcentajes)

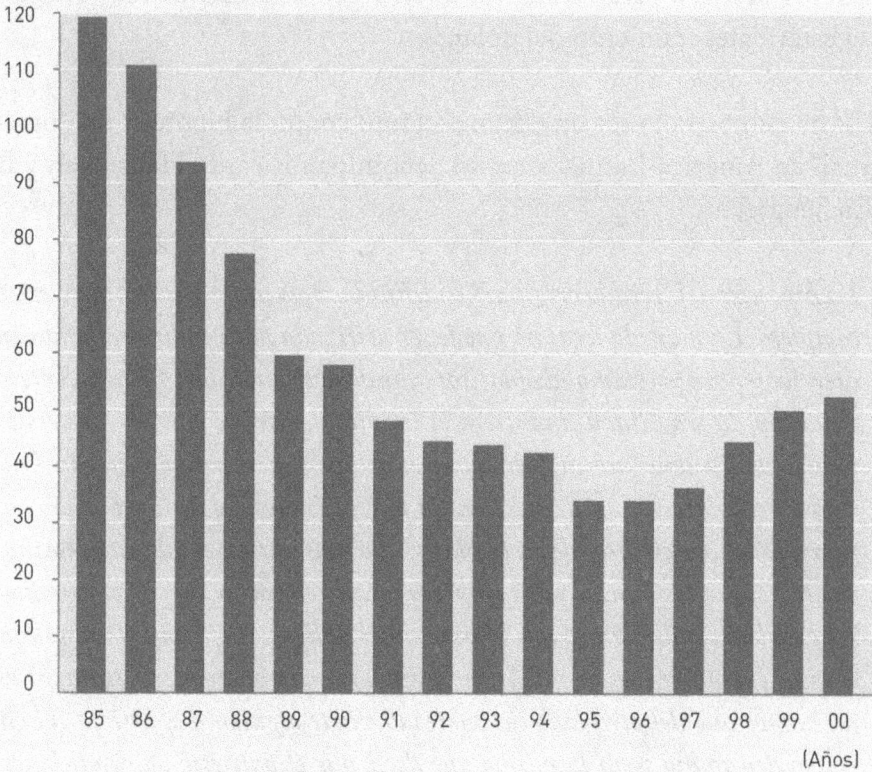

(Años)

Entre los años 1985 y 2000 el endeudamiento externo se redujo a menos de la mitad, medido como porcentaje del PBI.

*Fuente: Indicadores Económicos y Sociales de Chile 1960 – 2000, Banco Central de Chile, www. bcentral.cl*

Puntualizan estos autores que esto tiene graves consecuencias:

> *Si un país está afectado por el "pecado original" tiene un endeudamiento externo neto, y es probable que tenga un descalce en su balance de pagos y grandes cimbronazos en el tipo de cambio que tienen efecto en la creación de riqueza, afectando la capacidad del país para atender los servicios de la deuda. Como consecuencia, el "pecado original" tiende a hacer la deuda más riesgosa y au-*

*menta la volatilidad, afectando la capacidad del país a conducir una política monetaria independiente.*[151]

La credibilidad ganada por la UF ha permitido que Chile pueda ser financiado internamente con su mercado de capitales doméstico, reduciendo su exposición externa.

## 5.- Contención de la fuga de capitales

Como vimos en el punto anterior, la consolidación de la UF ha permitido a Chile financiar su desarrollo con ahorro doméstico reduciendo la deuda externa. En Argentina, el escenario real es opuesto. La fuga de capitales se produce a la vertiginosa velocidad de 43 millones de dólares por día entre enero 2007 y diciembre 2011. Totaliza 79.007 millones de dólares.

**Cuadro 10 - Fuga de Capitales en Argentina**
(millones de dólares)

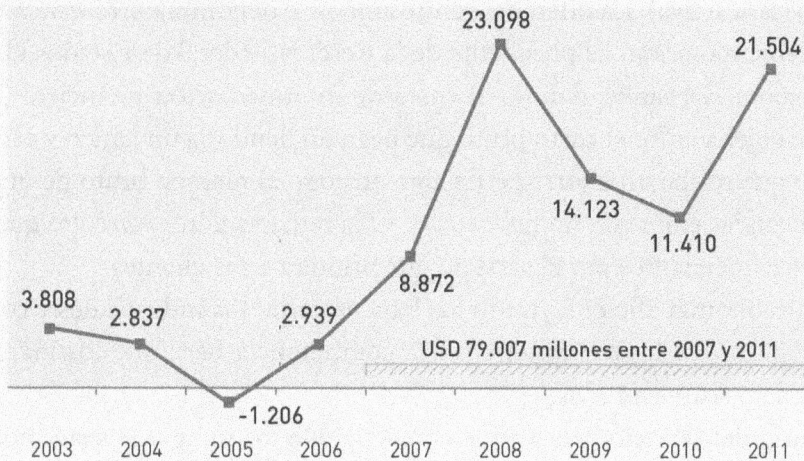

*Fuente: Fundación Metas Siglo XXI en base a estadísticas del Banco Central de la República Argentina www.bcra.gov.ar*

¿Existe otra opción para retener el ahorro interno y volcarlo a la producción? Hay que ofrecer una alternativa mejor que sea superadora del dólar como ha

---

[151] Ibid., p. 331.

hecho Chile con la UF. Se contribuye a corregir el desequilibrio causado por la inflación creando un pilar fundamental para el crecimiento de la bancarización y del mercado de capitales. Recordemos que quien atesoró dólares en 1975, hoy, luego de 35 años tiene los mismos dólares; mientras quienes invirtieron en ese mismo año en UF en plazos fijos al 3% anual, hoy tienen 13,62 veces más dólares.

La ausencia de productos financieros que seduzcan al ahorro interno se traduce en dos grandes males: endeudamiento externo y carencia de un mercado de capitales vigoroso que pueda financiar el desarrollo.

Como dijimos, Eichengreen y Hausmann (1999) definieron este problema como el "pecado original" ya que ha sido fuente de los principales males que aquejan a las economías subdesarrolladas de América Latina.

## 6.- Reducción de los costos de transacción bancarios (spread)

El negocio bancario básico y tradicional es recibir depósitos pagando un interés al ahorrista (tasa pasiva) y prestar estos mismos fondos a un interés más elevado (tasa activa). La diferencia entre ambos se denomina *net interest spread* o simplemente *spread*. El presidente de la Reserva Federal de Estados Unidos Ben Shalom Bernanke, definió el costo de intermediación financiera (CIF) como la brecha entre el costo bruto que paga un deudor a un banco y el retorno neto que recibe un ahorrista. Es algo análogo al margen bruto de utilidad que aplican las empresas no financieras. O la remarcación –*mark up*- que realizan los comerciantes por el servicio que brindan a sus clientes.

En una economía eficiente, tanto los bancos como los industriales y comerciantes, ganan en base a volumen, y la competencia hace que los márgenes de beneficio sean acotados.

Al usuario del servicio bancario le conviene que los márgenes sean moderados. En el caso de este negocio hay dos tipos de clientes, uno en cada punta. Los ahorristas que depositan y tratan de optimizar su rendimiento con una tasa atractiva y los tomadores de crédito que procuran una tasa de interés moderada. Entre ambos está el banquero que busca captar ahorros a baja tasa y colocarlos a tasa elevada para maximizar su beneficio bruto (*spread*).

Un elevado *spread* tiene efectos negativos sobre la producción y comercialización de los bienes y perjudica a los consumidores. En ciertas ocasiones los Bancos Centrales han fijado tasas máximas de interés. Pero este sistema dirigista termina afectando la oferta de crédito sin beneficio perdurable para el tomador.

*A este respecto, Gelos, Gastón (Banking spreads in América Latina, IMF Working Papers, WP/06/04), encuentra que en Latinoamérica los índices de eficiencia de la intermediación financiera son relativamente bajos, con márgenes de spread que alcanzan un promedio de 8,5% en la región, mientras que en Asia del Este y Pacífico son del 5,1% y sólo de 2,9% en los países desarrollados. Este resultado se debería en alguna medida a la falta de competencia que se observa en los sistemas financieros latinoamericanos.[152]*

En economías de alta inflación como la Argentina, la volatilidad de la moneda eleva la tasa nominal y hace difícil al público comparar tasa activa y

### Cuadro 11 - Costo de la Intermediación Bancaria

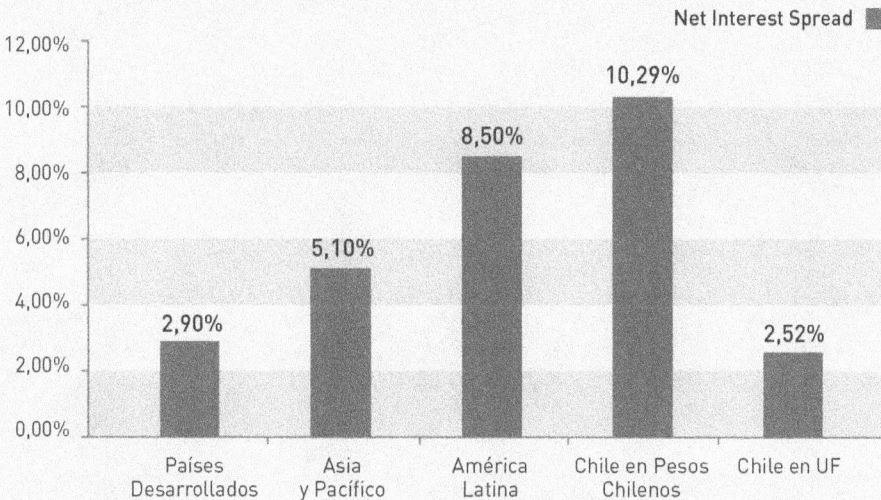

Net Interest Spread

| | Países Desarrollados | Asia y Pacífico | América Latina | Chile en Pesos Chilenos | Chile en UF |
|---|---|---|---|---|---|
| | 2,90% | 5,10% | 8,50% | 10,29% | 2,52% |

*Fuente: Fundación Metas Siglo XXI en base a estadísticas del Banco Central de Chile www.bcentral.cl y Zahler, op. cit, pág. 13.*

[152] Zahler, Roberto, Bancarización privada en Chile. Unión de estudios de desarrollo. División de desarrollo económico, Cepal, Santiago de Chile, 2008, p. 13.

La Moneda Virtual

pasiva y tener una idea siquiera aproximada del *spread*. Por otra parte, resulta difícil al banquero proyectar hacia el futuro la tasa real de interés ante la incertidumbre de la inflación. La unidad de cuenta indexada (UF) suprime esta incertidumbre y tanto el banquero como sus clientes formulan sus cálculos en base a una moneda estable.

**Cuadro 12 - Chile: Diferencia de Spread en UF y Nominal**
Para Operaciones entre 90 y 365 días

| Año | Nominal | U.F. | Diferencia |
|---|---|---|---|
| 1985 | 11,24% | 1,27% | 9,97% |
| 1986 | 10,51% | 3,54% | 6,97% |
| 1987 | 11,59% | 3,02% | 8,58% |
| 1988 | 7,54% | 3,05% | 4,49% |
| 1989 | 13,14% | 2,66% | 10,48% |
| 1990 | 14,03% | 3,82% | 10,21% |
| 1991 | 13,03% | 3,05% | 9,98% |
| 1992 | 12,20% | 2,88% | 9,32% |
| 1993 | 13,40% | 2,82% | 10,58% |
| 1994 | 11,86% | 2,89% | 8,97% |
| 1995 | 12,78% | 2,68% | 10,10% |
| 1996 | 7,37% | 2,39% | 4,98% |
| 1997 | 7,52% | 2,33% | 5,19% |
| 1998 | 11,05% | 2,40% | 8,66% |
| 1999 | 8,75% | 2,32% | 6,43% |
| 2000 | 9,99% | 2,30% | 7,69% |
| 2001 | 10,21% | 2,59% | 7,62% |
| 2002 | 10,25% | 2,45% | 7,80% |
| 2003 | 9,72% | 2,54% | 7,18% |
| 2004 | 8,58% | 2,10% | 6,48% |
| 2005 | 9,02% | 2,06% | 6,96% |
| 2006 | 8,97% | 2,35% | 6,62% |
| 2007 | 7,70% | 2,43% | 5,27% |
| 2008 | 7,36% | 2,27% | 5,09% |
| 2009 | 10,58% | 1,48% | 9,10% |
| 2010 | 9,05% | 1,76% | 7,29% |
| Promedio Anual | 10,29% | 2,52% | 7,77% |

*Fuente: Fundación Metas Siglo XXI en base a estadísticas del Banco Central de Chile. www. bcentral.cl*

Chile ha logrado un elevando volumen de bancarización que alcanzó al 79 % del PBI. (dic.2011). Exhibe además una gran estabilidad de tasas de interés y un bajo *spread* en las operaciones contratadas en moneda indexada. El *spread* promedio en la misma unidad de cuenta, es del 2,52% en el período 1985–2010 Vale decir que se ha logrado un *spread* que está ligeramente por debajo de los países desarrollados y es la tercera parte que la media de América Latina (ver cuadro). Esto nos está demostrando que la UF, al eliminar la incertidumbre del valor futuro de la moneda, reduce sustancialmente los costos de intermediación bancaria con beneficios para ahorristas y tomadores de crédito. La comparación es válida porque contrasta tasas nominales con tasas reales en el mismo país, con el mismo sistema bancario, al mismo tiempo y en idéntica situación macroeconómica. La diferencia que surge en el *spread* es consecuencia exclusiva de utilizar en un caso moneda nominal (pesos) y en el otro moneda estable (UF). La influencia en el costo de los *spreads* es

**Cuadro 13 - Chile: Spread en U.F. vs. Nominal**
Para Operaciones entre 90 y 365 días

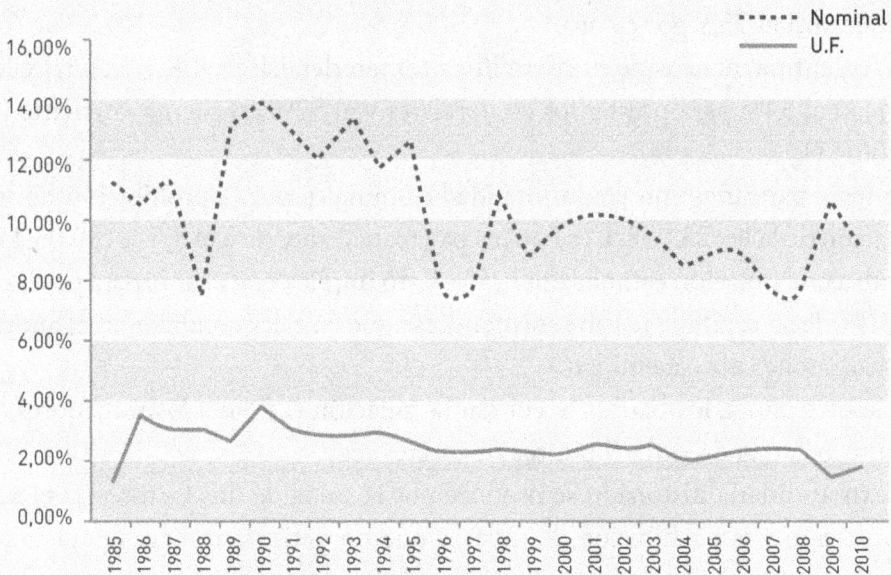

*Fuente: Fundación Metas Siglo XXI en base a estadísticas del Banco Central de Chile. www. bcentral.cl*

altamente relevante: en tanto el *spread* promedio para operaciones nominales fue del 10,29%, el spread para operaciones en UF fue sólo del 2,52 por
ciento. Una diferencia del 7,77% que significa una sustancial reducción de
los costos de transacción y favorece la competitividad de la economía.

Cada punto de spread calculado en función del volumen total del crédito otorgado en el sistema financiero, significa una reducción de los costos de transacción de 1.588 millones de dólares por año en Chile. En Brasil, este ahorro
alcanza por año a 14.177 millones de dólares por cada punto de reducción del
spread, calculado sobre el total del crédito doméstico al sector privado.

En el caso de Brasil, el Banco más importante, Banco do Brasil, informa
márgenes de spread del 9,9% para el primer cuatrimestre de 2010, que alcanza al 18,2% en el caso de préstamos a individuos. www.bb.com.br , *Sum-
mary of Results* 2010, tabla 6.

### 6.1.- El spread en Chile y en nuestro país

Mientras Chile ostenta un *spread* para operaciones en UF del 2,52 % (inferior
al de los países desarrollados), Argentina tiene un *spread* bancario astronómico
que alcanza al 25,5 por ciento.

En Argentina, bancos de primera línea toman depósitos al 8,5% anual y los
colocan al 34% para préstamos comerciales y al 52% en cuenta corriente (al
30/06/11).

Las tasas bancarias son en su totalidad nominales por la prohibición de indexación de la ley 23.928. Los bancos pagaban al ahorrista el 8,5 % (30.06.11),
frente a una inflación estimada del 25%. Esto implica que el ahorrista perdía el
16,50% de su capital. No cabe sorprenderse que en tales condiciones el ahorro
bancario tenga escasa entidad.

En la otra punta, los bancos le cobran la inflación (25 %) a los tomadores de
crédito, recargando otros 9 puntos de interés real.

La extraordinaria distorsión se produce por la suma de dos factores: la elevada inflación y la prohibición de indexar que no permite realizar operaciones
reajustables que posibilitarían mayor certidumbre.

Los efectos de esta política son negativos para el sistema bancario en el largo
plazo y la economía en general. El sistema bancario no tiene perspectivas de

**Cuadro 14 - Argentina-Chile: Costo de la Intermediación Bancaria**
(Net Interest Spread)

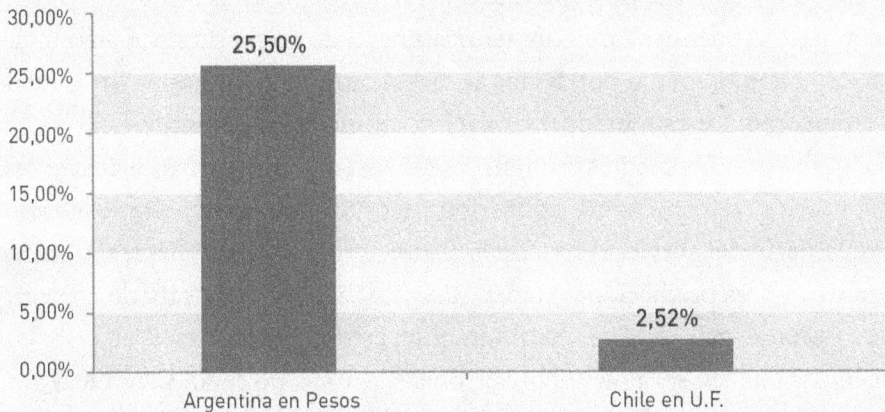

*Fuente: Fundación Metas Siglo XXI en base a estadísticas del Banco Central de Chile www.bcentral.cl y encuesta en el mercado local.*

un crecimiento sustentable y al propio tiempo se castiga tanto el ahorro como la disponibilidad del crédito a tasas razonables.

La cuestión básica es el costo del *spread*: 2,52% en Chile y 25,5 % en Argentina. Diez veces más.

## 6.2.- Las expectativas racionales en relación a la UF

Se da el nombre de "expectativas" a las previsiones que los agentes económicos efectúan sobre la evolución futura de las variables económicas. El comportamiento de los agentes estará influido por esas expectativas.

Probablemente, la variable futura más importante de la economía sea la evolución de los precios y su correlativa influencia en el poder adquisitivo de la moneda corriente. Recordemos que el movimiento de la mayoría de los precios es imprevisible[153] (y que no es la movilidad de los precios lo que debería llamarnos la atención; más bien debiera sorprendernos el que no oscilen en grado mucho mayor.[154]

---

[153] Hayek, Friedrich, Op. cit. p. 123.

[154] Von Mises, Ludwig, Op. cit. p. 228.

En tal contexto, es ímproba la labor anticipatoria que debe realizar el agente económico en una cuestión básica de la economía: el poder adquisitivo de la moneda. La única forma de estimarla es un pálpito que determina una expectativa sin base científica. Se convierte en la práctica en un acertijo.

A este respecto, se desarrollaron dos teorías: una, la de las expectativas adaptables que suponía que el agente ponderaba la tasa de inflación en base a lo ocurrido en el último año. De este modo, la inflación estimada será siempre inferior a la real. Los errores consecuentes tendrán sesgos sistémicos negativos y crecientes. Posteriormente, se comenzó a utilizar otra teoría: la de las expectativas racionales, que parte del supuesto de que la gente aprende de sus errores. Cuando se advierte que las predicciones tienen un sesgo sistémico se trata de corregirlas para hacerlas más exactas. Naturalmente, esto no garantiza el acierto. Las predicciones pueden ser igualmente erróneas, pero ya no serán sistémicas sino aleatorias. El agente no logra realizar predicciones siempre acertadas.

**Seguirá cometiendo errores, pero éstos serán diferentes en cada ocasión.**

Cualquiera sea la teoría que se adopte, lo que está claro es que continuaremos en el error, sea éste sistémico o aleatorio, por la propia naturaleza impredecible de los precios. La pregunta es: ¿Por qué, en esta cuestión central de la economía, dedicamos tanto tiempo a escudriñar la naturaleza del error cuando podemos suprimirlo? ¿Por qué no adoptamos un patrón de medida estable como la UF si ello no tiene costo alguno y sólo requiere dictar una norma para darle ejecutividad a las transacciones pactadas en la moneda virtual?

La incertidumbre tiene un alto costo en la economía. Recordemos que la adopción de la UF permitió reducir el costo del *spread* en 7,7 puntos comparado con el de las operaciones nominales en la misma economía y que el spread medio de América Latina es del 8,5 por ciento frente al 2,52 de las operaciones en UF de Chile. Que un punto de *spread* significa un ahorro anual equivalente a 14.177 millones de dólares en la economía de Brasil. *Spreads* elevados son costos de transacción que nada agregan a la producción de bienes en la economía real.

La experiencia chilena muestra cómo se comportan los agentes económicos cuando la moneda virtual gana credibilidad y se consolida como un ancla confiable de la economía, neutralizando las expectativas inflacionarias.

Cuadro 15 - Evolución de la Tasa de Interés Real
Para captaciones y colocaciones entre 90 y 365 días

| Fecha | Tasa Pasiva en U.F. | Tasa Activa en U.F. |
|---|---|---|
| Jul-85 | 7,58% | 9,73% |
| Jul-86 | 3,61% | 7,57% |
| Jul-87 | 4,28% | 7,21% |
| Jul-88 | 4,91% | 8,37% |
| Jul-89 | 6,66% | 9,03% |
| Jul-90 | 9,23% | 13,32% |
| Jul-91 | 5,22% | 8,25% |
| Jul-92 | 4,94% | 7,96% |
| Jul-93 | 6,74% | 9,59% |
| Jul-94 | 6,35% | 9,24% |
| Jul-95 | 5,42% | 8,17% |
| Jul-96 | 7,09% | 9,53% |
| Jul-97 | 6,38% | 8,72% |
| Jul-98 | 10,82% | 13,16% |
| Jul-99 | 4,98% | 7,24% |
| Jul-00 | 5,39% | 7,53% |
| Jul-01 | 3,66% | 5,96% |
| Jul-02 | 1,58% | 4,20% |
| Jul-03 | 1,31% | 4,03% |
| Jul-04 | 0,56% | 2,43% |
| Jul-05 | 1,00% | 3,76% |
| Jul-06 | 1,33% | 4,19% |
| Jul-07 | 0,57% | 3,25% |
| Jul-08 | 0,31% | 2,30% |
| Jul-09 | 1,92% | 4,18% |

*Fuente: Fundación Metas Siglo XXI en base a estadísticas del Banco Central de Chile – www. bcentral.cl*

Desde luego, se trata de un proceso que va siendo gradualmente aceptado por el público. Cuando el ahorrista termina confiando en la estabilidad del poder adquisitivo que asegura dicho instrumento, se instala la cultura del ahorro a una baja tasa de rendimiento, inaceptable en un contexto de incertidumbre. En el otro extremo, el tomador de crédito no convalida tasas que incluyan primas por inflación, porque sabe que ese riesgo no existe pactando

La Moneda Virtual

su operación en moneda virtual. Por su parte, los intermediarios, o sea el sistema financiero, acompañan este proceso y aceptan las reglas de juego con un sistema de captación y de colocación en el cual desaparece la incertidumbre derivada de la fluctuación de la moneda.

La experiencia chilena demuestra que el proceso es lento pero que si se mantiene la política en forma consistente, tanto en la seriedad de la confección de los índices como en su obligatoriedad, aún en momentos difíciles, finalmente se alcanza un proceso declinante de tasas de interés porque todos los agentes económicos se persuaden de la completa estabilidad de la moneda virtual.

*Esto aparece reflejado en el cuadro siguiente, que muestra la reducción de la tasa pasiva en UF que pasó del 7,58 por ciento anual (julio/85) al 1,92 por ciento (julio/2009) con una disminución del 74 por ciento.*

*Entretanto, la tasa activa transitó del 9,73 por ciento anual al 4,18 por ciento entre las mismas fechas arrojando una disminución del 57 por ciento.*

## Cuadro 16 - Costos Administrativos del Sistema Financiero[1]
### Promedio 1996-2003

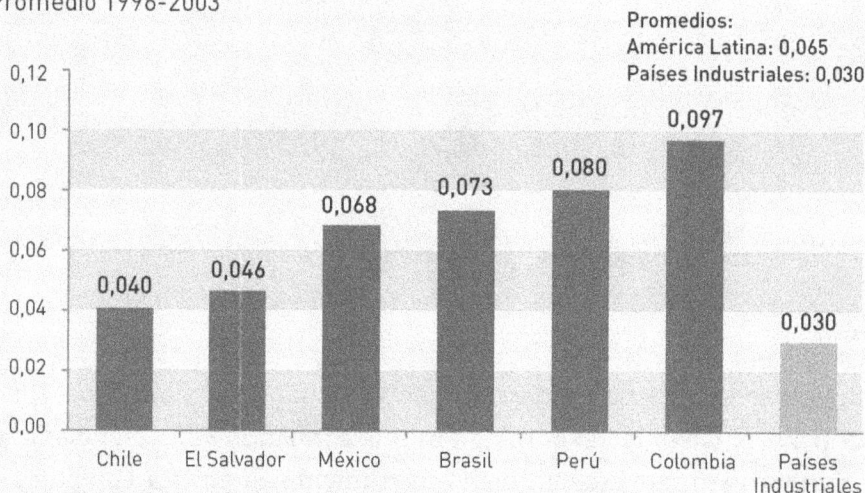

Promedios:
América Latina: 0,065
Países Industriales: 0,030

| País | Valor |
|------|-------|
| Chile | 0,040 |
| El Salvador | 0,046 |
| México | 0,068 |
| Brasil | 0,073 |
| Perú | 0,080 |
| Colombia | 0,097 |
| Países Industriales | 0,030 |

[1] Expresados como la razón del valor libros de los costos administrativos sobre porcentaje del valor de activos.

*Fuente: Fundación Metas Siglo XXI en base a Base de Datos del Banco Mundial.*

## 6.3.- Eficiencia operativa y costos administrativos

La estadística del Banco Mundial muestra que los costos administrativos del sistema bancario en América Latina, más que duplican los correspondientes a los países industrializados. Alcanzan en promedio al 0,065 del total de los activos mientras que en los países industrializados promedian el 0,03. El estudio se expresa como la razón del valor en libros de los costos administrativos sobre el total, según el cuadro elaborado por Liliana Rojas Suarez, *El acceso a los Servicios Bancarios en América Latina: Identificación de Obstáculos y Recomendaciones*.[155]

Nuevamente debemos señalar que el mejor desempeño corresponde a Chile cuyo costo administrativo es de 0,04, ligeramente superior a los países industrializados y un 47 % por debajo de la media de América Latina.

---

[155] Center for Global Development, junio 2006, Página 12

# Capítulo Cuarto

## Embates contra la UF

A pesar de los notables logros obtenidos, la UF ha recibido embates desde distintos ángulos.

La primera gran objeción es que la aplicación de la UF no se haya sido aplicada a los sueldos y salarios que se sintetiza en esta frase: "Los asalariados ganan en pesos, pero deben afrontar sus obligaciones en UFs". Esto ha sido especialmente sensible en el caso de las cuotas hipotecarias sobre la vivienda. Se argumenta que el trabajador queda "descalzado", porque como dijimos cobra en moneda nominal y paga en moneda ajustable.

Por tal razón en el proyecto de ley incluido en el capítulo tercero de la parte tercera, se ha incluido la autorización expresa de la aplicación de la UCE Unidad de Cuenta Estable a las convenciones colectivas con lo cual el salario conserva un poder adquisitivo constante. Esta solución tiene aplicación en los Estados Unidos. Los salarios quedan indexados durante el período intermedio hasta la próxima negociación salarial. Gracias a esta mecánica los convenios colectivos se celebran a tres años con lo cual se asegura un largo período de paz laboral.

La otra objeción −en nuestra opinión injustificada- es que, alcanzada la estabilidad del peso chileno, carece de sentido seguir indexando la economía y sería preferible volver al nominalismo tradicional. Se olvida que en épocas de estabilidad la indexación actúa como un reaseguro para la hipótesis de rebrote inflacionario. Esto es decisivo en los casos de créditos de largo plazo. Aunque hoy tengamos estabilidad ¿Quién puede garantizar que esta estabilidad se va a mantener en plenitud y sin oscilaciones durante 25 años?

La Moneda Virtual

Es por eso que este embate contra la UF no ha sido exitoso y la institución mantiene vigencia y aceptación del mercado, especialmente en las operaciones a más de un año.

El economista chileno Juan Andrés Fontaine describe la iniciativa del Banco Central de Chile para nominalizar la economía en estos términos:

> *A contar de agosto del 2001, el Banco Central de Chile introdujo la modificación de procedimientos de política monetaria más importante desde 1985. Ese cambio se conoce como la "nominalización de la política monetaria".*
>
> *Anteriormente el objetivo intermedio de la política monetaria –la tasa interbancaria de corto plazo- era ajustada mensualmente de manera de mantenerla estable en relación a la variación de la Unidad de Fomento (UF). La UF es una unidad de cuenta que varía según la inflación del IPC, ampliamente utilizada en Chile para los contratos financieros a más de 90 días de plazo. La tasa que rinden los documentos denominados en UF es generalmente considerada una tasa real de interés y, por tanto, la política monetaria chilena puede decirse que era única en el mundo en cuanto a utilizar como objetivo intermedio una tasa real de interés. Siguiendo estándares internacionales, el nuevo procedimiento define el objetivo intermedio de tasa de interés interbancaria directamente en términos nominales.*
>
> *La nominalización de la política monetaria crea inicialmente importantes perturbaciones en el mercado financiero y resta efectividad a la comunicación entre la autoridad monetaria y el mercado, atributo esencial de una buena política monetaria. Estos efectos provienen de lo arraigado que está en Chile el uso de la UF como unidad de cuenta de valores reales. Es probable que ellos disminuyan paulatinamente a medida que los individuos pasen a concebir los valores reales en términos del nivel de precios esperado. Pero esa mutación tomará tiempo e involucrará costos. No está en absoluto claro que los beneficios de largo plazo atribuidos a la nominalización del mercado financiero –y el correspondiente desplazamiento de la UF- justifiquen los costos de esa transición.*[156]

---

[156] Fontaine, Juan A., Op. cit.

La realidad de los hechos es que después de la iniciativa de nominalización de agosto de 2001, las colocaciones financieras del sistema bancario chileno son, en su mayor parte, indexadas: en octubre de 2010, las colocaciones indexadas a más de un año alcanzaban al 63,42 %.

# Capítulo Quinto

# Resultados positivos obtenidos con la UF

Casi cinco décadas de aplicación ininterrumpida de la UF han contribuido a obtener resultados ampliamente positivos para la economía de Chile.

1.  Disponer de un patrón monetario de aceptación universal. Al año 2010, el 63% de las colocaciones del sistema bancario estaban indexadas.
2.  Lograr una moneda virtual probadamente estable. Entre 1975 y 2011 la inflación del dólar fue del 427% y la valorización de la UF en dólares fue del 461%.
3.  Desencadenar el milagro del ahorro (*saving miracle*), generado por su estabilidad. Quien en 1975 colocó US$ 100 en plazo fijo al 3% anual, en 2011 tiene US$ 1362.
4.  Alcanzar el mayor crecimiento *per cápita* de América Latina en el período 1974-2009; siete veces más que Argentina y tres veces más que Brasil.
5.  Reducir el *spread* bancario en 7,7 puntos optimizando la competitividad.
6.  Crear un mercado de capitales de significativa dimensión.
7.  Reducir la deuda externa a menos de la mitad entre 1985 y 2000, medida como porcentaje del PBI. Hoy, a Chile lo financia el ahorro chileno.
8.  Financiar grandes inversiones de infraestructura.
9.  Ejercer una influencia estabilizadora, contribuyendo a abatir la inflación, del 508,1% anual en 1973 al 3,3% promedio anual, en la última década.
10. Contribuir decisivamente a solucionar el problema de la vivienda con créditos hipotecarios al alcance de todos, a 25 años de plazo y 5% de interés anual. Chile es el único país de América Latina que ha superado las villas miseria.

11. Alcanzar la bancarización más alta de América Latina: 79% del PBI.

**Las notorias conveniencias de la UF han extendido la institución a Uruguay, Colombia y México.**

# Capítulo Sexto

## Otras experiencias exitosas

**1.- La Unidad Indexada del Uruguay.**

Por ley 17.761 Uruguay creó en 2004 la Unidad Indexada (UI) con un valor base de pesos uruguayos 1,2841 al 1 de agosto de 2003, que se ajusta diariamente según el índice de precios al consumo. Reeditando la performance de la UF chilena, ha alcanzado resultados positivos en el financiamiento de largo plazo para la vivienda y en la paulatina desdolarización de la deuda pública.

La primera colocación de deuda pública en UI se realizó exitosamente el 29 de marzo de 2007. La previsión inicial fue de US$ 300 millones, pero ante una demanda de US$ 1.400 millones decidieron colocar US$ 500 millones a una tasa anual del 4,25 % por un plazo de 20 años.

La segunda colocación tuvo lugar el 8 de diciembre de 2011 en medio de la tormenta financiera internacional. Fue una exitosa mega operación de US$ 2.000 millones a 17 años de plazo y al 4,375 % anual, que representa el 6 % del PBI uruguayo. Extrapolado a nuestro país este porcentaje sobre el PBI hubiera sido equivalente a US$ 24.000 millones.

Del total de la operación, el gobierno uruguayo recibió el 64% en efectivo y el 36% en bonos circulantes. Y de los 1275 millones recaudados se utilizaron 1000 millones para recomprar bonos en moneda extranjera, lo que le permitió estirar plazos de vencimiento y pesificar su deuda en moneda extranjera.

Al concretarse esta operación, tal como lo destacó el Ministro de Economía del Uruguay Fernando Lorenzo, se logró alcanzar la meta fijada para 2014 de "desdolarizar" el 47 % de la deuda pública, con un perfil mucho más suave y menos entrecortado de los vencimientos.

El 3 de abril de 2012 Uruguay fue calificado como *investment grade* con un riesgo país de 162 puntos, sumándose a otros cinco países latinoamericanos que alcanzaron esta calificación: Chile, Brasil, México, Perú y Colombia.

Lo expuesto, es prueba palpable de la confiabilidad de la Unidad Indexada que se lleva en forma técnica, sin interferencias del gobierno.

Desde junio de 2003 a junio de 2011 la UI ha tenido una fuerte valorización con relación al dólar reflejando la desvalorización sufrida por la divisa norteamericana. Quien atesoró dólares en junio de 2003 y los guardó en una caja de seguridad hoy tiene los mismos dólares. Si en lugar de ello invirtió en bonos nominados en U.I. los U$$ 100 se han convertido en US$ 260. Agregando los intereses capitalizados a una tasa del 3% anual alcanzan a US$ 330. En ocho años triplicaron su tenencia en dólares.

## Cuadro 17 - Uruguay: Precio del Dólar en Unidades Indexadas (U.I.)

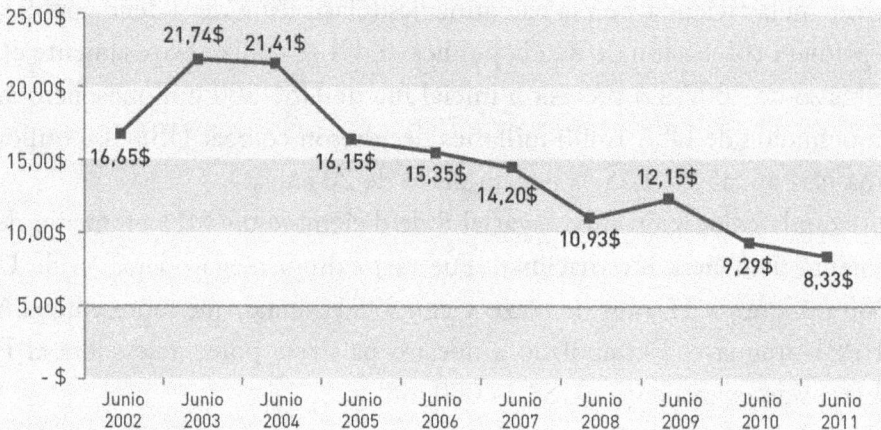

*Fuente: Fundación Metas Siglo XXI en base a estadísticas del Banco Central del Uruguay.*

## 2.- Títulos del Tesoro Protegidos contra la Inflación en Estados Unidos (*Treasury Inflation Protected Securities, TIPS*)

Como hemos visto, la indexación correctamente administrada provoca una drástica disminución de la tasa de interés nominal. La experiencia reciente de los Estados Unidos es por demás elocuente. En 2010 emitió bonos denominados Treasury Inflation Protected Securities (TIPS) que se colocaron a una tasa negativa del 0,55 por ciento anual. En términos nominales no hay intereses sino que el acreedor paga una prima para tener protegido el capital contra el flagelo inflacionario.

Ante la situación anómala de que los bonos no rindieran ningún interés, el Departamento del Tesoro introdujo el pasado 1 de marzo de 2011 una modificación para garantizar un interés mínimo de 1/8 por ciento para los bonos que se emitan en lo sucesivo. De tal modo que si la tasa de interés resultara negativa en las colocaciones (como de hecho ocurrió con las primeras emisiones) se abone, de todos modos, un interés positivo aunque de escasa entidad. La razón para esta modificación es que las autoridades federales consideran preferible que los tenedores de bonos reciban regularmente algún pago semestral aunque fuera de escasa entidad.

# TERCERA PARTE

## Bancarización de la Economía y Creación de la Moneda Virtual

# Resumen Ejecutivo

## 1.- Programa de bancarización inducida

### 1.1.-Importancia del crédito

Un sistema bancario profundo y sólido que brinde crédito genuino abundante y de coste y plazo compatible con los plazos de maduración de cada inversión, es esencial para el desarrollo de la economía.

### 1.2.- Retroceso crónico de la bancarización en nuestro país

Hacia fines de la década de 1920, el sistema financiero argentino era uno de los más desarrollados del mundo en términos relativos. Hoy se ubica entre los más rezagados de América Latina. Tiene una débil bancarización del 18 % del PBI, frente al 64% de Brasil y al 79% de Chile. Los países desarrollados, sin excepción, superan el 100% del PBI.

La sumatoria de los activos de todos los bancos argentinos es menor que el sexto banco de Brasil. Si nuestro país lograra la misma bancarización de Chile podría inyectar al sistema productivo US$ 260.000 millones como crédito genuino, suficiente para encarar el financiamiento de un ambicioso plan de desarrollo.

### 1.3.- Los depósitos, insumo básico del sistema bancario

Sin depósitos el crédito languidece. Los banqueros no prestan su dinero. Es el público quien presta a los banqueros, para que esos depósitos se conviertan en créditos a la producción y al consumo. Con una bancarización profunda y sin filtraciones de efectivo, el sistema bancario en su conjunto puede prestar varias veces el dinero por el fenómeno de multiplicación de los depósitos. Estados Unidos presta 26,25 veces la base monetaria (año 2002) con inflación inferior a dos dígitos, mientras Argentina presta una proporción que es menos de la décima parte (2,28 veces) y en cambio padece de elevada inflación.

### 1.4.- Programa de bancarización inducida

Este programa requiere implementar una batería de medidas simultáneas:

1. Derogar el impuesto al cheque.
2. Crear la Unidad de Cuenta Estable UCE, moneda virtual análoga a la UF chilena.
3. Convertir automáticamente a UCEs los plazos fijos de 90 días o más.
4. Incorporar al Código Civil la intervención obligatoria de los bancos en los pagos relevantes.
5. Ampliar el horario bancario de atención al público de 9 horas a 19 horas.
6. Universalizar el acceso al sistema bancario.
7. Convertir nuestro Banco Central en una verdadera Reserva Federal.
8. Direccionar el crédito hacia metas prioritarias de desarrollo.

### 1.5.- El crédito abundante no garantiza creación de riqueza

Los 260.000 millones de crédito adicional no garantizan la creación de riqueza porque nuestro país tiene una pulsión irresistible para destinar el crédito al crecimiento de una burocracia improductiva. Por ello es necesario direccionarlo al trabajo productivo con metas claras y modelos de gestión eficientes.

### 2.- La Unidad de Cuenta Estable (UCE)

La piedra basal del programa propuesto, es la creación de una unidad de cuenta estable o moneda virtual según proyecto de ley incluido en el capítulo tercero de la parte tercera.

# Capítulo Primero

## Importancia del Sistema Bancario
## en el mundo moderno

*Ha habido tres grandes inventos desde el comienzo de los tiempos: el fuego, la rueda y los bancos centrales.*[157]

Esta cita enfatiza la vital importancia del sistema bancario en la economía moderna. De él dependen, en buena medida, la producción, nuestro trabajo, nuestro techo y los bienes que consumimos.

Un sistema bancario profundo y sólido que esté en condiciones de financiar el crecimiento, brindando crédito genuino, abundante, de coste y plazo compatible con los plazos de maduración de cada tipo de inversión, es esencial para el desarrollo de la economía. Tanto los países desarrollados como las economías que están despegando en el sudeste asiático tienen una bancarización que supera el 100 % del PBI. En América Latina, los países que están a la vanguardia son Chile con el 79% y Brasil con el 64%. Nuestro país tiene una débil bancarización del 18% del PBI, según veremos en el punto 6 de este libro.

Si nuestro país alcanzara la bancarización de Chile se podría inyectar al sistema productivo, US$ 260 mil millones como crédito genuino, suficiente para encarar el financiamiento de un ambicioso plan de desarrollo.

Argentina está en condiciones de llevar a cabo un proceso de bancarización de esta envergadura. Para ello es necesario que se den cuatro condiciones:

a) La primera es que el dinero se encuentre depositado en los bancos. Para que

---

[157] Rogers, Will, citado en Samuelson, Paul, Op. cit. p. 473.

exista crédito bancario, el primer requerimiento es que previamente haya ahorro bancario. Las instituciones bancarias son "intermediarias" entre el ahorro y el crédito. Como señala con acierto Alejandro Estrada: *Sin ahorro financiero no puede haber crédito financiero; aquí y en el mundo entero, ahora y siempre.*[158]

Sin depósitos, el sistema bancario se queda sin el insumo básico que requiere inexcusablemente para generar crédito. Esto es así porque *los banqueros no prestan su dinero al público, sino que es el público quien presta su dinero a los banqueros, y éstos a su vez lo prestan nuevamente al público cobrando un diferencial de tasa conocido como spread.*

Cada depósito en nuestra cuenta corriente o de ahorro es, en realidad, un préstamo que hacemos al banco. Por tal razón, los depósitos efectuados por el público figuran en el pasivo del balance de los bancos. Es una deuda que tienen con el depositante. Cuando el público pierde el hábito de mantener el dinero en los bancos y lo retira para realizar sus pagos en efectivo, los bancos carecen de la materia prima indispensable para efectuar préstamos, el crédito se vuelve escaso y caro.

En una economía altamente bancarizada, la mayor parte de los movimientos de dinero se hace dentro del circuito bancario. El dinero pasa de una cuenta a otra, pero siempre dentro del sistema, sin que se produzcan filtraciones que interrumpan el proceso del multiplicador de los depósitos.

En resumen, un proceso profundo de bancarización requiere el sostenido crecimiento de los depósitos y la permanencia de los mismos dentro del sistema.

b) La segunda condición es el fluido funcionamiento del multiplicador bancario que permite al sistema en su conjunto prestar varias veces el dinero depositado. Como veremos en el punto siguiente, Estados Unidos presta 26,25 veces la base monetaria (año 2002) con inflación inferior a dos dígitos, mientras Argentina presta una proporción que es menos de la décima parte (2,28 veces) y en cambio padece de elevada inflación.

c) La tercera condición del programa de bancarización inducida es crear una moneda virtual estable, similar a la UF chilena, para garantizar al ahorrista el mantenimiento del poder adquisitivo. La inflación es un enemigo letal del ahorro y ello tiene una repercusión directa en el estrangulamiento del sistema bancario.

---

[158] Estrada, Alejandro, La Nación, 2 de junio de 2010.

La erosión del poder adquisitivo en los depósitos de baja movilidad, disuade a los agentes económicos y los induce a buscar otras opciones que les permitan conservar el valor. Aparece así la compra de dólares y la fuga de capitales.

Como vimos en la Segunda Parte, la UF chilena ha demostrado ser una herramienta eficaz para conjurar esta tendencia. Siguiendo las enseñanzas de Alfred Marshall, en 1967 se desdoblaron las funciones monetarias creándose una unidad de cuenta indexada a la inflación UF, que opera como una verdadera moneda virtual para pactar obligaciones a plazo. Cuando el uso de la moneda virtual ganó la confianza del público y se universalizó, se produjo una explosión del ahorro interno que es conocida en los congresos internacionales de economistas como el "milagro del ahorro" (*saving miracle*), que potenció el acelerado crecimiento del PBI al posibilitar la expansión de la inversión bruta.

d) En cuarto lugar, hace falta un Banco Central que actúe como Reserva Federal y promueva el crecimiento de la actividad económica productiva, utilizando todas las herramientas que brinda la técnica bancaria -como el redescuento de la riqueza creada- sin limitarse a actuar como caja de conversión.

Para alcanzar un alto grado de bancarización es necesario un programa coherente que remueva los factores que desalientan el uso del sistema. Este programa, que hemos denominado *"bancarización inducida"*, incluye una batería de medidas simultáneas para producir un rápido cambio de hábitos que hoy se encuentran fuertemente arraigados en la sociedad. Estos hábitos se originan en normas legales que constituyen barreras insalvables para que el sistema bancario pueda prestar sus servicios con alcance universal y con bajos costos de transacción que permitan su fluido funcionamiento como palanca del crecimiento.

En el capítulo segundo consideraremos el programa de bancarización inducida y en el tercero la creación de la moneda virtual para proteger al ahorro de la inflación.

# Capítulo Segundo

# Programa de Bancarización Inducida

*Durante toda la historia, el dinero ha oprimido a los pueblos de una de las dos formas siguientes: o bien ha sido abundante y muy poco confiable, o bien ha sido confiable y muy escaso.*[159]

## 1.- El sistema de reserva fraccionaria y el multiplicador bancario

Una vez depositado el dinero en los bancos, la segunda etapa de un proceso profundo de bancarización es que no se retire el efectivo. Esto no implica en manera alguna dejar de gastar. Las familias pueden gastar hasta el 100% de su ingreso, pero lo esencial a los fines de la bancarización, es que todos efectúen los pagos mediante cheques, transferencias de cuenta o tarjetas de débito y crédito, dentro del sistema bancario. Esto permite maximizar el fenómeno de expansión múltiple de los depósitos bancarios (dinero secundario). La reserva fraccionaria hace que los bancos conserven un encaje inferior al 100%, para hacer frente a los depósitos. Esta decisión fue revolucionaria porque permitió a los bancos crear dinero. Es decir, convertir cada peso de reservas en varios pesos de depósitos.[160]

De este modo, cada peso de alta potencia que se incorpora al sistema bancario, integra la base monetaria y posibilita multiplicar la oferta de dinero tantas veces como lo permita el encaje o efectivo mínimo. Con el 10 % de encaje se puede prestar hasta diez veces la base monetaria. Si se reciben $ 1.000 se puede llegar a prestar $ 10.000. Esto no lo puede hacer cada banco

---

[159] Galbraith, John K., The Age of Uncentainty, London, G. H. Hall, 1977.

[160] Samuelson, Paul, Op. cit. p. 455.

actuando aisladamente, sino el conjunto de bancos que integran el sistema, mediante una cadena de expansión cuyo funcionamiento exige que el dinero no se filtre y permanezca siempre dentro de ese circuito. Esto es lo que se denomina multiplicador de los depósitos bancarios.

Cuando el encaje es del 20% el multiplicador es 5 veces, con encaje del 10% el multiplicador es 10 veces.[161] Si el encaje fuera del 3% (como ocurrió en Estados Unidos en 2002), el crédito podría alcanzar a 26,25 veces la base monetaria (cuadro 1). Esto muestra que el multiplicador de los depósitos bancarios es una realidad tangible en una economía con bancarización profunda, siempre y cuando el retiro de efectivo -denominado filtración- no interrumpa la cadena de expansión de los depósitos.

**Cuadro 1 - Relación: Crédito Bancario/Base Monetaria**
EE.UU. Año 2002
Miles de millones de dólares

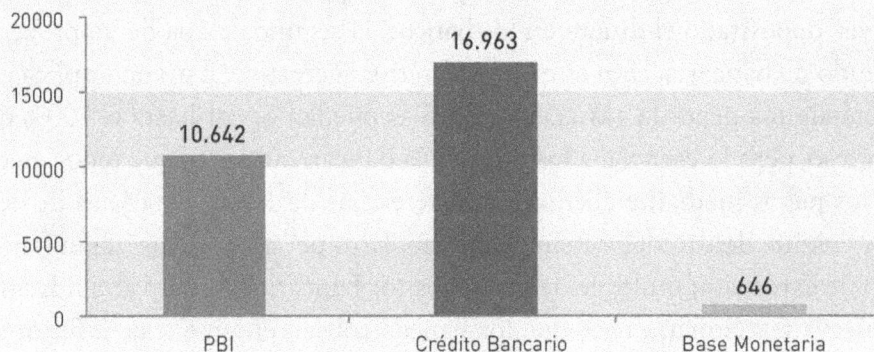

El Crédito doméstico provisto por el sistema bancario fue de 26,25 veces la Base Monetaria. Los bancos deben mantener como reserva un porcentaje de los depósitos denominado encaje, efectivo mínimo o coeficiente de reservas obligatorias. En 2002 el encaje en Estados Unidos era del 3% de los depósitos a la vista menores a 42,8 millones de dólares y del 10% cuando excedían ese monto. El crédito doméstico provisto por el sector bancario fue de 159,4% del PBI, alcanzando a 26,25 veces la base monetaria.

*Fuente: Fundación Metas Siglo XXI en base a estadísticas de Michael Parkin, Economía, pág. 657; World Development Indicators, pág. 272, World Bank, Bureau of Economic Analysis, U.S. Department of Commerce, año 2010.*

---

[161] Ibid., p. 459.

Sin una política monetaria adecuada como la de la Reserva Federal esta expansión podría haber generado un desborde inflacionario. Sin embargo, la política monetaria de la Reserva Federal conjuró este riesgo.

Otro ejemplo es el de Chile, cuyo crédito bancario en diciembre de 2011 (US$ 158.853 millones) fue 12,67 veces la base monetaria, sin efecto inflacionario (cuadro 2).

**Cuadro 2 - Relación: Crédito Bancario/Base Monetaria**
Chile Año 2011
Miles de millones de dólares

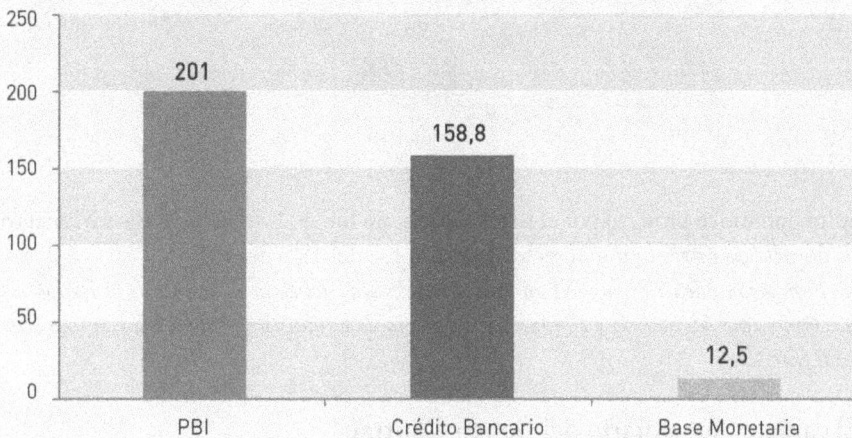

El crédito doméstico provisto por el sistema bancario fue de 12,67 veces la Base Monetaria.
El crédito doméstico provisto por el sector bancario fue del 79% del PIB.
*Fuente: Fundación Metas Siglo XXI en base a estadísticas del Banco Central de Chile.*

A diferencia de lo que ocurre en Estados Unidos y Chile que logran crédito abundante para la producción sin generar inflación significativa, en Argentina, la escasa bancarización obliga a una enorme expansión de la base monetaria con fuerte impacto inflacionario y crédito prácticamente inexistente para el largo plazo (cuadro 3). Como decía Galbraith estamos en el peor de los mundos: crédito insuficiente y moneda escasamente confiable.

**Cuadro 3 - Relación: Crédito Bancario/Base Monetaria**
Argentina Diciembre 2011
Miles de millones de dólares

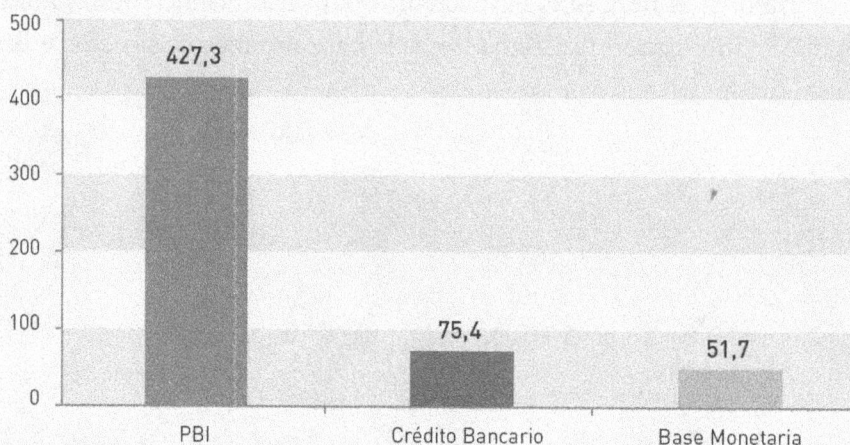

El crédito doméstico provisto por el sistema bancario fue de 1,46 veces la Base Monetaria. El crédito doméstico provisto por el sector bancario fue del 18% del PIB.
*Fuente: Fundación Metas Siglo XXI en base a estadísticas del Banco Central de la República Argentina. Panorama Monetario y Financiero. Gerencia de Estadísticas Monetarias. www.bcra.gov.ar y del INDEC.*

## 2.- El carácter subsidiario del Banco Central

La aplicación del multiplicador de los depósitos bancarios es posible gracias al principio de subsidiariedad. El sistema bancario moderno no podría funcionar como lo hace, si no contara con una banca central que, actuando en forma supletoria o subsidiaria, garantice que en caso de una corrida de los depositantes, concurrirá con fondos propios a respaldarlos, impidiendo un pánico generalizado como el de la crisis que causó la quiebra de 5.096 bancos en Estados Unidos entre 1930 y 1933 (Mundell, Robert). A partir de esta experiencia, la Reserva Federal actuó subsidiariamente en crisis posteriores evitando la repetición de éste fenómeno.

Durante la convertibilidad, en el año 2002 el Banco Central de la República Argentina no pudo actuar como prestamista de última instancia porque obviamente carecía de facultades para emitir dólares y ello desencadenó el colapso.

Otro aspecto a considerar es que los bancos reciben depósitos a plazo fijo de corto y mediano plazo. ¿Cómo hacen para prestar a treinta años fondos que tienen que devolver a 30 o 90 días? Nuevamente, es el respaldo del Banco Central el que posibilita que el ciclo de depósitos y préstamos no se interrumpa y que los ahorristas tengan la certeza de que podrán recibir su dinero al vencimiento. Como vemos, el principio de subsidiariedad es clave. La presencia supletoria del Banco Central es vital para prevenir situaciones límite de reacciones colectivas que pueden desembocar en el pánico generalizado de las corridas bancarias.

### 3.- Función catalítica del dinero

¿Qué función tiene el dinero con relación a la creación de riqueza?

El dinero es indispensable para crear riqueza; pero no es la riqueza en sí misma. Si lo fuera, el problema de la pobreza estaría resuelto. Sería cuestión de imprimir billetes y todos tendrían resueltas sus necesidades. Pero esto no es así y todos lo sabemos. El dinero en sí mismo es incapaz de producir utilidad. Sólo la produce cuando nos desprendemos de él.

> *El dinero es de ninguna utilidad hasta que es gastado. El salario final no es pagado en términos de dinero sino por el disfrute que permite adquirir. El cheque de dividendos recién se convierte en ingreso final sólo cuando comemos los alimentos, usamos la ropa o manejamos el automóvil que fueron adquiridos con dicho cheque.*[162]

Sin embargo, el dinero tiene una influencia decisiva en la creación de riqueza. Actúa para ordenar al mercado la entrega de bienes o insumos que son los componentes básicos de los nuevos bienes a crear. Como decía Adam Smith, el dinero otorga a su tenedor el poder para ordenar o comandar (command) la cantidad de trabajo o la cantidad de producción que él está habilitado a comprar en base al poder adquisitivo.

> *La riqueza, como dice Mr. Hobbes, es poder. Pero la persona que adquiere o accede a una gran fortuna, no adquiere ni accede necesariamente a un poder*

---

[162] Fisher, Irving, The Theory of Interest, New York, Macmillan and Co, 1930.

*político, sea este militar o civil. Su fortuna quizás le permita adquirir ambos, pero la mera posesión de esa fortuna no le confiere automáticamente ninguno de ellos. El poder que la posesión de la fortuna le transmite es el poder de compra; una suerte de orden sobre todo el trabajo, o sobre la producción del trabajo que está presente en el mercado. Su fortuna es mayor o menor según la extensión de ese poder, o la cantidad de trabajo que puede adquirir u ordenar, o, lo que es lo mismo, la cantidad de productos elaborados por otros hombres que él está habilitado a comprar o a exigir. El valor de cambio de cada bien debe ser idéntico al alcance del poder que se transmite a su dueño.[163]*

Destacamos su frase: La fortuna le transmite el poder de compra; una suerte de orden sobre todo el trabajo, o sobre la producción del trabajo que está presente en el mercado.

Pero la riqueza no se crea con dinero sino en presencia de él. Los billetes permiten ordenar al mercado que entregue los elementos que serán ensamblados por el constructor o fabricante para generar el nuevo bien, es decir, la riqueza. Tomemos el caso más elemental: la construcción de una pequeña casa de 54 metros cuadrados y un valor de U$D 40.000. Quien desea construirla necesita disponer de esa cifra (propia o proveniente del crédito) para ordenar al mercado que le entregue los materiales y la mano de obra necesaria. La cuestión central es que la casa no se construye "con" dinero sino "en presencia" del dinero. Físicamente no hay billetes en la argamasa ni en el interior de los ladrillos. Lo que se incorpora físicamente a la vivienda son los materiales adquiridos con el dinero; pero no los billetes en sí mismos que no se consumen ni se extinguen sino que siguen circulando. Desaparecen del patrimonio de su anterior dueño pero siguen existiendo en manos de quien los recibe. Esto es lo que denominamos "función catalítica del dinero".[164]

Nuestra tesis se comprenderá más claramente con el ejemplo del proceso catalítico utilizado en la producción de la nafta. La nafta, como sabemos, es un producto de la destilación del petróleo, que requiere de un elemento catalizador para llevar a cabo el *cracking* catalítico, consistente en descomponer a

---

[163] Smith, Adam, Op. cit.

[164] Laura, Guillermo y Adolfo Sturzenegger, Abundancia en lo indispensable, Pearson. p. 145.

temperatura elevada, hidrocarburos de mucho peso molecular (combustibles como el fuel-oil) en compuestos de menor peso molecular (naftas), con el objeto de aumentar la proporción de nafta a expensas de productos más pesados y menos valiosos como el fuel-oil y el querosén.

El catalizador busca favorecer la combinación específica para obtener el producto que mejor se adapte al propósito perseguido y evitar combinaciones que originen la formación de productos no deseados. Se busca que las ligaduras de los átomos de carbono con los de hidrógeno se orienten hacia una unión correcta en función de la meta prefijada: fabricar nafta y no otra cosa.

El catalizador es un elemento capaz de generar una transformación química y permanecer inalterado al finalizar el proceso. Inicia y favorece la reacción físico-química pero no forma parte de ella. Actúa por presencia, pero no entrega ni puede entregar moléculas propias. No es un ingrediente de la nafta. En sentido figurado, el catalizador puede compararse a un agente de tránsito que dirige la circulación de los vehículos químicos sin cambiar de sitio. El cracking catalítico utiliza, para este proceso, polvos de gel de aluminio-sílice. En definitiva, una variedad de arcilla.

En el caso de la economía el catalizador es el papel impreso que denominamos dinero.

De este ejemplo podemos extraer varias enseñanzas:

1.  Que así como la nafta se fabrica con petróleo y no con arcilla, la vivienda se fabrica con cemento, arena, acero, etc., y mano de obra, y no con billetes de banco.

2.  Que el elemento catalítico es esencial para lograr la transformación aunque no forme parte del nuevo bien generado. La nafta sólo está formada por átomos provenientes del petróleo y la vivienda por los materiales que la componen. Sin embargo, ninguno de los dos hubiera sido posible sin la acción del catalizador.

3.  La arcilla permanece sin alteración alguna y puede ser utilizada un número ilimitado de veces. Del mismo modo, el dinero aplicado a pagar los insumos de la vivienda queda inalterado, sigue circulando y puede ser utilizado también un número ilimitado de veces.

4. El elemento realmente valioso para la fabricación de la nafta es el petróleo, un recurso escaso. Los elementos catalíticos como la arcilla, en cambio, son abundantes y de poco valor intrínseco. Por otra parte, como pueden usarse un número ilimitado de veces, tienen escasa incidencia en el costo de producción. Del mismo modo, el dinero moderno, como elemento catalizador tiene escaso o nulo valor intrínseco ya que es papel impreso y puede ser fabricado a muy bajo costo.

Nadie diría que el factor limitante para fabricar nafta sea la arcilla. El recurso escaso y crítico es el petróleo. Del mismo modo para fabricar viviendas los recursos que podrían ser escasos son la mano de obra, el cemento, el acero y los demás ingredientes. El elemento catalizador (dinero) depende de la política monetaria y crediticia implementada por el Banco Central.

No se trata de crear riqueza de la nada. Se trata de utilizar el elemento catalítico (dinero) para poder activar recursos que ya existen previamente y que es necesario despertar para que se activen, se combinen entre sí y generen nueva riqueza. Esto depende de la situación real en que se encuentra la economía. Si hay recursos disponibles –cemento, arena, piedra, mano de obra–, es posible generar riqueza: una nueva vivienda.

Para saber si podemos fabricar algo debemos analizar si tenemos los recursos reales que lo componen porque agregar elementos catalíticos sin contar con materia prima para catalizar es inoficioso y además entraña riesgo de inflación. Es evidente que agregar más billetes no genera por sí sólo riqueza adicional. Únicamente en el supuesto de que existan elementos ociosos en la economía real, el agregado catalítico puede generar riqueza siempre que se use en las dosis necesarias y se direccionen los recursos del crédito específicamente hacia las áreas con capacidad disponible.

La propia naturaleza del elemento catalítico dinero, lo hace extremadamente peligroso. Como no se consume en el proceso puede ser usado un número ilimitado de veces. Además la circulación del dinero multiplica los medios de pago en función de la velocidad. Si ésta es diez, significa que cada $ 10 de nuevo circulante que inyectemos equivaldrá a $ 100 de demanda agregada.

Si esta cuestión se desatiende podemos caer en una espiral inflacionaria. Por lo tanto es esencial la prudencia y el *expertise* de la autoridad monetaria que, además de sus conocimientos técnicos, debe tener una intuición especial para saber hasta donde es posible avanzar en el proceso sin provocar inflación.

El uso del catalizador para producir nafta en una destilería debe estar en manos expertas para culminar con éxito el procesamiento de millones de barriles de petróleo altamente inflamables y transformarlo en otro elemento aún más volátil y explosivo: la nafta. El dinero es también un elemento riesgoso que puede tornar volátil la economía y precipitarla en una espiral inflacionaria que destruya la convivencia social.

Así como las destilerías funcionan habitualmente sin problemas en manos expertas que toman todos los resguardos de seguridad, el dinero, que es también una herramienta catalítica de alto riesgo y vastas consecuencias económicas y sociales, debe ser manejado con extrema pericia para encontrar el punto óptimo en el cual se logre el pleno empleo de los recursos productivos con una razonable estabilidad de precios. Tal como decía la primitiva Carta Orgánica del Banco Central, (art. 3º, inc. b), de la ley 12.155): "Regular la cantidad de crédito y de los medios de pago, adaptándolos al volumen real de los negocios".

### 4.- Los riesgos del crecimiento del crédito

El Importante crecimiento del crédito que proponemos, no proviene de emisión de moneda sino de un proceso de bancarización profunda, utilizando el circulante ya existente. Dicho proceso será necesariamente gradual. Más lento al principio y más rápido a medida que el sistema gane prestigio.

Hay que asegurar el destino del crédito a actividades útiles. Nuestro país tiene una pulsión irresistible para absorber crédito y destinarlo a un crecimiento irracional del gasto público improductivo. Si incurrimos en esta mala práctica el crecimiento del crédito tendrá resultados negativos.

### 5.- El retroceso de la bancarización en nuestro país

El uso preponderante de dinero en efectivo es característico de economías escasamente evolucionadas. En esta cuestión, como en tantas otras, Argentina presenta un proceso de involución sorprendente.

El sistema financiero argentino (y el mercado de capitales) era considerado hacia fines de la década de 1920, uno de los más desarrollados del mundo en términos relativos. Sus depósitos estuvieron por encima del 50 % del PBI, superando al de la mayoría de los países industrializados. Porcentaje nunca más alcanzado en el país[165]. Hoy se encuentra entre los más rezagados de América Latina. La brecha se amplía aún más cuando la comparamos con los países desarrollados.

Si bien la bancarización no es por sí sola causa eficiente del desarrollo, podemos considerarla una condición necesaria. Existe un marcado paralelismo entre am-

**Cuadro 4 - Activos de los principales bancos de Brasil y del Total del Sistema Financiero Argentino**
Millones de Dólares - Septiembre 2010

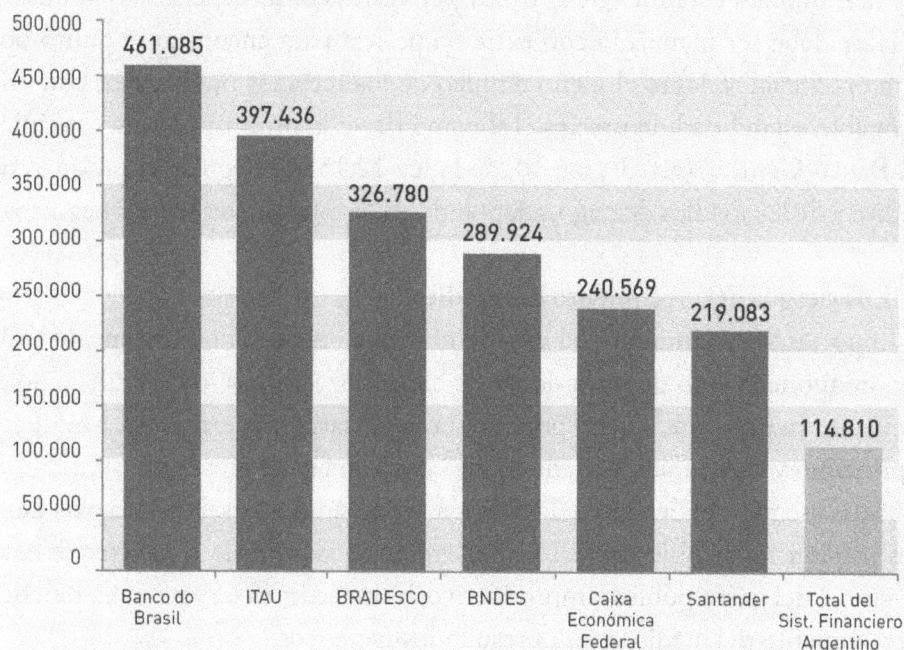

La sumatoria de los activos de todos los bancos públicos y privados argentinos es menor que el sexto banco de Brasil como se muestra en el gráfico anterior.
*Fuente: Fundación Metas Siglo XXI en base de datos del Banco Central de Brasil y de la Asociación de Bancos de la Argentina.*

[165] Arriazu, Ricardo, Mercados informales de crédito. Ensayos económicos nª 42, FELABAN, Federación latinoamericana de bancos, 1988, p. 19.

bos. En todos los países desarrollados el crédito provisto por el sector bancario supera el 100 % del PBI al igual que en los tigres asiáticos. Aunque ningún país de América Latina ha logrado superar la barrera del 100 %, Brasil y Chile encabezan el ranking en coincidencia con el positivo desempeño de sus economías.

En el ranking de los 50 bancos más importantes de América Latina, Brasil ocupa los seis primeros lugares mientras Argentina aparece recién en el puesto 20 con el Banco Nación y en el 44 con el Banco Provincia de Buenos Aires. En septiembre de 2010 la sumatoria de los activos de todos los bancos públicos y privados argentino era menor que el sexto banco de Brasil (cuadro 4).

A esa misma fecha, los activos totales del sistema bancario brasileño eran 22 veces más grandes que los de nuestro país (cuadro 5).

El mercado de capitales es vigoroso. La capitalización bursátil es 28,46 veces mayor que el de nuestro país (cuadro 10).

**Cuadro 5 - Activos de los Sistemas Financieros de Brasil y Argentina**
Millones de Dólares - Septiembre 2010

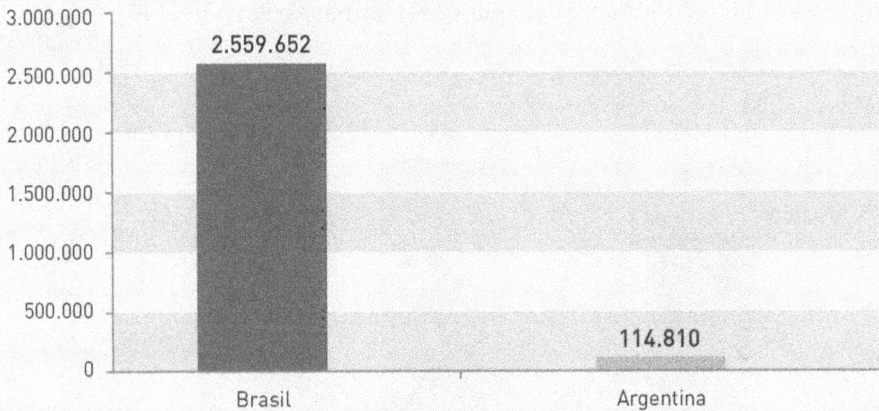

En el año 2010, los activos totales del sistema bancario brasileño eran 22 veces más grandes que los de nuestro país.
*Fuente: Fundación Metas Siglo XXI en base a datos del Banco Central de Brasil y de la Asociación de Bancos de la Argentina.*

## 6.- Alcanzar la bancarización de Chile en cuatro años

Entretanto Argentina, con exigua bancarización y crédito sumamente escaso, registra la inflación más alta de América, sólo superada por Venezuela. Nos encontramos en el peor de los mundos: carentes de crédito y padeciendo una inflación que se estima en el 25% anual para el año 2012.

- La meta que proponemos en este trabajo es alcanzar en cuatro años, el mismo nivel de bancarización de Chile para disponer, como decíamos, de un crédito adicional equivalente a US$ 260.000 millones que posibilitaría el financiamiento de un ambicioso plan de desarrollo plurianual. La meta es alcanzable, siempre y cuando removamos previamente los obstáculos artificiales creados por el propio Estado. En primer lugar, y como condición esencial, se debe suprimir el distorsivo impuesto al cheque (como ha hecho Chile aprovechando la bonanza económica de la década del 2000) e implementar simultáneamente una serie de medidas que estimulen el crecimiento del sistema bancario en ambas puntas: captación de depósitos y colocaciones de crédito.

**Cuadro 6 - Crédito interno provisto por el sector bancario (% del PIB)**
Año 2011

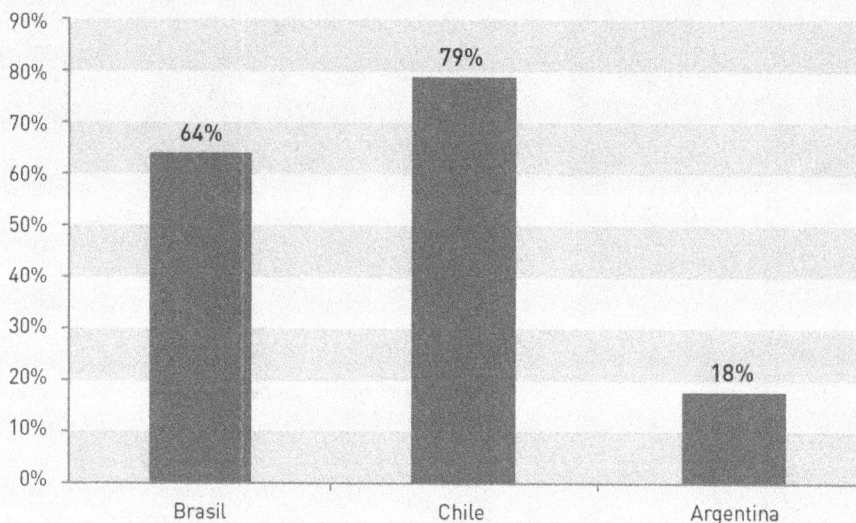

*Fuente: Fundación Metas Siglo XXI en base a datos de los Bancos Centrales e Institutos de Estadística de Argentina, Brasil y Chile.*

- En el año 2011, el crédito interno provisto por el sector bancario alcanzó en Chile el 79% del PBI. El concepto de sector bancario está tomado en sentido amplio e incluye a entidades como las sociedades de ahorro y préstamo hipotecario y las asociaciones de crédito inmobiliario.

Consideramos a continuación el volumen de crédito otorgado por el sistema bancario en Chile y Brasil. Naturalmente las cifras son menores a las indicadas para Brasil en los cuadros 5 y 6 debido a que en estos últimos nos referíamos a los activos totales del sistema bancario, que incluye además de los créditos los siguientes rubros: Disponibilidades; Inversiones en Activos Líquidos (Títulos Públicos y Privados); Otras Inversiones (Participación en otras Sociedades); Bienes de Uso; Bienes Intangibles, etc.

Cuadro 7

| País | Total de Préstamos del Sistema Financiero Dic. 2011 | PIB a Valores Corrientes 2011 | Relación Préstamos/PIB |
|---|---|---|---|
| Chile en Miles de Millones de Pesos | 82.524 | 104.437 | 79% |
| Argentina en Millones de Pesos | 325.344 | 1.842.022 | 18% |
| Brasil en Millones R$ | 2.641.380 | 4.143.013 | 64% |

Otro elemento fundamental para la bancarización profunda es crear una moneda estable, similar a la UF chilena. Sin moneda estable no hay incentivos para bancarizarse y los escasos depósitos en el sistema bancario tienden a ser de corto plazo para poder ser retirados rápidamente ante cualquier contingencia. Pasivos bancarios de corto plazo inhiben los préstamos de largo plazo.[166] Es lo que ocurre en nuestro país. El grueso de las colocaciones en bancos argentinos son depósitos transaccionales, ingresos de personas o "caja" de las empresas.

*En Chile, la importante superación de las barreras a la bancarización se ha lo-*

---

[166] Rojas Suárez, Liliana, "El acceso a los serviciosbancarios en América Latina" en Center for Global Development, junio 2006, p. 6

*grado mediante una combinación de una institucionalización política jurídica que funciona razonablemente bien, y un eficaz y generalizado instrumento de indexación (UF) aplicable a la intermediación financiera.[167]*

Cuadro 8

| País | Total de Préstamos del Sistema Financiero Dic. 2011 | PIB a Valores Corrientes 2011 | Relación Préstamos/PIB |
|---|---|---|---|
| Chile en Millones de Dólares CLP/USD = 519,50 | 158.853 | 201.034 | 79% |
| Argentina en Millones de Dólares ARS/USD = 4,3108 | 75.427 | 427.304 | 18% |
| Brasil en Millones de Dólares BRL/USD = 1,8632 | 1.417.658 | 2.223.601 | 64% |

*Fuente: Chile: Banco Central de Chile - Colocaciones del Sistema Financiero*
*http://www.bcentral.cl/estadisticas-economicas/series-indicadores/index_db.htm*
*Banco Central de Chile - Cuentas Nacionales*
*http://www.bcentral.cl/estadisticas-economicas/publicaciones-estadisticas/index.htm*
*Argentina: Banco Central de la República Argentina - Información de Entidades Financieras (Diciembre-2011). http://www.bcra.gov.ar/pdfs/entfinan/201112e.pdf*
*INDEC - Cuentas Nacionales - Oferta y Demanda en Millones de Pesos a Precios Corrientes*
*http://www.indec.gov.ar/*
*Brasil: Banco Central do Brasil - Supervisao do Sistema Financeiro Nacional - Estatísticas o Sistema FInanceiro Nacionalhttp://www4.bcb.gov.br/fis/TOP50/port/Top50P.asp*
*IBGE, Diretoria de Pesquisas, Coordenação de Contas Nacionais.*
*Nota: Todos os resultados são calculados a partir das Contas Nacionais Trimestrais.*
*ftp://ftp.ibge.gov.br/Contas_Nacionais/Contas_Nacionais_Trimestrais/Fasciculo_Indicadores_IBGE/pib-vol-val_201201caderno.pdf*

## 7.- Direccionamiento del crédito

Los argentinos vemos con admiración el pujante desarrollo de la economía de Brasil y nos cuesta asumir el retroceso de la nuestra. En 1930 el PBI argentino

---

[167] Zahler, Roberto, Bancarización privada en Chile. Unión de estudios de desarrollo. División de desarrollo económico, Cepal, Santiago de Chile, 2008, p. 53

superaba en un 40 % al de Brasil. Hacia 1950 la economía brasileña había logrado casi equipararse a la nuestra. Desde entonces, la brecha a favor de Brasil se fue ampliando aceleradamente y hoy ha triplicado nuestro PBI. Ver el cuadro siguiente elaborado en base a dólares constantes de poder adquisitivo de 1990 de Geary-Khamis. Fuente: Dos Siglos de Economía Argentina, Ferreres, Orlando. Fundación Norte y Sur.

**Cuadro 9 - PBI: Argentina vs. Brasil**
En millones de dólares constantes de Geary-Khamis de 1990

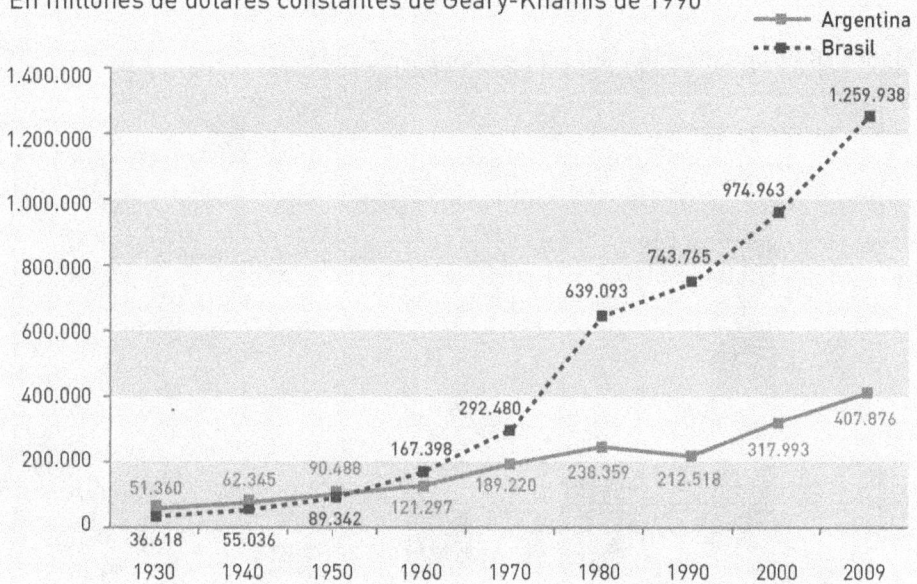

*Fuente: Fundación Metas Siglo XXI en base a estadísticas de: Dos siglos de economía argentina - Edición Bicentenario. Director Orlando Ferreres. Fundación Norte y Sur.*

Los formidables logros obtenidos por Brasil, son el resultado de la gestión de una clase dirigente audaz, con escala para tomar grandes decisiones y superar dificultades que parecían insalvables. Por ejemplo, en la década del 60 la producción de petróleo era insuficiente, lo que indujo a diseñar una matriz energética basada en la hidroelectricidad que es hoy la más alta del mundo ya que el 90% de la energía eléctrica proviene de esta fuente renovable. Se llevó a cabo el más gigantesco programa de construcción de represas de la historia de la humanidad, incluyendo Itaipú que sigue siendo la más grande del mundo en operación. Energía limpia y renovable en abundancia. Pero Brasil no cejó en su empeño por encontrar petróleo y hoy en día –cinco décadas después– gracias a los grandes yacimientos descubiertos en el Océano Atlántico puede convertirse en una potencia petrolera, líder mundial en exploración marítima a gran profundidad, sin perjuicio de lo cual permanece fiel a la matriz energética renovable de origen hídrico. Actualmente está encarando en la Amazonia un vasto programa que incluye la represa de Belo Monte, tres veces más grande que Yacyretá y tercera en el mundo.

**Cuadro 10 - Capitalización Bursátil en América Latina**
Junio 2012
Miles de millones de dólares

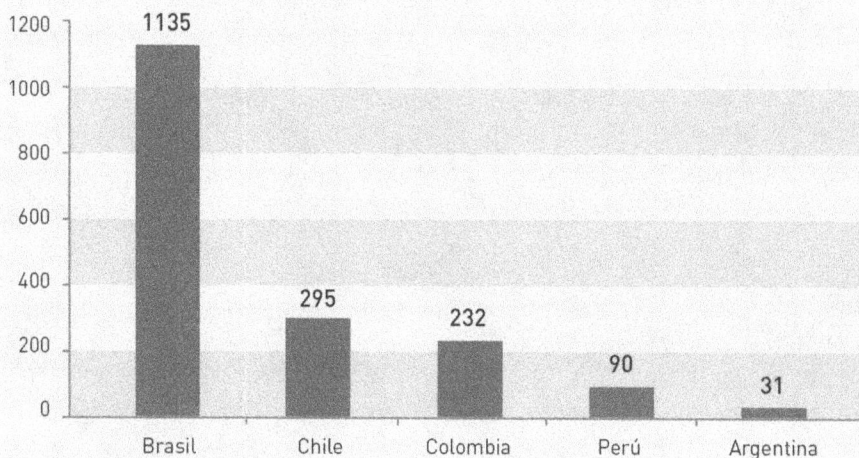

La capitalización bursátil de Brasil es 36,6 veces mayor que la Argentina. La de Chile 9,5 veces y la de Colombia 7,5 veces.
*Fuente: Fundación Metas Siglo XXI en base a datos de Federación Iberoamericana de Bolsas. www.fiabnet.org*

Dentro de esta política desarrollada a partir de 1964, es destacable la sistemática protección del ahorro popular mediante la indexación, que lo preservó de la inflación que castigó su economía durante décadas. A diferencia de nuestro país, el ahorro nacional no pagó la fiesta inflacionaria. No se congelaron los depósitos bancarios ni se confiscaron los fondos de pensión.

Actualmente, los fondos de pensión están protegidos al exigirse a las administradoras un rendimiento anual mínimo del 6% real, es decir, calculado sobre capital actualizado por inflación. Este rendimiento se denomina "meta actuarial". Si las administradoras no lo logran, deben cubrir el faltante con sus propios recursos.

El mercado de capitales crece en consonancia con la evolución del ahorro. Es lo que refleja el cuadro siguiente sobre la capitalización bursátil: Brasil es 36 veces más grande que Argentina; Chile 9,5 veces y Colombia 7,5 veces.

En materia de colocación de acciones, Brasil ostenta el récord de la emisión más grande de la historia superando los máximos alcanzados por Wall Street. Fue la realizada por Petrobras para la extracción del petróleo descubierto en el Océano Atlántico. Ascendió a 70.000 millones de dólares y casi duplica el récord anterior de la Nipon, Telecom y Telegraph en 1987 que llegó a US$ 36.700 millones. El presidente Lula, con legítimo orgullo dijo: No fue en Frankfurt ni en Londres ni en Nueva York. Fue acá en San Pablo.

El éxito alcanzado premia el consistente esfuerzo realizado por la compañía

**Cuadro 11 - Argentina y Brasil: Producción de Petróleo**
(en millones de m³)

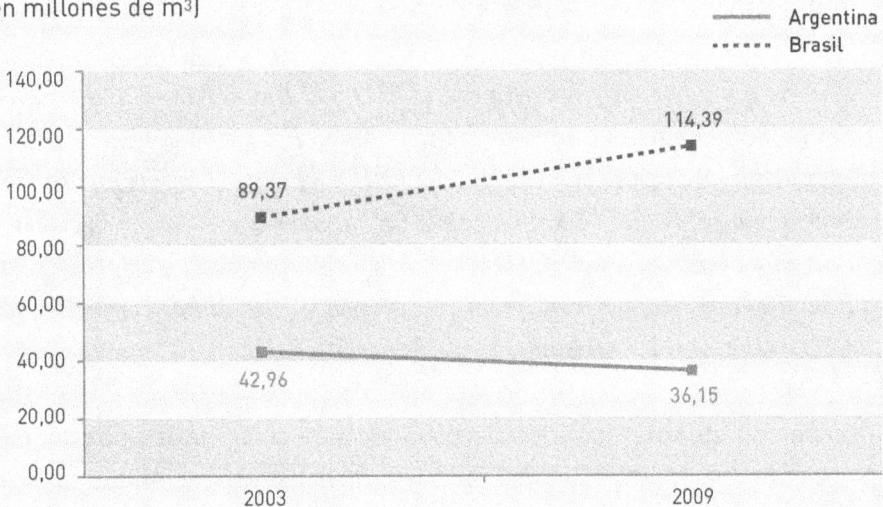

Entre 2003 y 2009, Argentina redujo su producción de crudo en 7 millones de metros cúbicos, mientras Brasil la incrementó en 25 millones.

*Fuente: Fundación Metas Siglo XXI en base a datos de la Secretaría de Energía de la Nación Argentina. www.energia3.mecon.gov.ar y de Petrobras www.petrobras.com.br*

Petrobras y el crecimiento sostenido de la producción que se evidencia en el cuadro siguiente (ver cuadro 11).

El sistema financiero no se queda a la zaga y acompaña congruentemente el crecimiento. Como hemos visto es 22 veces más grande que el argentino. El sexto banco de Brasil es más grande que todo el sistema financiero argentino. Pero no es sólo cuestión de cantidad de depósitos y de volumen de crédito, sino que además el Banco Central de Brasil direcciona el 40% del crédito disponible hacia las metas establecidas por el Gobierno. El 60% se orienta a satisfacer la demanda de corto plazo comercial.

¿Qué significa que el crédito está "direccionado"? Que el Banco Central define su destino final (vivienda, transporte, saneamiento o energía hidroeléctrica), conservando cada banco plena autonomía para decidir a quién le presta y en qué condiciones.

El Banco Nacional de Desarrollo, con activos totales que alcanzaban a R$ 603.698 millones equivalentes a US$ 324.012 millones, (Dic-2011) absorbe la mitad del crédito direccionado.

Señala el Jefe de Departamentos de Nuevos Productos del Banco Nacional de Desarrollo Ernani Teixeira Torres filho:

> *En una comparación financiera con el BID y el Banco Mundial, por activos, capital neto e ingresos, se ven cosas interesantes. Por ejemplo, somos más o menos del mismo tamaño por activos que el BID, tenemos el mismo monto de desembolsos que el Banco Mundial. Somos un banco de largo plazo y en ese sentido un banco operacional activo. Tenemos la misma cantidad de empleados que el BID. Resumiendo, tenemos los mismos activos y cantidad de empleados que el BID y el volumen de desembolsos del Banco Mundial.*

Congruentemente con estas ideas, se propone para la Argentina direccionar el 40 por ciento del crédito adicional producto de la bancarización inducida, hacia metas que requieren inexcusablemente crédito de largo plazo, conservando las entidades bancarias autonomía para la administración de estos créditos, con la condición de respetar su destino. Es lo que contempla el proyecto de ley de bancarización inducida incluido en este capítulo.

## 8.-Barreras que limitan la bancarización

- Debemos reconocer que existen en nuestro país obstáculos importantes para lograr una bancarización profunda. Uno de ellos está referido a contextos macroeconómicos negativos que han minado la confianza en el sistema bancario, como son la inestabilidad monetaria y las dudas generalizadas sobre la solidez del mismo sistema. Esto seguramente es consecuencia de las experiencias vividas en el pasado inmediato. Recurrentes crisis económicas y financieras durante las últimas tres décadas han generado pérdidas importantes para los depositantes, deteriorando el valor real de su riqueza. Estas pérdidas son resultado de una serie de factores, incluyendo la congelación de depósitos, cambios forzosos de depósitos en moneda extranjera hacia depósitos en moneda nacional utilizando tasas cambiarias subvaluadas, e hiperinflaciones que prácticamente destruyeron el valor de los ahorros bancarios.[168]
- Otros obstáculos igualmente importantes son el default del Estado Argentino de 2002, las confiscaciones de activos como los de las A.F.J.P, la debilidad de las instituciones que permiten frecuentes rupturas de contratos y la insuficiencia institucional del sistema judicial. Por ejemplo, la suspensión de las ejecuciones hipotecarias adoptada por varias provincias, significó un golpe mortal a una política de vivienda eficaz. Todos ellos forman parte de nuestra historia reciente y son suficientemente conocidos, por lo cual nos avocaremos a tratar únicamente las barreras específicas de acceso y uso del sistema bancario, que tienen carácter impositivo, normativo y regulatorio.
- Los aspectos relativos a la estabilidad monetaria serán analizados en el capítulo tercero de esta Tercera Parte con la creación de la unidad de cuenta indexada o moneda virtual.
-

## 8.1.- Impuesto al cheque

El impuesto a los créditos y débitos bancarios, creado como impuesto de emergencia el 24 de marzo de 2001 por ley 25.413 y conocido como impuesto al cheque, es el principal obstáculo que encontramos para alcanzar una profunda bancarización de nuestra economía. Es una barrera al ingreso de fondos a los bancos y un estímulo al retiro de efectivo que hace crecer en forma correlativa

---

[168] Rojas Suárez, L., Op. cit. p. 5.

la economía informal que no tributa impuestos. Es una solución cortoplacista que aspira a recaudar impuestos en lo inmediato, comprometiendo el futuro recaudatorio al premiar fuertemente la economía sumergida, creando una competencia desleal en perjuicio de quienes cumplen con la ley impositiva.

Como señaló Martín Redrado, cuando era titular del Banco Central (2006):

> *Uno de los factores que limita la bancarización es el impuesto a las transacciones financieras, gravamen que tiene un origen transitorio de emergencia, pero cuyo uso tiende a prorrogarse en el tiempo. Es un gravamen que distorsiona las decisiones de los ciudadanos, incentivando en exceso el uso de efectivo y, de esta forma, fomentando la informalidad en la actividad económica, lo que termina afectando negativamente la recaudación de otros tributos.*

Seis países de América del Sur cobran este impuesto. El más alto es el de Argentina con una alícuota del 0,6 %, para cada una de las partes y un costo total del 1,2 %; siguen Venezuela con 0,5 %; Colombia con 0,4 %; Brasil con 0,38 %; Bolivia con 0,30 % y Perú con el 0,08 %[169]. Chile en 2008 derogó el impuesto a las transferencias electrónicas, giros desde cajeros, cheques y traspaso de fondos de cuentas corrientes, aprovechando el superávit fiscal generado por la bonanza en los precios del cobre. Argentina pudo hacer lo propio aprovechando el superávit generado por los buenos precios agrícolas, pero la ausencia de una política coherente de bancarización lo impidió.

Existe un amplio consenso sobre los efectos adversos de este impuesto que genera graves distorsiones en los sistemas bancarios de la región y es uno de los factores letales que impiden la bancarización. Responde exclusivamente a fines fiscales. Recauda fácil, sin evasión y sin costo. Es una postura cortoplacista. Mira el hoy y compromete el mañana.

> *Es interesante destacar que, por lo general, en el momento de su introducción, el ITF ha sido anunciado como transitorio, pero su período de aplicación se ha ido extendiendo. En la opinión de muchos analistas, mantener este impuesto*

---

[169] Ibid., p. 33.

*implica una visión miope sobre sus costos y beneficios. La razón es que las consecuencias sobre la intermediación financiera y, por lo tanto sobre el potencial crecimiento económico, conllevan a una menor recolección de impuestos en el largo plazo que sobrepasa los beneficios de recaudación en el corto plazo.[170]*

Por lo expuesto, el proyecto de ley contenido en este capítulo plantea la derogación lisa y llana de este impuesto claramente distorsivo.

### 8.2.- El acceso universal a los servicios bancarios

Recordemos que una profundización de la bancarización exige convertirla en un servicio de carácter universal, al alcance aún de los más pobres. La experiencia de otros países demuestra que los segmentos de población de ingresos medios y bajos, también son potenciales demandantes de servicios bancarios y tienen un aumento de bienestar si logran acceder a ellos. *Existe una clara correlación entre la bancarización y el desarrollo social, crecimiento económico y desarrollo financiero.*[171]

Los altos porcentajes de bancarización alcanzados por los países desarrollados se apoyan en el uso del dinero bancario en todos los estratos de la población. Un ejemplo notable es España adonde cada hombre o mujer adulto es titular de una cuenta corriente, lo que ha posibilitado que el crédito doméstico provisto por el sector bancario alcance al 192,5 % del PBI en 2007, calculado según la metodología del Banco Mundial (2009, *World Development Indicators*).

Nuestro país registra una baja utilización de servicios bancarios por individuo como porcentaje de la población adulta. Brasil 43 %; Chile 60 % y Argentina 28 %. (Fuente: FELABAN, p. 12)

Varias son las medidas a tomar:

a).- Brindar servicios bancarios sin coste para las personas físicas: un pack compuesto de caja de ahorro y tarjeta de débito.

b).- Simplificar los trámites de apertura de cuentas: Las regulaciones del Banco Central son excesivamente complejas y de imposible cumplimiento para los

---

[170] Ibid., p. 34.
[171] Zahler, Op. cit. p.9.

sectores informales. Se cae en un círculo vicioso porque quien trabaja u opera en la economía informal no puede incorporarse al sistema bancario, lo que le permitiría empezar a emerger de la economía subterránea. El proyecto de ley contempla que la única exigencia para el solicitante sea un documento de identidad válido. La documentación solicitada para abrir cuentas bancarias puede ser producto de ineficiencias en la colección y procesamiento de información de los bancos. Y también el resultado de problemas institucionales y socioeconómicos que dificultan la evaluación financiera del cliente bancario, tales como la falta de titularización de activos (viviendas sin escriturar) y la proliferación de mercados informales de trabajo en los cuales no existen contratos ni documentación fehaciente que especifiquen el salario del trabajador.[172]

La cuestión relativa al registro de los derechos de propiedad de inmuebles para los sectores de bajos ingresos, se ha convertido en un problema de amplia difusión por la inhabilidad de las autoridades de los Institutos de la Vivienda para asegurar su escrituración regular. El 56 % de las viviendas FONAVI construidas en las últimas tres décadas carece de título de propiedad. Como no hay escritura tampoco se pudo otorgar la hipoteca y entonces las cuotas no se pagan o se pagan con gran demora. Cuando se trata de viviendas multifamiliares, tampoco existe el Reglamento de Copropiedad con lo cual no hay un consorcio válidamente constituido y por ende tampoco se pagan las expensas.

c).- Extensión del horario bancario para las operaciones básicas. La bancarización de millones de habitantes exige un ciclópeo trabajo de atención al público que razonablemente no puede hacerse dentro del estrecho margen de cinco horas que los bancos permanecen abiertos. A ello cabe agregar las tareas vinculadas a la apertura y renovación de plazos fijos que puede alcanzar un gran volumen al crearse la moneda virtual tipo UF chilena protegida contra la inflación, según veremos en el capítulo tercero.

El horario actual de atención, no coincide con la disponibilidad de tiempo que una proporción significativa de trabajadores tiene para ir a los bancos. Esto limita la real posibilidad de acceder a los servicios bancarios. Con frecuencia, la única posibilidad es quedarse sin almorzar para ir al banco al mediodía cuando buena parte de las cajas están cerradas porque el personal

---

[172] Rojas Suárez, l., Op. cit., p.11.

del banco también ha salido a almorzar y las pocas que atienden están recargadas con demoras significativas.

La propuesta es que en las operaciones básicas –cuenta corriente, caja de ahorro, tarjetas de débito y de crédito y plazos fijos- se atiendan en doble turno desde las 9 hasta las 19 horas, duplicando el horario actual. En tal sentido, es importante destacar el éxito que ha tenido Perú con la extensión de los horarios bancarios. El caso peruano puede, en este tema, servir de ejemplo para otros países de la región.[173]

## 8.3.- Incorporar al Código Civil las normas que establecen la obligatoriedad de efectuar los pagos mediante transferencias bancarias

El pago es un acto jurídico que tiene por objeto extinguir el derecho del acreedor. Todo acto jurídico está sujeto a las formas que establezca la ley para darle certeza y validez. Cuando no se exigen formas especiales, los interesados pueden utilizar cualquiera que juzgaren conveniente. Pero cuando la ley exige una forma determinada no puede ser suplida por otra (argumento derivado del art.975 del Código Civil) provocando, en consecuencia, la nulidad del acto.

En el caso que nos ocupa, la falta de intervención bancaria implicará que dicho pago pierda efecto cancelatorio, sin admitir otro tipo de prueba. Además, los pagos que no hayan respetado esta formalidad, no podrán ser considerados como gastos y salidas documentadas a los efectos impositivos. La A.F.I.P., con la alta tecnología de que dispone, puede extremar los controles detectando por vía indirecta las empresas informales que compran o prestan servicios a empresas formales.

Las normas ya dictadas en tal sentido, y contenidas en la ley 25.345 no han sido lo suficientemente eficaces en cuanto a los efectos de la omisión de la intervención del banco. Es por ello que se propone una redacción distinta que prive de todo efecto jurídico al pago realizado en violación de la ley, con especial referencia a las consecuencias impositivas, además de incorporarlo al Código Civil.

## 9.- Conclusiones

El proceso de bancarización inducida implica cambios profundos de hábitos

---

[173] Ibid., p. 18.

fuertemente arraigados en los distintos actores del proceso: el Estado, el Banco Central, la A.F.I.P., las entidades bancarias, los contribuyentes y el público. Únicamente una acción enérgica, persistente y consistente, puede revertir una situación que viene de larga data. Todos los actores deberán realizar aportes y esfuerzos para lograr una transformación que es vital para el país porque sin crédito genuino, abundante y de bajo coste, no hay posibilidad de desarrollo ni de solucionar el desempleo estructural y la economía en negro. Tampoco podemos aspirar a un sistema jubilatorio sano y previsible y difícilmente podamos revertir el déficit que hoy exhiben servicios esenciales como vivienda, saneamiento, transporte y energía.

a) El Estado debe resignar el impuesto al cheque que hoy recauda alrededor US$ 5.000.- millones por año. El blanqueo de apenas la mitad de la economía en negro permitirá recuperar con creces este impuesto distorsivo, por medio del I.V.A., con una recaudación adicional estimada en US$ 8.440.-millones.

b) Los bancos tienen que extender sus horarios para facilitar el proceso de bancarización inducida.

c) Los contribuyentes que hoy usufructúan el anonimato fiscal en la economía subterránea, deben emerger a la legalidad. El control impositivo de los pagos relevantes canalizados a través del sistema bancario, constituye una poderosa herramienta de detección de la informalidad.

d) La A.F.I.P. debe poner énfasis en el control del movimiento de las cuentas bancarias para detectar violaciones de la norma de orden público sobre las formas del pago, invalidando las salidas de dinero que se hubieran realizado sin intervención bancaria. Si la A.F.I.P. se concentra en este objetivo, la economía negra desfallecerá por imposibilidad de abastecerse en el circuito formal.

e) El Banco Central deberá direccionar parcialmente el crédito a las metas de desarrollo aprobadas.

f) Los sindicatos deberán prestar su colaboración en el propio interés de los trabajadores bancarios que ante el desdoblamiento de turnos podrán elegir en ciertos casos entre trabajar por la mañana (tipo horario de tribunales) o por la tarde. El sindicato también se beneficia porque aumenta el número de trabajadores.

g) Los usuarios deberán adaptarse a los usos y costumbres de los países altamente bancarizados y abandonar la práctica primitiva del pago en efectivo

Debemos poner en el platillo de la balanza estos riesgos, costos, esfuerzos, molestias y cambio de hábitos inveterados, frente a la posibilidad cierta del despegue de la economía y la solución de carencias básicas impostergables. Disponer de US$ 260.000 millones adicionales de crédito para la producción, justifica ampliamente estos esfuerzos.

## 10.-Proyecto de ley para implementar el programa de bancarización inducida

### Derogase el impuesto creado por ley 25.413

Artículo 1.- Derógase el impuesto a los Créditos y Débitos Bancarios creado por ley 25.413.-

### Intervención bancaria en operaciones relevantes

Artículo 2.- Agrégase como segundo párrafo del artículo 975 del Código Civil lo siguiente:

*Los pagos correspondientes a obligaciones de cualquier naturaleza superiores a $ 6.000 (seis mil pesos) de poder adquisitivo del 30 de mayo de 2012, deberán efectuarse inexcusablemente con intervención bancaria por cualquiera de los medios autorizados, bajo pena de nulidad del pago. A los efectos impositivos, la Administración Federal de Ingresos Públicos -A.F.I.P.- no reconocerá como válidas las salidas de dinero no documentadas por vía bancaria. Dicho monto se actualizará en base al Índice de Precios al Consumidor hasta su conversión a UCEs.*

### Pago de sueldos y salarios

Artículo 3.- El pago de sueldos y salarios, tanto de personal permanente como contratado, incluido el personal doméstico, deberá hacerse exclusivamente acreditando el importe total en cuenta corriente o de ahorro del trabajador, bajo pena de nulidad del pago.

La Moneda Virtual

## Servicio universal y gratuito
Artículo 4.- La caja de ahorro y tarjeta de débito destinada al cobro de sueldos y salarios es universal y gratuita.

## Reembolso del IVA
Artículo 5.- El pago de artículos de primera necesidad por tarjeta de débito o cheque tendrá un reintegro del IVA del 5 por ciento que será acreditado en la cuenta bancaria.

## Requisito exigible para apertura de cuentas
Artículo 6.- El único requisito exigible para la apertura de cuenta corriente, caja de ahorro y tarjeta de débito o imposición de plazos fijos es la exhibición de documento de identidad válido, expedido por autoridad argentina.

## Horario bancario
Artículo 7.- A fin de facilitar el acceso universal de la población a los servicios bancarios, el B.C.R.A. adoptará las medidas necesarias para que las entidades bancarias operen desde las 9 horas hasta las 19 horas como mínimo, para las operaciones básicas: cuenta corriente, caja de ahorro, tarjeta de débito y plazos fijos.

## Crédito direccionado
Artículo 8.- Modifícanse los artículos 4, 10 y 14 de la ley 24.144 en la siguiente forma:

Agréguese al art 4° el inciso f) que dice:

*f) Direccionar el crédito hacia metas de interés general conforme a las políticas trazadas por el Congreso de la Nación, hasta alcanzar como mínimo el 40 por ciento del crédito adicional producto del programa de bancarización inducida contenido en la presente ley. Las entidades bancarias mantendrán plena autonomía para seleccionar el prestatario del crédito, establecer las condiciones de interés, plazo, garantías y las restantes modalidades de cada operación.*

Agréguese al art. 10 –Atribuciones del presidente- el siguiente inciso:

*j) Hacer cumplir las normas dictadas por el Directorio conforme al artículo 14, inciso f) para el direccionamiento de los créditos.*

Agréguese al art. 14 – Atribuciones del directorio- el siguiente inciso:

*t) Dictar las normas relativas al efectivo cumplimiento del direccionamiento del crédito a que se refiere el art. 4, inciso f)*

## Pago de operaciones escriturables
Artículo 9.- Las operaciones inmobiliarias de venta, hipoteca o constitución de otros derechos reales deberá hacerse mediante cheque cancelatorio.

## Programa de alfabetización bancaria
Artículo 10.- El Ministerio de Educación implementará en todo el país un programa práctico de alfabetización bancaria en todas las escuelas primarias y secundarias, con el objeto de familiarizar a la población con el uso de los instrumentos bancarios y la importancia decisiva de la bancarización en el pleno empleo y en el crecimiento del salario real.

Artículo 11.- De forma

# Capítulo Tercero

# Creación de la Moneda Virtual

*"Los Gobiernos de todas las naciones del mundo deberían crear una unidad de cuenta indexada para el uso de los ciudadanos. No tiene costo hacerlo. Todo lo que los Gobiernos deben hacer es determinar un índice de precios, presentarlo en forma atractiva, publicarlo diariamente en términos de moneda corriente, asumiendo el compromiso de que el índice se continuará calculando sobre bases consistentes y sin futuros congelamientos u otras interferencias".[174]*

## 1.-Una importante aclaración preliminar

El énfasis puesto en la conveniencia de contar con una unidad de cuenta blindada contra las oscilaciones del poder adquisitivo de la moneda real o corriente, puede llevar a una conclusión errónea. Puede inducir a pensar que, creada la unidad de cuenta, la estabilidad de la moneda corriente pierde relevancia y el Banco Central se puede entregar a una política desenfrenada de emisión de moneda, desinteresándose de los efectos dañosos de la inflación. Sería como abandonarse en los brazos de Morfeo después de la borrachera inflacionaria sin reparar en las consecuencias ulteriores.

Por ello, nos parece indispensable hacer una aclaración previa sobre la imperiosa necesidad de una política monetaria prudente del Banco Central que vaya alcanzando en forma gradual la indispensable estabilidad de la moneda corriente. Tenemos que tener claro que la moneda real es la única válida como

---

[174] Schiller, Robert, Op. cit. pp. 129-130.

La Moneda Virtual

medio de pago y que su estabilidad es necesaria para no distorsionar los precios relativos y dar señales correctas a los operadores en el mercado.

La moneda virtual busca resolver en forma inmediata el peor flagelo de la inflación que tan bien sintetiza Hayek:

> *El énfasis que por lo general se pone en el perjuicio más generalmente percibido y más penosamente sentido causado por la inflación, su efecto en las relaciones acreedor- deudor y en particular en quienes tienen ingresos fijos, ha llevado a afirmar que estos efectos podrían ser mitigados estipulando obligaciones a largo plazo en términos de un "patrón tabular" por el cual el monto nominal de la deuda se corregiría constantemente según los cambios en un número índice de precios.*

Cuadro 12 - Promedio Anual de Inflación en Chile según década

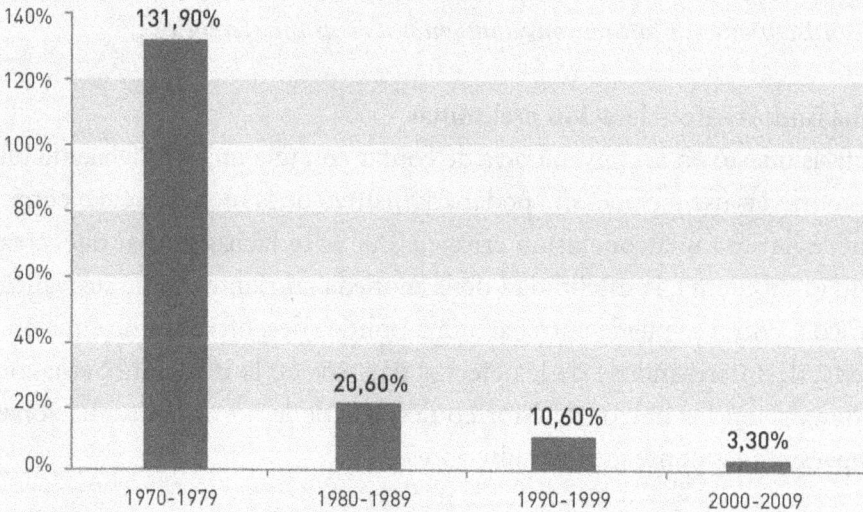

En la década de 1970 la inflación promedia anualmente el 131,9%. La década siguiente se reduce a la sexta parte: 20,6% anual. En la década del 1990 se vuelve a reducir a la mitad: 10,6% anual. En la década del 2000 queda reducida a menos de la tercera parte (3.3%). Entre puntas, desde la década de 1970 a la década del 2000 la inflación promedio medida por década se redujo el 97,5%.

*Fuente: Fundación Metas Siglo XXI en base a estadísticas del Banco Central de Chile www.bcentral.cl*

*Es correcto afirmar, claro está, que ello eliminaría las injusticias más evidentes ocasionadas por la inflación y los sufrimientos más graves causados por ella.*[175]

La experiencia chilena muestra que la creación de la UF fue decisiva en la protección del ahorro popular y tuvo como consecuencia un crecimiento robusto del mismo. El milagro del ahorro chileno se produjo a pesar de altas tasas de inflación, porque estaba blindado contra el efecto deletéreo de la erosión monetaria. En tal sentido hay una cuestión temporal que nos parece fundamental. La moneda virtual se puede crear en un instante, mientras que la estabilización plena de la moneda corriente es un proceso lento. Hasta que se logre la estabilidad y el mercado asuma que dicha estabilidad será perdurable, pasa mucho tiempo. Probablemente décadas. ¿Cómo haremos en el interregno para alentar el ahorro y canalizarlo a la inversión reproductiva que es la única respuesta de fondo al equilibrio entre bienes y moneda compatible con el desarrollo? La respuesta está en la indexación convertida en unidad de cuenta que facilita su uso universal por la simplicidad y escaso costo de transacción.

Veamos cómo fue la evolución de la inflación chilena en un período de 40 años entre 1970 y 2009. Para una fácil compulsa de la evolución de los precios, hemos calculado la inflación promedio por décadas, lo que permite visualizar rápidamente el proceso gradual y consistente de reducción de la inflación, que tuvo lugar en forma simultánea y paralela con la utilización universal de la UF.

Varias son las conclusiones que pueden extraerse:

a) En Chile la indexación universal de la economía no ha constituido un obstáculo para la reducción de la inflación. En la última década, la inflación promedio ha sido del 3,30% anual, comparable con la registrada en los Estados Unidos que alcanzó al 2,56 % anual.

b) La tasa de inflación real depende de la política monetaria del Banco Central.

c) La indexación en el corto plazo es neutra con respecto a la inflación; pero en el largo plazo, parece tener una valiosa influencia en el programa de estabilización si se logra, como en Chile, un sostenido crecimiento del ahorro lo que implica una significativa reducción de la velocidad de cir-

---

[175] Hayek, Op. cit. pp. 142-143.

Cuadro 13 - Inflación 2000-2009
Chile vs. EE.UU.

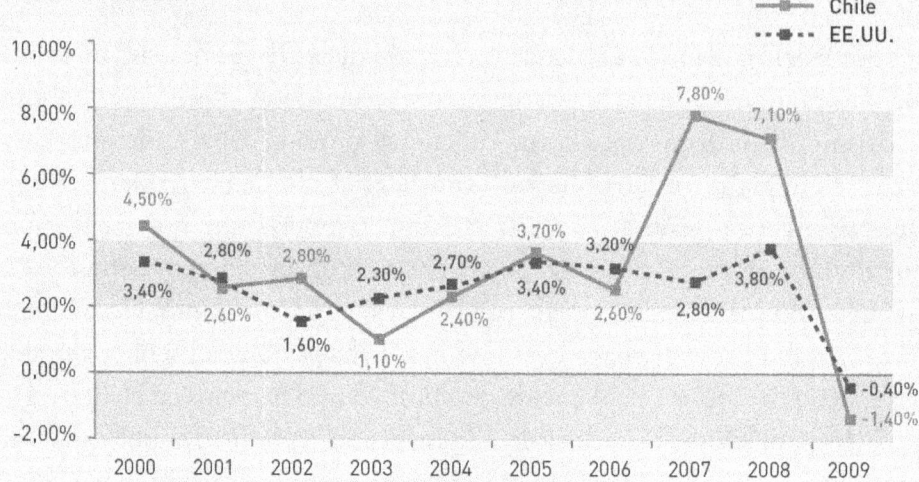

*Fuente: Fundación Metas Siglo XXI en base a estadísticas del Instituto Nacional de Estadística de Chile y del CPI-U elaborado por el Bureau of Labor Statistics.*

culación de la moneda. Si además ese ahorro se canaliza a la inversión reproductiva. La oferta adicional de bienes actúa sobre el segundo término de la fórmula de Fisher, presionando los precios a la baja.

d) La existencia de opciones de ahorro protegidas contra la inflación, puede reducir la tendencia del público a refugiarse en los bienes comprando artículos que no necesita, con el único objetivo de evitar la erosión de su tenencia en efectivo.

## 2.- La Unidad de Cuenta Estable (UCE)

La Moneda Virtual es una unidad de cuenta. Es decir una unidad de medida como el metro o el litro. Para que esta institución sea exitosa son necesarias una serie de condiciones que pasamos a considerar.

### 2.1.- Creación de la institución por ley del Congreso

La creación de la moneda virtual o unidad de cuenta debe hacerse mediante una ley del Congreso que defina su naturaleza, fije sus funciones, determine sus atributos y su ámbito de aplicación. La facultad de estructurar esta institución emana directamente del artículo 75, inciso 11 de la Constitución, que ordena al Poder Legislativo "fijar el valor de la moneda". Para que esta responsabilidad se cumpla cabalmente, es necesario que el organismo encargado de confeccionar los índices de precios (INDEC) dependa directamente del cuerpo legislativo, tanto administrativa como funcionalmente. El Congreso deberá definir la metodología de elaboración del índice, aprobando sus resultados y publicando en el Boletín Oficial la cotización de la moneda virtual para darle vigencia y obligatoriedad (*enforcement*) ante los Tribunales.

Como hemos explicado, el poder adquisitivo de la moneda es fijado por quienes, interactuando en el mercado, cada vez que efectúan una transacción, fijan un precio. El conjunto de los precios de los bienes que se transan en el mercado, va delineando el número índice o coeficiente que constituye la moneda virtual. La labor del Congreso es crear la urna en la que se depositan los votos y efectuar el escrutinio cuyo resultado es el coeficiente de ajuste, contenido esencial de la moneda virtual. La aprobación del Congreso se limita a convalidarlo, otorgando fuerza legal y obligatoria (*enforcement*) al valor resultante del índice, convirtiéndolo en la unidad de cuenta estable o moneda virtual.

## 2.2.- Ente ideal creado por la ley

El derecho puede crear nuevas instituciones para satisfacer necesidades sociales, como en su momento creó la sociedad anónima. La moneda corriente que concentra tres funciones (instrumento de pago, unidad de medida y reserva de valor) puede desdoblarse en dos instituciones: la moneda corriente ya existente –*currency*- como instrumento de pago; y otra, la moneda virtual como instrumento de medida (unidad de cuenta) y reserva de valor. Corresponde al legislador evaluar la utilidad y conveniencia de este desdoblamiento de funciones, definiendo su naturaleza, alcances y efectos jurídicos.

La Moneda Virtual es un ente ideal de la misma naturaleza que las personas jurídicas. No son personas en sentido biológico. Sin embargo, el derecho ha extendido la condición de "personas" a entes que no tienen ningún atributo propio de la persona humana. Son las personas jurídicas creadas por imperio de la ley, que pueden adquirir derechos y contraer obligaciones. Del mismo modo, el derecho puede crear una moneda virtual que carece de existencia física y no participa de la característica de instrumento de pago, pero que cumple con otras funciones esenciales de la moneda: patrón de medida y reserva de valor.

## 2.3.- Monedidad

La norma jurídica de creación de la moneda virtual, le otorga el atributo de la "monedidad", que facilita su aceptación universal. Dicha aceptación es esencial para que merezca el nombre de "moneda".

> *Definimos como moneda aquello que es generalmente aceptado en el intercambio de bienes. La facilidad con la cual puede ser cambiada, o su aceptabilidad general, es su característica distintiva. La aceptabilidad general puede ser reforzada por la ley, y así la moneda pasa a tener curso legal; pero ese refuerzo no es esencial. Todo lo que se necesita para que cualquier bien sea considerado moneda es que alcance aceptabilidad general.*

Irving Fisher, El poder Adquisitivo del Dinero, op. cit., Capítulo I, párrafo I. Si la moneda virtual no alcanza difusión universal resultaría difícil encuadrarla como moneda. El gran logro de la economía chilena con la UF fue, precisamente, lograr esta aceptación universal.

En el punto siguiente se incluye el texto completo del proyecto de ley con comentarios a sus aspectos centrales.

## 2.4.- Calidad del índice

La calidad de la moneda virtual dependerá de la calidad del índice. La elaboración de índices de precios es una técnica conocida y de vasta difusión en el mundo. Requiere eso sí adoptar la decisión política de no distorsionar el índice con fines subalternos de política coyuntural.

Como dice el economista Robert J. Schiller:

> *"Los Gobiernos de todas las naciones del mundo, deberían crear una unidad de cuenta indexada para el uso de los ciudadanos. No tiene costo hacerlo. Todo*

*lo que los Gobiernos deben hacer es determinar un índice de precios, aplicarlo*
*en forma gradual, presentarlo en forma atractiva, publicarlo diariamente en*
*términos de moneda corriente asumiendo el compromiso de que el índice se*
*continuará calculando sobre bases consistentes y sin riesgos de congelamientos*
*u otras interferencias".*
*Schiller Robert J., op. cit. páginas 129 / 130.*

En suma: lo único que hace falta es aplicar de buena fe técnicas conocidas y
probadas de utilización universal.

Sin embargo, hoy nuestro país no puede exhibir un sistema estadístico confiable. Cuando este libro ya estaba en la etapa de impresión, se conoció que el
Directorio del FMI se reunirá el lunes 17 de setiembre de 2012 para considerar la situación de Argentina por no instrumentar las recomendaciones técnicas del FMI para mejorar la calidad de las estadísticas que elabora el INDEC.
Ello abre la posibilidad de que el FMI haga una declaración de censura ante
la falta de respuesta de nuestro país a las observaciones que viene formulando
desde febrero de 2012.

Argentina como país miembro del FMI está obligada a suministrar información confiable según lo dispuesto por el capítulo VIII:

*Además de las obligaciones contraídas conforme a otros artículos de este Con-*
*venio, los países miembros se comprometen a cumplir las obligaciones precep-*
*tuadas en este Artículo.*
*Sección 5*
*a) El Fondo podrá exigir a los países miembros que le faciliten cuanta informa-*
*ción considere pertinente para sus operaciones.*
*viii) ingreso nacional;*
*ix) índices de precios, o sea, índices de precios de mercancías en los mercados al*
*por mayor y al por menor, y de los precios de exportación y de importación.*
*Por su parte el artículo XXVI establece las sanciones aplicables a los países re-*
*misos que comienzan con declararlo inhabilitado para utilizar los recursos ge-*
*nerales del Fondo (sección 2, a)*

*En segundo lugar, el Fondo, por una mayoría del setenta por ciento de la totali-dad de los votos podrá suspender el derecho de voto del país miembro (sección 2, b) Finalmente si este país si el incumplimiento persistiere, podrá exigirse al país miembro que se retire del Fondo (sección 2, c)*

Las objeciones formuladas por el FMI revisten gravedad. El informe técnico que redactó el Departamento de Estadísticas del Fondo, con la firma de su titular Adelheid Borgi Schmelz sostiene:

- El INDEC subvalúa los precios que releva manipulando el índice de inflación;
- El actual indicador tiene inconsistencias metodológicas;
- Con ello el Gobierno logra un crecimiento del PBI mayor que el real y minimiza la pobreza y la indigencia.
- Estas alteraciones podrían ocultar desequilibrios macroeconómicos:
- No ha habido colaboración de los funcionarios argentinos para corregir las distorsiones.

Desde luego, el FMI actúa con prudencia y el proceso es gradual. Pero el sólo hecho de que cuestione la calidad de las estadísticas elaboradas por nuestro país es extremadamente grave porque pone en duda toda la política económica y la validez de las estadísticas de crecimiento y evolución del nivel de vida.

Esto indica a las claras la necesidad de efectuar un cambio de sistema que nosotros proponemos se concrete con la transferencia al Congreso Nacional del Instituto de Estadísticas y Censos, para que sea este poder del estado el que asuma la responsabilidad de la elaboración del índice de precios que es el contenido único de la moneda virtual o unidad de cuenta destinada a medir las obligaciones dinerarias a plazo.

### 3.-Proyecto de ley para la creación de la Unidad de Cuenta Estable, UCE Creación de la Moneda Virtual

*Artículo 1. Créase la Moneda Virtual denominada Unidad de Cuenta Estable (UCE), cuyo contenido es el valor resultante de aplicar la variación del Índice de Precios al Consumidor -Nivel General, según la metodología de cálculo conteni-da en el ANEXO I, en los términos y alcances que establece la presente ley.*

Este artículo crea la institución, define su naturaleza, le impone un nombre que es esencial para facilitar la universalización de su uso y determina el índice de precios vigente a un momento dado técnicamente ponderado por la importancia relativa de cada bien en la canasta elegida, permitiendo crear un patrón tabular de valor justo que asegura la equivalencia de las prestaciones en las operaciones pactadas a plazo, constituyendo una plataforma jurídica imprescindible para la justicia conmutativa.

Con esta ley se supera la inexplicable laguna legislativa que Alejandro Bunge señaló con notable agudeza y precisión:

> *"La ausencia de una definición jurídica de la unidad de valor es una de las más grandes e inexplicables lagunas de la ordenación social. Trátase de una sorprendente omisión universal, que ha originado y origina, en todos los países, injustos y parciales despojos y serios trastornos económicos y sociales". Alejandro Bunge, op. cit., página 325.*

### Fijación del valor de la moneda nacional

> *Artículo 2.- En cumplimiento del inciso 11 del artículo 75 de la Constitución Nacional, el Congreso de la Nación fijará el valor de la UCE en base al asesoramiento técnico del Instituto Nacional de Estadística y Censos (INDEC), quien dependerá funcional y administrativamente del Congreso. El Congreso aprobará el procedimiento que deberá seguir el INDEC para la elaboración del Índice de Precios al Consumidor – Nivel General, con el objeto de que el mismo refleje fielmente la variación del poder adquisitivo de la moneda corriente.*

Este artículo define una cuestión crucial de raigambre constitucional: "fijar el valor de la moneda", conforme al inciso 11 del artículo 75 de la C.N. Con esta ley, el Congreso de la Nación reasume la responsabilidad integral y excluyente que le fuera conferida por la manda constitucional.

Como hemos explicado extensamente en el punto 9, capitulo segundo de la parte primera, en la realidad de los hechos el valor de la moneda es efectuada por quienes interactúan en el mercado al fijar los precios de cada transacción.

La Moneda Virtual

El Congreso se limita a realizar el cómputo de los votos emitidos en base a relevamientos periódicos para convertir el índice de precios en una unidad de cuenta o moneda virtual otorgándole validez legal para que las partes puedan exigir el cumplimiento de las obligaciones dinerarias nominadas en UCEs ante los Tribunales.

## Ámbito de aplicación de la UCE.

*Artículo 3.- Autorízase a pactar en UCEs todo tipo de obligaciones civiles, comerciales, laborales, administrativas, impositivas o de cualquier otra índole, así como créditos hipotecarios, prendarios, bonos, obligaciones u otros títulos valores, cualquiera fuere el destino o el plazo de la operación.*

*Las obligaciones contraídas en pesos nominales o en moneda extranjera antes de la sanción de esta ley, continuarán con su propio régimen, salvo que esta ley determine otro tratamiento.*

Este artículo define el amplio ámbito de aplicación de esta moneda virtual. Destacase la autorización de pactar en UCEs las obligaciones laborales. Es lo que ocurre actualmente en Estados Unidos adonde es frecuente pactar la indexación de los salarios. Esto permite celebrar convenios que generalmente alcanzan tres años de duración lo cual permite un período más prolongado de paz laboral durante los cuales no hay fricciones, reclamos ni huelgas. Sería deseable que esta sana práctica se adopte en nuestro país tan frecuentemente convulsionado por los reclamos salariales que perderían virulencia si el salario nominal se fuera ajustando gradualmente para mantener un poder adquisitivo constante.

Las obligaciones contraídas con anterioridad, continúan con su propio régimen.

## Pago de las obligaciones nominadas en UCEs

*Artículo 4.- Si la obligación estuviera nominada en UCEs, el deudor cumple entregando la cantidad de moneda de curso legal que resulte de multiplicar las cantidades adeudadas de UCEs por el valor de dicha unidad al momento del pago.*

Esta reforma es coherente con la derogación de la prohibición de indexar y la creación de la UCE como moneda virtual. Es una forma ordenada y gradual para volver a la plena vigencia del peso como moneda de curso legal.

## Pago de las obligaciones estipuladas en moneda extranjera

*Artículo 5.- Modifícanse los artículos 617 del Código Civil, que queda redactado como sigue:*

*Artículo 617.- Si por el acto por el cual se ha constituido la obligación, se estipuló dar moneda que no sea de curso legal en la República, la obligación debe considerarse como de dar cantidades de cosas y el deudor podrá liberarse dando el equivalente en moneda de curso legal, de conformidad con la cotización oficial.*

Este artículo es coincidente con la propuesta del Poder Ejecutivo formulada en 2012 para la reforma del actual artículo 617 del Código Civil. De este modo la única moneda de curso legal es el peso. Se fortalece la pesificación de la economía dando al mismo tiempo una alternativa válida para las operaciones a plazo recurriendo a la UCE.

Para una liquidación justa de las obligaciones contraídas con anterioridad en moneda extranjera es necesario que el tipo de cambio se actualice a valores de mercado ejerciendo las facultades que la C.N. otorga al Congreso en el inciso 11 del artículo 75 y que han quedado explicitadas en el artículo 2, segunda parte.

## Publicación en el Boletín Oficial

*Artículo 6.- El Congreso Nacional dispondrá la publicación en el Boletín Oficial, de las tablas diarias de conversión del valor de la UCE en pesos corrientes, momento a partir del cual tendrá vigencia en todo el territorio nacional.*

En este aspecto, se sigue la mecánica utilizada por la UF en Chile y por el Coeficiente de Estabilización de Referencia (CER), en nuestro país.

## Prestaciones del régimen previsional público

*Artículo 7.- Las prestaciones del régimen previsional público comprendidas en la ley 26.417 se convertirán a UCEs a la paridad vigente a la fecha de promulgación de la presente ley, a partir de la cual los valores correspondien-*

*tes se ajustarán a la paridad vigente al tiempo de acreditación de cada pago a fin de garantizar al beneficiario el mantenimiento del poder adquisitivo. Idéntico mecanismo se aplicará con los ajustes semestrales que se efectúen en el futuro de acuerdo a dicha ley.*

En el caso de las jubilaciones y pensiones, la adopción de la moneda virtual asegura un sistema automático y transparente, que mitiga la litigiosidad y resuelve el colapso de los tribunales federales. Es el único sistema compatible con la garantía constitucional de jubilación móvil. Actualmente, se aplica en Chile, Uruguay y Brasil.

Cabe aclarar que la aplicación de la UCE resuelve el problema hacia el futuro pero no soluciona el desacople que hoy existe en la base de cálculo del haber como ocurre en causas similares al caso Badaro. La verdadera solución a este problema es que la ANSES acate el fallo de la Corte Suprema y ajuste los haberes según las pautas allí establecidas. Con ese punto de partida, la UCE mantendrá el poder adquisitivo futuro de la pasividad.

### Cuotas alimentarias

*Artículo 8.-Las cuotas y pensiones alimentarias, judiciales o extrajudiciales, serán expresadas en UCEs.*

### Conversión en UCEs de los plazos fijos

*Artículo 9.- Los plazos fijos constituidos mediante depósitos en pesos en entidades financieras a noventa días o más, serán convertidos en forma automática en UCEs por la entidad que los recibe, al momento de su imposición, sin necesidad de petición del depositante.*

La norma se basa en la experiencia chilena que, al hacer obligatoria la conversión de los plazos fijos a moneda indexada, logra una eficaz protección del ahorro interno.

Una de las grandes ventajas de una Moneda Virtual como la UF, es que previene el atesoramiento estéril que tanto temen los economistas keynesianos. Como la Moneda Virtual no tiene existencia física no hay posibilidad de acumularla con fines de atesoramiento. La forma que tienen los ahorristas para estar invertidos en fondos blindados contra la inflación en el corto y mediano plazo sin perder liquidez es colocar plazos fijos en los bancos. Como éstos, a su vez, necesitan prestar en los mismos términos a la industria y al comercio, se evita el atesoramiento. El ahorro se vuelca a la inversión generando creación de riqueza, empleo y mayores ingresos fiscales. Cuando se trata de colocaciones a largo plazo, la opción es comprar bonos del Estado o de infraestructura, nominados en la moneda ajustable. Como demuestra la economía chilena, queda así conjurado el riesgo de atesoramiento que, en nuestro país, se orienta a la compra de dólares con la consiguiente desaparición de dichos recursos para la economía nacional.

## Obligaciones del Estado Nacional

*Artículo 10.- Los bonos y títulos valores que emita el Estado Nacional en moneda local a plazos mayores a 180 días, serán en todos los casos, nominados en UCEs.*

Esta norma apunta a que el Estado tenga una opción atractiva para emitir obligaciones en moneda local, sin necesidad de recurrir al endeudamiento en dólares. La razón de la obligatoriedad de emisión en UCEs para plazos superiores a 180 días, es desalentar la tendencia gubernativa a inflar la moneda para pagar con dinero desvalorizado.

Tanto Chile con la UF como Uruguay con la UI Unidad Indexada han logrado pesificar la deuda pública convirtiéndola en pesos indexados, corrigiendo de este modo el "pecado original" de Hausmann.

## Impuestos, tasas, contribuciones y multas. Ajuste de las escalas progresivas del impuesto a las ganancias. Ajuste de balances por inflación

*Artículo 11.- Los impuestos, tasas, contribuciones y multas que actualmente están expresados en montos fijos y no en porcentajes, serán convertidos a UCEs a la paridad vigente a la fecha de promulgación de la presente ley.*

*El mínimo no imponible y las escalas progresivas del impuesto a las ganancias serán expresados en UCEs para garantizar su actualización automática. Los balances de las empresas serán ajustados por inflación a la paridad UCE.*

La Moneda Virtual

En la actualidad, todos los impuestos relevantes están tipificados como porcentajes del valor de los bienes o de los ingresos. Por lo tanto, ya tienen una indexación automática implícita en su propia configuración. La excepción aparece con algunos tributos como la contribución territorial y las tasas de alumbrado, barrido y limpieza que tienen montos fijos, por lo que su ajuste requiere una decisión especial que origina demoras y conflictos evitables. Generalmente, este ajuste es percibido por el contribuyente como un aumento. El problema se agrava porque las actualizaciones de las valuaciones se suelen demorar y ello determina un ajuste más pronunciado que da lugar a innumerables protestas.

Otro de los efectos positivos de la moneda virtual, es el ajuste automático del mínimo no imponible y de las escalas progresivas que hoy originan reclamos justificados y el ajuste de los balances por inflación, que evita el pago de impuesto a las ganancias sobre utilidades ficticias. Remitimos a lo expuesto en el punto 15.9.2., capítulo primero del libro I sobre la importancia que revistió la ley *Economic Recovery Act* de 1981 en los Estados Unidos y sus efectos positivos en el período más largo de crecimiento de la economía en la historia de ese país.

### Impuesto a las Ganancias

*Artículo 12.- Los ajustes o indexaciones de cualquier naturaleza están exentos del impuesto a las ganancias.*

Recordemos que el sentido de esta ley es crear una moneda estable que sirva como patrón tabular de valor para obligaciones dinerarias. Por lo tanto, no existe un adicional o plus imponible, porque el acreedor se limita a percibir lo mismo que fue pactado en origen. Si prestó 100 UCEs cuando le devuelven 100 UCEs no tiene ninguna ganancia que pueda ser imponible. Quien cobra en moneda virtual no cobra más, sino que cobra lo mismo.

*...el aumento del monto nominal en función de los índices oficiales de precios al consumidor no hace la deuda más onerosa en origen; sólo mantiene el valor económico real frente al paulatino envilecimiento de la moneda...No existe modificación de la obligación sino determinación del quantum en que ella se traduce cuando ha existido variación en el valor de la moneda. Camusso de*

*Marino, Amalia c/Perkins S.A. del 21 de mayo de 1976. La causa se originó en un reclamo por accidente de trabajo . Corte Suprema FALLOS: 294:434. El Derecho, tomo 67-411.*

La cuestión es clara y no admite confusiones. Pero nos ha parecido conveniente aclararlo para evitar conflictos originados por la voracidad fiscal en una cuestión central para los ahorristas.

### Derógase la prohibición de indexar

*Articulo 13.- Deróganse los artículos 7, 8, 9 y 10 de la ley 23.928.*
*Las partes podrán pactar otras fórmulas de indexación distintas a la UCE, recurriendo tanto a índices oficiales como privados o fórmulas polinómicas confeccionadas al efecto.*

La fuerza incontenible de los hechos supera al derecho. La necesidad de indexar las obligaciones a plazo hace que el comercio adopte prácticas claramente contrarias a una ley de orden público, adoptando costumbres abrogatorias de la ley. Tal el caso de la industria de la construcción, que indexa el precio de las obras por el índice de costos de la CAC, para neutralizar la elevada inflación y la imposibilidad de hacer operaciones en dólares.

Necesitan superar dos barreras artificiales creadas por el Gobierno: la prohibición de indexar por ley de orden público; y la necesidad de recurrir a un índice de una entidad privada por la desconfianza que genera actualmente el INDEC. Todavía no ha llegado ningún caso a los Tribunales cuestionando la validez de la cláusula indexatoria. Pero cuando esto ocurra, se colocará al Poder Judicial ante una difícil coyuntura, por la colisión entre el interés legitimo de la industria de la construcción y de los compradores que pretenden acceder a una vivienda, y una ley de orden público que hoy ha quedado desacoplada de la realidad económica.

Todo ello se resuelve derogando la prohibición de indexar tal como se dispone en este proyecto de ley.

Salvo los casos taxativamente establecidos, en que es obligatoria la denominación de las obligaciones en UCEs, las partes tienen amplia libertad para con-

La Moneda Virtual

tratar en UCEs, en valor nominal en pesos corrientes, o en recurrir a cualquier otra fórmula de indexación.

### Plazo de las locaciones de inmuebles

*Artículo 14.- Reemplázase el artículo 1505 del Código Civil por el siguiente texto:*

*La locación de inmuebles puede hacerse por plazos de hasta noventa y nueve años. El que se hiciere por mayor tiempo quedará concluido al final de dicho plazo..*

### Monto determinado.

*Artículo 15.- Las obligaciones nominadas en UCEs se considerarán de monto determinado.*

*Artículo 16.- De forma.*

# Anexo I

## Metodología para el cálculo de la unidad de cuenta estable (UCE)

Punto primero: La Unidad de Cuenta Estable (UCE) tendrá un valor de $ 6 (pesos seis) al 31 de mayo de 2012.

Punto segundo: A partir de esta fecha la UCE variará diariamente, a un ritmo que será:

a)  Para los primeros 5 días del mes igual al promedio geométrico diario de variación del IPC del mes preanterior;

b)  Desde el día 6 hasta fin de mes, igual al promedio geométrico diario de variación del IPC del mes anterior.

Punto tercero: Si por alguna causa de fuerza mayor, el valor del IPC del mes anterior no fuera conocido antes del día 6, el valor de la UCE continuará siendo diariamente indexado al mismo ritmo anterior. Una vez conocido el nuevo valor del IPC, se adoptará el ritmo indexatorio requerido durante lo que reste del ciclo mensual, de forma de hacer que el valor de la UCE converja el siguiente día 5 al que hubiese resultado de la normal aplicación de la fórmula anterior.

Punto cuarto.- El INDEC deberá publicar el Índice de Precios al Consumidor antes del día 5 de cada mes.

Punto quinto: Fórmula de cálculo:

$$\frac{d + D_{M-1} - 5}{D_{M-1}} \qquad UCE_{d,M} = UCE_{5,M-1} (IPC_{M-2} / IPC_{M-3})$$

$$\text{para todo } 1 \leq d \leq 5$$

La Moneda Virtual

$$\frac{d-5}{D_M} \qquad\qquad UCE_{d,M} = UCE_{5,M}\,(IPC_{M-1}/IPC_{M-2})$$

$$\text{para todo } 6 \leq d \leq 31$$

*Donde:*

*a). UCE$_{d,M}$ corresponde al valor en pesos de la UCE en el día "d" del mes "M"*

*b). D$_M$ corresponde a la cantidad de días calendario del mes "M"*

*c). IPC$_M$ corresponde al valor del IPC en el mes "M"*

# Epílogo

## Los argentinos podemos generar US$260.000 millones para concretar un vasto Plan de Desarrollo

La Argentina carece de Metas Instrumentales básicas para encarar un Plan de Grandes Metas Públicas que le posibiliten sustentar su desarrollo y derrotar la pobreza estructural. La detección y explicación de estas Metas Instrumentales junto con las investigaciones académicas imprescindibles para encarar el tema con seriedad, están contenidas, confiamos que con todo el rigor necesario, en la Primera y en la Segunda Parte de esta obra. Pero, como es norma en nuestra Fundación Metas Siglo XXI, no nos conformamos con detectar problemas y denunciarlos. Siempre nos sentimos obligados a aportar soluciones para no considerarnos parte del problema.

Por eso, en la Tercera Parte, última de este trabajo, incluye dos soluciones concretas, a medida de las necesidades perentorias de nuestra distorsionada economía, que están plasmadas en dos Proyectos de Ley: uno, para implementar el Programa de Bancarización Inducida y otro para la creación de la Unidad de Cuenta Estable (UCE).

La sanción y aplicación de estas leyes, en sinergia positiva, permitirán alcanzar en cuatro años el mismo nivel de bancarización de Chile, tal como se explica en este trabajo. Esto permitirá generar créditos bancarios por US$ 260.000 millones que serán plataforma de lanzamiento de un gigantesco programa de desarrollo que podemos realizar con nuestros propios recursos financieros y humanos, sin endeudamiento externo.

Disponer de crédito, tiene riesgos. Es necesario asegurar un uso inteligente y productivo de los recursos. El dinero no es la riqueza, sino sólo un elemento catalítico en presencia del cual los recursos ociosos se movilizan para generar nueva riqueza. El riesgo es que el dinero puede usarse también para fabricar expedientes inútiles. Nuestro país ha demostrado tener una pulsión irresistible para transformar los recursos ingentes que el Estado recauda y los que obtiene del crédito, en actividades sin ninguna rentabilidad social.

Por ello es necesario asegurar el buen uso de los recursos, creando riqueza útil que satisfaga carencias sociales crónicas como la vivienda, el transporte o el saneamiento. Es necesario descartar el atajo burocrático que simula reducir el desempleo generando empleo improductivo, como ocurrió en la última década en la que se designaron un millón de empleados públicos.

Para evitar este mal endémico de nuestro país es necesario tener metas claras firmemente establecidas, cuantificadas y con plazos ciertos y comprobables. Estas metas deben tener el dimensionamiento acorde con la escala del problema que pretenden solucionar.

Por último, es necesario diseñar modelos de gestión que aseguren alcanzar el objetivo en tiempo adecuado terminando y habilitando las obras para que presten un servicio efectivo a la comunidad, como es su razón de ser. Los argentinos tenemos muchas iniciativas pero pocas terminativas. Yacyretá demoró 30 años y aún no puede utilizarse a pleno, mientras el país se ve obligado a importar energía eléctrica. Igual panorama presenta Atucha II. Es necesario que los gobiernos se convenzan de que una obra en ejecución tiene rentabilidad cero.

Los modelos de gestión deben ser transparentes, asignando responsabilidad integral a las empresas adjudicatarias que deben tener alta calificación técnica y comprometerse brindar un servicio de excelencia, llave en mano.

Es fundamental que los ingentes recursos que proveerá el crédito interno se direccionen hacia las metas trazadas. Esta inmensa masa de recursos financieros es sólo una plataforma de despegue. Tenemos que asegurarnos que el vehículo, además de despegar llegue a destino alcanzando la meta trazada y cumpliendo la función propia acorde a su naturaleza.

Las metas deben tener alta rentabilidad social para satisfacer carencias básicas estructurales como es el caso de la vivienda. Sin vivienda no hay familia y sin familia no hay sociedad. Por ello, la inversión más importante que proponemos está destinada a cumplir la garantía constitucional de vivienda digna para lo cual hay que proveer 2 millones de unidades. Pero es indispensable entender que no es rol del Estado construir las viviendas, ni tampoco contratarlas administrando los fondos. Lo único que debe hacer el Estado es crear las condiciones de crédito para que las familias puedan elegir y comprar en el mercado la vivienda de su conveniencia. Con crédito a muy largo plazo y baja tasa de interés. Pero deben ser créditos y no donaciones. Cada beneficiario debe devolver en términos reales lo mismo que recibió, para que el círculo virtuoso de reinversión de esos mismos recursos no se interrumpa. Si una familia recibe 5.000 ladrillos debe devolver 5.000 ladrillos a valor presente. Ni más ni menos. Esto se llama justicia conmutativa y es justamente el servicio que nos brinda la moneda virtual como garantía de estabilidad de las prestaciones recíprocas. El Estado tiene que crear las instituciones que posibiliten a la comunidad concretar el objetivo.

La primera institución fundamental es la moneda estable, es decir la moneda virtual.

La segunda, el sistema de bancarización inducida.

La tercera, el marco institucional que implemente la mecánica de crédito para los usuarios, que en definitiva no es otra cosa que descontar el flujo futuro del servicio habitacional.

Un país que aspira a brindar calidad de vida no puede ser tan displicente en el manejo del saneamiento y de los efluentes. Buenos Aires arroja al mismo río del cual saca el agua para beber, 3 millones de metros cúbicos de cloaca cruda por día, situación que se repite en distintas escalas en toda la geografía nacional.

Otro capítulo esencial de este despegue es el transporte. Argentina necesita tomar posesión de su propio territorio. Y no hay mejor forma de hacerlo que pudiendo acceder a cada rincón del mismo con sistemas de transporte eficientes y seguros. Carreteras, ferrocarriles y aeropuertos constituyen las vías inexcusables para lograrlo. Los límites geográficos de un territorio son sus fronteras; pero los económicos son sus sistemas de transporte. Si no podemos llegar a un lugar no podemos utilizarlo ni explotarlo. Por ello, el programa de desarrollo que ha trazado la Fundación Metas Siglo XXI incluye la construcción de 100.000 km de caminos pavimentados, indispensables para transportar la producción del país, confluyendo a una red de autopistas inteligentes de última generación de 13.500 km, que integrará todo el territorio con circulación libre de peaje. Esta Red está incluida en la ley PROMITT que se encuentra a consideración del Congreso de la Nación y que contempla también la rehabilitación del sistema ferroviario previa ejecución de un plan maestro. Finalmente, en materia de transporte terrestre, el proyecto PROMITT incluye la renovación total del sistema de transporte de la Región Metropolitana de Buenos Aires, con la construcción de 235 Km. de trenes subterráneos de última generación en conjunto con autopistas en trincheras que se harán en los trazados ferroviarios, por encima de los trenes soterrados.

El programa total de transporte, se completa con la red federal de aeropuertos, mediante la construcción de 100 aeropuertos en otras tantas ciudades y regiones. La forestación es otro campo formidable hoy inexplorado que permitiría incorporar al desarrollo forestal sustentable 5.millones de hectáreas que hoy no tienen uso alternativo y que aportarían 6.000 millones de dólares de exportaciones anuales provenientes de la industria de la madera.

Finalmente, es necesario volver a prestar atención a la energía. Luego de haber alcanzado el autoabastecimiento y la exportación de energía por valor de 4.000 millones de dólares anuales, hoy nos vemos reducidos a la situación lastimosa de tener que importar 10.000 millones de dólares por año de todo tipo de energía: eléctrica, petróleo y gas.

En el siguiente cuadro es sintetiza el destino y la cuantía de las inversiones.

La creación de la moneda virtual, en sinergia con el programa de bancarización inducida, permitirá generar el milagro del ahorro como ocurrió en Chile, poniendo fin a la hemorragia de 79.007 millones de dólares fugados de nuestra economía entre 2007 y 2011, por ausencia de instrumentos financieros adecuados y por la creciente inseguridad jurídica que hoy nos aflige.

No nos privemos de implementar estas valiosas herramientas que nos permitirán aprovechar el esfuerzo ya realizado por la sociedad en su conjunto. La Moneda Virtual posibilitará convertir el índice de precios, epítome de lo estable, en una unidad de cuenta con características de monedidad que tendrá una condición congénita invalorable ya que su identidad con el índice le otorga estabilidad ontológica que no depende de las condiciones fluctuantes de la eco-

## Plan de desarrollo

| Metas Públicas | Inversión en millones de dólares |
|---|---|
| Vivienda | 80.000 |
| Saneamiento | 20.000 |
| Caminos rurales | 20.000 |
| Autopistas | 27.000 |
| Sistema de Transporte Metropolitano | 35.000 |
| Aeropuertos | 2.000 |
| Obras específicas (Puerto de Aguas Profundas, Puente a Colonia, Puente Reconquista-Goya, etc.) | 10.000 |
| Energía | 60.000 |
| Forestación | 5.000 |
| Centros Deportivos | 1.000 |
| Total | 260.000 |

nomía, sino del principio lógico de identidad de unánime aceptación universal Si lo hacemos, estamos convencidos de que la performance de la moneda virtual como unidad de cuenta será abrumadoramente superior a la utilización de la actual ficción jurídica del nominalismo.

En el estado actual de la civilización no resulta aceptable que se carezca de un patrón de medida estable para medir los valores económicos, herramienta insoslayable de la justicia conmutativa. Esta meta estuvo fuera de nuestro alcance utilizando sólo el sistema convencional de la moneda tradicional, rígida e incapaz de acompañar la evolución de los precios. La aparición de la moneda virtual puede constituir una revolución económica, al permitirnos contar con un patrón de valor verdaderamente estable y por lo tanto justo para las relaciones económicas.

# Índice Onomástico

## A

Alberdi, Juan Bautista: pág. 19
Amasa Walker, Francis: pág. 243
Aristóteles: pág. 65, 128, 132, 143, 175
Arnot, R.: pág. 75
Arriazu, Ricardo: pág. 308
Asheley, W. J.: pág. 73

## B

Badaro, Adolfo: pág. 23, 207, 212, 213, 338
Bagehot, Thomas Walter: pág. 217
Bagehot, Walter: pág. 217
Barbarán, Julio: pág. 15
Bernanke, Ben Shalom: pág. 270
Bidart Campos, Germán: pág. 214
Blackstone, William: pág. 72, 129
Bodin, Jean: pág. 156, 190
Bonaparte, Napoleón: pág. 20
Borges, Jorge Luis: pág. 193
Bunge, Alejandro: pág. 68, 69, 114, 115, 116, 117, 152, 155, 180, 335

## C

Camusso de Marino, Amalia: pág. 213
Carr, J. C.: pág. 73
Castlereagh, Robert lord: pág. 90
Chapman, S. J.: pág. 75
Clavius, Christopher: pág. 48, 50
Conesa, Eduardo: pág. 15, 19, 22, 24, 27, 30
Copérnico, Nicolás: pág. 29, 68, 253

## D

Delambre, Jean: pág. 47
Disraeli, Benjamin: pág. 56

## E

Ecclestone, Bernie: pág. 56
Edison, Thomas Alva: pág. 218
Eichengreen, Barry: pág. 266, 267, 270
Estrada, Alejandro: pág. 296

## F

Ferreres, Orlando: pág. 262, 313
Fisher, Irving: pág. 39, 42, 45, 51, 52, 53, 54, 64, 68, 69, 74, 105, 106, 108, 109, 116, 131, 133, 140, 146, 159, 174, 175, 187, 188, 201, 202, 203, 205, 214, 248, 254, 255, 303, 330, 332
Fontaine, Juan Andrés: pág. 204, 242, 282
Frei Montalva, Eduardo: pág. 24, 239, 241
Friedman, Milton: pág. 31, 42, 51, 68, 76, 81, 107, 118, 120, 121, 122, 123, 124, 168, 175, 199, 201, 202, 203, 204, 209, 217, 257
Friedman, Rose: pág. 31

## G

Galbraith, John Kenneth: pág. 299, 301
Gates, Bill: pág. 219
Gorbachov, Mijaíl: pág. 135
Graham Bell, Alexander: pág. 219
Greenfield, Henry: pág. 74
Gregorio XIII: pág. 20, 48, 50
Guillermo el Conquistador: pág. 70

## H

Hanes, Christopher: pág. 72, 75
Hart Milman, Henry: pág. 57
Hausmann, Ricardo: pág. 266, 267, 270
Hayek, Friedrich A.: pág. 39, 69, 120, 127, 128, 131, 153, 170, 172, 181, 190, 191, 275, 328, 329
Heráclito: pág. 149
Hobbes, Thomas: pág. 160, 303
Howard, Stanley: pág. 74

**I**

Isabel I: pág. 69, 71, 135, 167
Izcovich, Mabel: pág. 214

**J**

Jeans, James Stephen: pág. 73, 74
Jevons, William Stanley: pág. 31, 68, 69, 72, 90, 91, 92, 93, 94, 95, 96, 98, 113, 114, 128, 159, 160, 172, 175, 201, 217, 248, 254, 256, 257
Julio César: pág. 48

**K**

Kelvin Thompson, Lord: pág. 45, 184, 219
Kemp, Jack: pág. 122
Kepler, Johannes: pág. 49
Keynes, John Maynard: pág. 25, 29, 31, 68, 99, 100, 117, 118, 119, 225
Kondo, Shigeru: pág. 176

**L**

Langlade, Jacques de: pág. 56
Laura, Guillermo: pág. 13, 14, 15, 19, 20, 33, 208, 304
Lilius, Liugi: pág. 48
Lorenzetti, Ricardo: pág. 211
Lorenzo, Fernando: pág. 287
Lowe, Joseph: pág. 31, 43, 68, 71, 76, 77, 78, 79, 80, 81, 82, 90, 94, 98, 113, 114, 120, 151, 173, 194, 214, 216, 217, 221, 245, 248, 254, 256
Luis XVI: pág. 47
Lula da Silva, Luiz Inácio: pág. 315
Lynch, Horacio M.: pág. 15

**M**

Maquiavelo, Nicolás: pág. 69, 216, 218
Marshall, Alfred: pág. 25, 31, 39, 40, 41, 55, 68, 69, 70, 71, 74, 75, 76, 96, 97, 98, 99, 100, 101, 102, 103, 104, 105, 106, 114, 117, 118, 130, 142, 144, 159, 176, 185, 194, 214, 221, 224, 225, 226, 236, 248, 249, 252, 253, 254, 255, 256, 297
Mechain, Pierre: pág. 47
Mendenhall, Thomas C.: pág. 47
Menger, Carl: pág. 90
Mittal, Lakshmi: pág. 59
Mouton, Gabriel, abate: pág. 47, 50
Mundel, Robert A.: pág. 65, 66, 199, 200, 201, 302
Munro, J. E.: pág. 73, 74, 75

**N**

Napoleón I: pág. 47, 50
Newcomb, Simon: pág. 68, 69, 109, 110, 111, 112, 113, 114, 150, 165, 219, 253
Newton, Isaac: pág. 98
Nixon, Richard: pág. 120
Nordhaus, William: pág. 46
North, Douglas: pág. 133
Nusbaum, Arthur: pág. 117; 118, 156, 191, 192

**O**

Olaviaga, Ricardo: pág. 15
Ottaviano, Osvaldo: pág. 15

**P**

Paccioli, Lucas: pág. 51
Pachá, Ismail: pág. 56
Pachet, Pierre: pág. 219
Palazón, Tomás: pág. 15
Palgrave, R. H.: pág. 100, 202, 226, 231
Parménides: pág. 149
Pasteur, Louis: pág. 219
Pellegrini, Carlos: pág. 19, 188
Pencavel, George: pág. 73
Pérez Enrri, Daniel: pág. 46
Pérez, Mur: pág. 208
Pietranera, Horacio: pág. 208
Pigou, Arthur Cecil: pág. 25, 31, 71, 76, 98,

102, 221, 252
Pitágoras de Samos: pág. 46, 50
Platón: pág. 149
Plutarco: pág. 115
Polo, Marco: pág.191
Popper, Karl: pág. 39, 68
Porter, G. R.: pág. 76
Poulett Scrope, George: pág. 31, 39, 68, 69, 71, 76, 83, 84, 85, 86, 87, 88, 98, 134, 154, 221
Prebisch, Raúl: pág. 26
Price, Langford L.: pág. 73, 74, 226
Priú, Jorge: pág. 15
Priú, Norberto: pág. 15
Ptolomeo, Claudio: pág. 68

R

Reagan, Ronald: pág. 122, 123
Redrado, Martín: pág. 318
Ricardo, David: pág. 74, 234
Riva, Ergasto: pág. 14, 15, 20, 33
Robinson, Jesse: pág. 74
Rogers, Will: pág. 295
Rojas Suarez, Liliana: pág. 279
Roosevelt, Franklin: pág. 115
Roth, William V.: pág. 122

S

Samuelson, Paul: pág. 46, 135, 152, 295, 299
Sarmiento, Domingo Faustino: pág. 19
Sarnoff, David: pág. 219
Schiller, Robert J.: pág. 68, 124, 142, 192, 193, 194, 241, 250, 252, 327, 332, 333,
Secco, Oscar: pág. 15
Seligman, Edwin R. A.: pág. 116
Shuckburgh, G.: pág. 67, 79, 81, 173
Smart, William: pág. 73
Smith, Adam: pág. 72, 77, 80, 81, 87, 99, 116, 129, 132, 133, 140, 158, 161, 162, 165, 166, 167, 172, 175, 214, 248, 303, 304
Solón: pág. 115
Soros, George: pág. 136
Sosígenes de Alejandría: pág. 48

Sturzenegger, Adolfo: pág. 14, 15, 304

T

Taplin, W.: pág. 73,
Thorneycroft, George : pág. 73
Tobin, James: pág. 107
Treble, John: pág. 73
Turgot, Jacques: pág. 83

V

Vélez Sarfield, Dalmacio: pág. 190
Victoria, Reina: pág. 56
Von Mises, Ludwig: pág. 69; 128, 129, 130, 133, 136, 157, 170, 171, 174, 181, 275

W

Walker, Eduardo: pág. 243, 249, 250, 251, 262, 263, 264, 265, 266
Walras, Leon: pág. 90, 105
Watson, Thomas: pág. 218
Weitzman, Martin: pág. 74
Wren, Christopher, Sir: pág. 5
Wright, Orville: pág. 219
Wright, Wilbur: pág. 219

Y

Yeltsin, Boris: pág. 135
Young, Arthur: pág. 173

Z

Zahler, Roberto: pág. 271, 312, 319

# Índice Temático

## A

A.F.I.P. ... 321; 322; 323
absoluto lógico ... 148
Abundancia de lo indispensable ... 14
acceso universal a los servicios
bancarios ... 319
acción humana ... 130; 170; 356
acuñada de oro ... 39; 100; 130; 155; 245
Afianzar la Justicia ... 151
Ajuste de balances por inflación ... 339
Alaska ... 167
Alemania ... 48; 65; 114; 174; 200
amortiguadores antisísmicos ... 65; 136; 137
analistas y precursores ... 66
ANSES .. 207; 214; 338
Apasa, Bonifacio ... 208
apertura de cuentas ... 319; 324
Arquería ... 178
asignados... 191
assignants ... 191
atajo burocrático ... 346
atesoramiento ... 163; 186; 204; 233;
267; 338; 339
autopista en Ohio ... 58; 62; 116

## B

Badaro ... 23; 207; 212; 213; 338
Bahía de San Francisco ... 20; 58
bancarización de Chile... 240; 293; 295; 309;
310; 345
bancarización inducida...204; 293
294; 296; 297; 299; 316; 321; 322; 323;
324; 345; 347; 348
Banco Central de Alemania ...174
Banco do Brasil ...274
Banco Mundial ... 278; 279; 316; 319
Banco Nacional de Desarrollo... 316
Banking spreads ... 271

Baring Brothers ... 188
Barreras a la bancarización ... 311
base monetaria ... 293; 296; 299; 300;
301; 302
Bélgica ... 200
Bonos de Infraestructura ... 182
Bretton Woods ... 118; 120; 130
Bureau of Labor Statistics...63; 74; 168;
206; 247; 330; 357

## C

caja de seguridad ...247; 288
Calendario Gregoriano ... 20; 48; 49; 50; 55;
63; 218
calendario juliano ... 48; 62
Camusso de Marino, Amalia c/ Perkins S.A.
...253
Canadá ... 16; 65; 109; 200
Canal de Panamá ... 57; 58; 61
Canal de Suez ... 20; 56; 57; 59; 116
canasta de bienes ... 28; 56; 76; 81; 132;
142; 149; 159; 164; 165; 169;175; 180; 213
capitalización bursátil ... 309; 314; 315
carácter subsidiario del Banco Central ...302
carencias básicas ... 323; 346
carrera de precios y salarios ... 210
Carta Magna ... 122
Catedral de San Pablo ... 57; 60
Caterpillar ... 177
causa eficiente del desarrollo...308
centro geométrico...178; 179
círculo virtuoso de reinversión...347
Coca-Cola...164
Código Fiscal de 1954...122
Coeficiente áureo...40; 143; 162
Coeficiente de Estabilización de Referencia
(CER)...337
coeficiente de reajuste...149
coeficiente de variación de los precios...164
Coeficiente de Variación Salarial...212
Colombia...24; 215;286; 288; 314; 315; 318
Colorado...167
Comisión Real sobre la Depresión del

Comercio y la Industria … 236
Comisionados de los
Diezmos …70; 71; 221
Commissioners of Tithes …70; 225
Commodity … 56; 64; 81; 84; 87; 93; 101;
115; 128; 129; 157; 159; 162; 165; 166;
167; 169; 187; 230
concatenación de las quiebras … 96; 200
consorcio de la propiedad horizontal…195
consumo compulsivo … 205
continentales…192
convenciones colectivas de trabajo…27; 31;
123; 196
Copérnico…29; 68; 253
corrección monetaria…118; 146; 176; 252
corridas bancarias…33 ;303
corrosión inflacionaria…248
Corte Suprema…23; 171; 207; 208;
209; 213; 338; 341
costo de transacción …95; 117; 124; 131;
143; 157; 329
costo de crédito…131
costos de intermediación bancaria…273
cracking catalítico…304; 305
crecimiento irracional del gasto
público … 307
curso legal…92; 93; 155; 157; 159;
161; 162; 185; 190; 191; 192; 248;
252; 332; 336; 337
Curva de Phillips … 106

D

default del Estado Argentino …317
defensa del valor…41; 151; 154; 155
Deflación…29; 62; 63; 64; 66; 74; 81; 96;
144; 172; 173; 199; 200; 202; 203; 243
demanda agregada…306
Depresión… 29; 63; 64; 74; 75; 95; 99;
144; 199; 200; 201; 226; 229; 236
derogación de la convertibilidad…208
derrotar la pobreza estructural…345
Descubrimiento de América…167; 172
Desdoblamiento de las funciones…19; 20;

31; 41; 98; 118; 130; 159; 252
desdoblar las funciones de la
moneda … 39; 55; 185; 252
deslizamientos de precios …136
Desnacionalización de la moneda … 120;
127; 153; 355
Diana …178; 179
Difusión universal de la UF … 249; 257
Direccionamiento del crédito … 312; 325
Directorio del FMI … 333
disciplina mental … 165; 219; 253
Documentos Oficiales por
Alfred Marshall … 225

E

economía subterránea … 320; 322
Economic Recovery Act …122 ;123; 340
economistas-analistas ….67; 68
Ecuador … 215
efectivo mínimo … 299; 300
efecto "inercial" de la indexación … 209
efecto deletéreo de la inflación … 198
efecto serrucho … 197; 198
Egipto … 56
El Golem … 193
El Sofista …149
emisión de moneda … 216; 307; 327
endeudamiento externo neto …268
Enforcement …104; 157; 194; 331
escuela austríaca …69; 170
España …28; 47; 168; 319
espiral inflacionaria …210; 306; 307
estabilidad con flexibilidad …138
estabilidad ontológica …40; 127; 142; 143;
147; 180; 196; 348
estadísticas de precios …170
Estándar de Valor Absoluto …109
Estándar de Valor Constante …81
Estándar de Valor Justo …83; 86; 357
estándar justo de valor …154
"estándar múltiple" de valor …53
Europa …48; 129; 168
evolución futura de las variables

económicas… 275
expansión múltiple de los depósitos … 299
expectativas adaptables …276
expectativas racionales …275; 276
Extensión del horario bancario…320
externalidades positivas … 261

F

falacia de la moneda …114; 152; 180
falla de San Andrés … 136; 137
fijar el valor … 26; 41; 154; 155; 156; 158;
159; 235; 255; 331; 335
filtración… 300
flagelo de la inflación…328
fluctuación de la moneda…40; 77; 83; 99;
102; 162; 187; 239; 241; 278
fluir de la marea de los precios…181
fondos de pensión…251; 265; 266 ;314; 315
fórmula de Fisher…42; 64; 106; 159; 201;
202; 203; 330
fórmulas polinómicas…341
Francia … 20; 65; 89; 191; 200; 356
Frankfurt … 315
Fuerza … 83; 110; 140; 182; 183; 184;
185; 200; 242; 331; 341; 343
fuga de capitales … 19; 22; 23; 34; 35; 42;
163; 207; 269; 297
función catalítica … 303; 304


G

General Motors … 202
Golden Gate … 20; 39; 58; 61; 116; 355
Gran Bretaña … 49; 65; 67; 69; 71; 72; 73;
75; 99 ;100; 101; 103; 198; 200 ;215; 225
Gran Depresión … 29; 63 ;64; 144; 199; 200
Gravedad … 182; 183; 184; 254; 258; 334
Guerra de Secesión … 56


H

hiperinflación … 30; 64; 162; 185; 317
Hotel Sheraton … 194

I

imperium…210
impredecible y aleatoria…138
impuesto a las ganancias…34; 339
impuesto al cheque…34; 294; 310; 317; 322
impuesto distorsivo…34; 322
incentivos para bancarizarse…311
income tax…120; 122; 123; 124
Inconstitucionalidad…208; 212
INDEC…35; 108; 212; 302; 312; 331; 333;
334; 335 ;341; 343
Indexación de los salarios…72; 196; 198;
215; 336
indexación universal…42; 203; 205; 258; 329
Índice de Precios al Consumidor
(IPC)… 239; 241
Índice de Precios al Consumidor -Nivel
General … 334; 335
Influencia estabilización …105; 240; 256;
285
infraestructura … 159; 182 ;186; 203; 240;
285; 339
Intensidad luminosa…184
intervalos de tolerancia … 177
investment grade … 288
ISO 4217… 215
Italia…65; 200
Izcovich, Mabel … 214


J

Japón … 200
Jubilaciones y pensiones…208; 211; 248; 338
Júpiter…184
Jurisprudencia de la Corte … 207; 208
justicia conmutativa … 41; 42; 43; 54; 67;
96; 102; 151; 154; 171; 186; 196; 214; 335;
347; 349
Justicia de la Seguridad Social … 211; 214


K

Kensington Palace Garden … 56

L

LA UNIDAD...16; 39; 70; 71; 97; 98; 99; 100 ; 101; 102; 103; 104; 105; 106; 114;142; 144; 147; 185; 221; 222; 249; 256
ley 25.413...317; 323
ley de convertibilidad...19; 21; 161; 163; 208; 214
Lingote...108; 160; 234
Londres...56; 57; 60; 83; 86; 90; 96 ;162; 219; 315; 356; 357
Los Ángeles...136
los costos de transacción bancarios...270
Lula...315
Luna...29; 48 ;182; 183; 184

M

Manhattan...218
Mars Climate...52
Masa...64; 87; 182; 183; 184; 201; 346
masa monetaria ...64; 201
matriz energética basada en hidroelectricidad...313
Memorias de Alfred Marshall...221; 224
Mercado de Capitales...42; 186; 204; 239; 262; 263; 266; 269; 270; 285; 307; 309; 315
mercado libre...129; 134; 136; 139; 158; 164; 187
Mercados informales de crédito...308; 354
Metafísica...148
Metas Instrumentales...14; 345
metodología de elaboración del índice...331
metrología industrial...177; 178; 179
México...136; 137; 215; 286; 288
Milagro del ahorro... 204 ;239; 285; 297; 329; 348
mismidad ...147; 148
moneda análoga...124
moneda convertible a bienes...159
moneda de cuenta... 117; 118; 194
moneda de espejo... 140; 141
moneda estrella del Siglo XX...39; 62; 64
moneda ideal...194

monedidad...142 143; 192 ;193; 252; 332; 348
Moneta numeraria... 194
Monetary Correction...31; 76; 118; 199; 355
monetary policy... 124; 142; 202; 357
money analogue... 124
muchas iniciativas pero pocas terminativas...346
multiplicación de los depósitos...293
multiplicador de los depósitos...296; 300; 302

N

NASA...52
Net interest spread...270
Nipon, Telecom...315
Nivel General de Precios...117; 127; 128; 141; 158; 168; 185; 242
Nobel de Economía ... 31; 65; 66; 118; 121; 200
nominalismo monetario... 42; 180
nominalización de la política monetaria... 204; 242; 282
nudo gordiano...196
numerario...67; 88; 102; 153; 163; 164; 165; 166; 182; 185; 195
número e...176
número π...176
número φ...176
números índice...53; 70; 77; 102; 106; 108; 109; 133; 175; 247; 254

O

orden espontáneo del mercado...39; 66; 68
orden irrevocable...160
Organización Internacional de Normalización...215
Oxford, Cambridge e Eton...71; 93

P

pagos diferidos...29; 53; 98; 99; 101;

127; 133; 153; 194; 195; 224; 243
pagos relevantes...294; 322
países bajos...200
países del G-7...64
Papel moneda...41; 130; 155; 191; 194; 208; 234
paritarias de los jubilados... 199
partida doble...51; 52; 66
Patrón Monetario Estable ...16; 154; 237
patrón oro...26; 28; 29; 35; 41; 129; 130; 154; 155; 156; 158; 168; 171; 175; 200; 214; 216; 235
patrón tabular de valor...41; 69; 72; 98; 99;106; 113; 114; 157; 194; 216; 217; 242; 245;248; 256; 261; 335; 340
paz laboral  76; 281; 336
PBI per cápita... 26 ;27; 32; 262
pecado original...186; 266; 267; 268; 270; 339
Pesificación...21; 34; 267; 337
Petrobras...315; 316
Pietranera Horacio...208
placas tectónicas...136
Plan de Desarrollo...207; 240; 293; 295; 310; 345
pleno empleo...307; 325
Política de Estado...186; 241
política monetaria...29; 30; 64; 120; 202; 203 ;204; 206; 209; 242; 250; 258; 269; 282; 301; 306; 327; 329; 357
política monetaria expansiva...203; 206
postulados básicos de la lógica...148
precio nominal...56; 166
precio real...28; 133; 162; 166; 172
precios relativos...24; 187; 210
Precursores... 16; 39; 66; 68; 74; 76;120; 142; 165; 194; 215; 221; 243; 244; 245; 248; 261
predicciones probabilísticas...179; 180
prestamista de última instancia...22; 33; 302
principio de identidad... 40; 51; 142; 143; 144; 145; 146; 147; 180; 181; 355
principio de subsidiariedad...302; 303
procedimiento de indexación ...117; 124;

193; 252
proceso catalítico...304
productividad de las minas...130
prohibición de indexar...42; 171; 205; 206; 207; 208; 209; 210; 214; 274; 336; 341
puente de la Amistad Egipcio-japonesa...59
pulsión irresistible...294 ;307; 346
Purchasing Power of Money...45; 109
Purely clerical matter...109; 254

R

reclamos salariales...198; 336
redescuento de la riqueza creada...297
Regresión... 169
relatividad monetaria...163
reserva de valor... 20; 21; 28; 182; 331; 332
Reserva Federal...270; 294; 297; 301; 302
reserva fraccionaria...299
Revolución Francesa...47; 194
Revolución Nazi ...200
Riqueza de las Naciones...72; 357

S

San Francisco...20; 58; 61; 136
San Pablo...47; 57 ;60; 315
saneamiento... 186; 203; 316; 322; 346; 347
saving miracle...178; 204; 239; 244; 261; 285; 297
Segunda Guerra Mundial...31; 75; 200
sellar moneda...41; 152; 154; 155
Senado de la Nación... 188; 189
Señoreaje...53; 191
sexto banco de Brasil...293; 308; 309; 316
sistema bancario profundo...293; 295
sistema de pesos y medidas...158
sistema de reserva fraccionaria...299
sistema de trueque...131
Sistema Métrico Decimal...20; 46; 47; 49;50; 52; 55; 66; 158; 189; 195; 218; 243
Sistema Métrico Monetario...49; 67;

102; 156
sociedad anónima ... 105; 193; 195; 331
spread bancario ...131; 239; 274; 285
Sudáfrica ... 28; 167

T

Tasas volátiles de inflación ... 263
Teoría nominalista ... 192; 214
The Economist...92; 94; 217
Tierra...29; 50; 51; 52; 68; 80; 102; 114;
182; 183; 223; 253
Títulos del Tesoro Protegidos contra la
Inflación ... 288
tomar posesión de su propio territorio ... 347
Torre Mayor ... 136; 137
transacciones instantáneas ... 181
transferencias bancarias ... 321
transporte ... 23; 84; 132; 159; 186; 203;
208; 209; 316; 322; 346; 347
Tratado de Bretton Woods ... 120; 130
tratado del metro en París ... 47
Treasury Inflation Protected Securities,
TIPS ... 288
Tribunales ... 102; 103; 104; 171; 192;
194;196; 208; 224; 331; 336; 338; 341

U

U.S.- Department of Labor ...63; 357
UCE... 19; 21; 22; 23; 24; 25; 27; 28; 29; 30;
31; 32; 33; 35; 198; 199; 281; 294; 330; 334;
335; 336; 337; 338; 339; 341; 343; 344; 345
Unidad Básica ...143; 185; 195; 196
Unidad de Fomento ...16; 32; 41; 94;
95; 124; 173; 221; 237; 239; 241; 262; 282
unidad de medida inconstante...39; 45;
53; 54
Unidad de Poder
Adquisitivo Fijo ... 230; 253
Unidad de Valor Constante ...180
unidad de poder de compra ... 53
Unidad Estándar de Valor ... 90
Unidades Derivadas ... 182; 184; 185

Unit of Fixed Purchasing Power ... 253
Universidad Católica de Chile ... 242
Urna ...158; 331
Uruguay 24; 171; 176; 186; 210; 212;
213; 215; 286

V

valor facial ... 135; 154; 155; 213
valor nominal ... 96; 128; 162; 166;
167; 177; 191; 342
velocidad de circulación ... 30; 32; 42; 51;
64; 175; 201; 204; 205
velocidad del dinero ... 162
ventanilla del oro ... 120
villas miseria ... 186;240;285
Vivienda ... 23; 43; 150; 185; 186; 203; 240;
241; 253; 266; 281 ;285; 287; 304; 305; 306;
316; 317; 320; 322; 341; 346; 347
viviendas FONAVI ... 320

W

Wall Street ... 24; 200; 203; 315
Wealth of Nations ...72
Western Union ... 219
World Development Indicators ... 300

# Bibliografía

Arriazu, Ricardo H., *Mercados Informales de Crédito*, Ensayos Económicos, N° 42, FELABAN, Federación Latino Americana de Bancos, año 1988.

Bunge, Alejandro. *Una nueva Argentina*, Biblioteca de Nuestro Siglo, Hyspamérica, Editorial Kraft, 1940.

Cowen, Tyler. *El Gran Estancamiento*, www.amazon.com

Eichengreen Barry y Hausmann Ricardo. *Tipos de Cambio y Fragilidad Financiera*, 1999, pág. 330.www.kc.frb.org/publicat/ sympos/1999eich.pdf

Enciclopedia Británica. *Estabilización del dólar*, Irving Fisher,, volumen XXX, páginas 852/853. 12 th Edition, 1921.

Ferreres. Orlando, *Dos Siglos de Economía Argentina*. Fundación Norte y Sur.

Fisher Irving. *El Poder de Compra del Dinero. Su Determinación en Relación con el Crédito, el Interés y las Crisis.* Publicado en 1922 por The Macmillan Company, New York.

Fisher Irving. Teoría del Interés, The Macmillan Company, New York, 1930., The Library of Economics and Liberty, www.econlib.org/library/YDPBooks/Fisher,fshTol1.html

Fisher Irving. *Estabilización del Dólar*, Enciclopedia Británica, volumen XXX, páginas 852/853. 12 th Edition, 1921.

Fondo Monetario Internacional. *Manual del Indice de Precios al Consumidor.* (www.imf.org/external/pubs/ft/cpi/manual/2004/esl/cpi_sp.pdf)

Friedman, Milton, *Monetary Correction*, The Institute of Economics Affaire, 1974. SBN 36058-4

Friedman, Milton. *A Monetary History of the United States*, 1867-1960.

Friedman Milton. *Los Prejuicios del Dinero*, Editorial Grijalbo, pág. 56:

Galbraith John Kenneth. *The Age of Uncertainty*. Publicado G.H.Hall, 1977. Golden Gate Commission. Annual Financial Report, Fiscal Year ended june 2009). www.Goldengate.org/organization/annual_reports.phs.

Hanes, Christopher. *The Rise and Fall of the Sliding Scale or Why Wages Aren't Indexed to Products Prices*, January 2005, Department of Economics SUNY – Binghampton , www.econ.barnard.columbia.edu/Hanes_sscal

Hayek, Friedrich. *Desnacionalización de la Moneda. El Argumento Afinado. Análisis de la Teoría y Práctica de las Monedas Competitivas.* Fundación Bolsa de Comercio de Buenos Aires, año 1980, www.iea.org.uk/record.jps?typebook&ID

Heidegger, M., *El principio de identidad*, traducción de Helena Cortés y Arturo Leyte, Identidad y Diferencia, Antrhopos, Barcelona, 1990.

Jevons, William Stanley, *El Dinero y el Mecanismo de Intercambio*, publicado en 1876 por D.Appleton and Comany de Nuevas York, www.econlib.org/library YDPBooks/Jevons/jvnMM8.html

Keynes, John Maynard, *Tratado sobre la Moneda*, 1930

Langlade, Jacques de Disraeli, *El Alfil de la Reina Victoria*, Javier Vergara editor, 1997, pág. 264/265.

Lowe Joseph, Esquire, *El Estado Actual de Inglaterra en Relación a la Agricultura, el Comercio y las Finanzas con una Comparación de las Perspectivas de Ingla-*

*terra y Francia.* Segunda Edición, Editado en Londres en 1823 por Longman, Hurst, Rees, Orme and Brown.

Maquiavelo, Nicolás, *El Príncipe,* escrito circa 1505, publicado en 1515. Capítulo VI, página 24.

Marshall, Alfred, *Soluciones para las Fluctuaciones Generales de Precios,* incluido en la recopilación de sus trabajos editado por C.Pigou bajo el título de *Memorials Of Alfred Marshall,* Macmillan and Co, Limited St. Martin´Street, London,1925, pág.197-199,

Marshall, Alfred, *Official Papers,* Memorandos escritos y Evidencias Orales compiladas por J.M.Keynes y publicadas para la Royal Economic Society por Macmillan and co, Limited, 1926, página 11.

Mariana, Juan de. A, *Treatise on the Alteration of Money,* Monetae Mutatione, Journal of Market and Morality, volume 5, number 2, (Fall of 2002) 523-593, Translation Patrick C. Brannan, S.J., Introduction by Alejandro A. Chafuen.

Milman, Henry Hart, Reverendo, *Annals of Saint Paul's Cathedral.* Kessinger Publishing, LLC. ISBN-10: 1437014143, cuya primera edición data de 1869. Mises Ludwig Von. *La Acción Humana* (Tratado de Economía) Editorial SOPEC, S.A. Madrid 1968, página 586).

Newcomb Simon, *Principles of Political Economy,* Harper and Brothers, Franklin Squares, New York, 1886.

Nussbaum, Arthur, *Derecho Monetario Nacional e Internacional.* Estudio comparado en el Linde del Derecho y de la Economía. Traducción y notas de Alberto D. Schoo. Ediciones Arayú, Ediciones Editorial De Palma, Buenos Aires, 1954.

Pigou, Arthur Cecil, *Principles and Methods of Industrial Peace.* London, Macmillan and Co, 1905. www.archive.org/details/principlesmethod00pigouoft

Poulett Scrope, George. *Un Examen del Estatuto de los Bancos con una Investigación de la Naturaleza de un Estándar de Valor Justo y Sugestiones para el Mejoramiento de Nuestro Sistema Monetario*. Impreso en Londres en 1833 por John Murray, Albermarle-Street. www.openlibrary.org/ia/examinationofban32scro

Rojas Suarez, Liliana, *El acceso a los Servicios Bancarios en América Latina: Identificación de Obstáculos y Recomendaciones*, Center for Global Development, junio 2006 www.cgdev.org/doc/experts/serv_bancarios_al.pdf

Samuelson, Paul. *Economía*. William Nordhaus y Daniel Pérez Enrri, Primera Edición, Buenos Aires, Mc Graw Hill Interamericana, 2003, ISBN 987-1112.02-05,

Schiller, Robert J., *Indexation, Inflation and Monetary Policy*, Fernando Lefort-Klaus Schmidt-Hebel editors, Central Bank of Chile. Publicado 2002.

Smith, Adam. *Investigación de la Naturaleza y Causas de la Riqueza de las Naciones*, publicado en Londres. Methuen and Co, Ltd., ed. Edwin Cannan, 1904, Quinta edición, Tomo 1, Capítulo V.1.5.7 y 1.5.13

U.S- Department of Labor . Bureau of Labor Statistics www.bls.gov

Walker, Eduardo, *Indexación, Inflación y Política Monetaria*, Banco Central de Chile, Editado por Fernando Lefort, Klaus Schmidt-Hebbel.

Xiachuan, Zhou, *Reforma del Sistema Monetario Internacional*, Gobernador del Banco del Pueblo de China, 23 de marzo de 2009.

Zahler, Roberto, *Bancarización Privada en Chile*, Unión de Estudios de Desarrollo. División de Desarrollo Económico, CEPAL, Santiago de Chile, mayo de 2008, página 13. www.gtz-cepal.cl/files/bancarización_privada_en_chile.pdf

www.ingramcontent.com/pod-product-compliance
Lightning Source LLC
Chambersburg PA
CBHW082058210326
41521CB00032B/2458

* 9 7 8 9 8 7 2 8 3 9 6 5 9 *